Biogemüse selber ziehen

Manfred Schulze

Biogemüse selber ziehen

Mit 49 Saat- und Pflanzplänen, Übersichten zur Jahresplanung, Fruchtfolge und Dreijahreskultur. In 20jähriger Praxis erfolgreich erprobt.

Otto Maier Verlag Ravensburg

Originalausgabe

Gesamtherstellung: Appl, Wemding
Printed in Germany

89 88 87 86 85 5 4 3 2 1

ISBN 3-473-44011-6

Den neuen Lesern des „Schulze-Ratgebers" will ich mich kurz vorstellen: Seit 20 Jahren bin ich als Gärtnermeister erfolgreich im Biogemüsebau tätig. Während dieser Zeit konnte ich als Leiter der umfangreichen und modernen Biogemüsegärtnerei des Graether Atemsanatoriums in Dornhan-Fürnsal durch das von mir gezogene Biogemüse auch mein Scherflein zur Gesundheit und Wiedergesundung vieler Menschen zu meiner großen Freude beitragen. Von vielen Erholungsuchenden und Patienten wurde ich immer wieder ermuntert, meine Erfahrungen im Biogemüsebau in Form von Ratschlägen als Zeitschrift oder als Buch dem Heimgärtner zugängig zu machen.

Als wichtigen Vorspann zu diesem Buch habe ich von 1979 bis 1982 den „Schulze-Ratgeber" zunächst als Zeitschrift herausgebracht. So wie ich damals von sehr vielen gesundheitsbewußten Gartenfreunden zur Herausgabe der Zeitschrift gedrängt wurde, so stark wurde nun von seiten der „Schulze-Ratgeber"-Abonnenten der Wunsch an mich herangetragen, ein Buch herauszugeben, in dem der umfangreiche Stoff des Biogemüsebaues für den Heimgärtner möglichst lückenlos und in logischer Folge beschrieben ist. Es lagen aber noch eine Reihe anderer zwingender Gründe vor, die mich veranlaßten, den „Schulze-Ratgeber" auf Buchform umzustellen.

Die Reihenfolge der Kapitel in diesem Buch entspricht dem Aufbau des biologischen Heimgärtnergemüsebaues, so wie er idealerweise am besten erfolgen sollte. Dieses wird in der Praxis aber nur selten möglich sein. Deshalb wird mancher Heimgärtner zunächst mit Erfolg zu den Saat- und Pflanzplänen greifen, die ihm für jede Gemüseart vorab alles Nötige vermitteln, was für ihn wichtig ist. Diese Vorgehensweise bringt dem Anfänger nicht nur schnellere und aufmunternde Erfolgserlebnisse, sondern sie zeigt ihm auch überzeugend, weshalb man dies oder das einfach tun muß, um gesundes und schmackhaftes Gemüse aus dem eigenen Garten zu ernten. Mir kam es vor allem darauf an, mit den Saat- und Pflanzplänen für jede Gemüseart all das in knapper, übersichtlicher, schnell auffaßbarer, findeleichter und sofort auswertbarer Form zu sagen, was für den erfolgreichen Biogemüsebau wichtig ist. Obwohl auch alle anderen Artikel dieses Buches in ihrer gründlichen Ausführung für den Biogemüseheimgärtner von großer Bedeutung sind, sind die Saat- und Pflanzpläne das Kernstück des vorliegenden Werkes.

In den Saat- und Pflanzplänen habe ich, meist in abgekürzter Form, Samensorten der Firma Karl Hild in Marbach aufgeführt. Diese Samen wurden von mir seit Jahrzehnten in ihrer Entwicklung und Zuverlässigkeit nicht nur immer wieder aufs neue erprobt, sondern auch in jeder Hinsicht für erfolgreich befunden.

Da oder dort könnten jedoch Hild-Gemüsesamen nicht erhältlich sein, und es können auch noch andere Gründe eine Rolle spielen, daß man seinen Samen von einem anderen Samenzüchter beziehen möchte. Auf jeden Fall ist es dann günstig, beim Einkauf die in den Saat- und Pflanzplänen aufgezeigten Sorten beim Namen zu nennen. Ein gutes Fachgeschäft wird fast immer eine ähnliche Samensorte empfehlen können, die auch gute Ergebnisse bringt.

Auf die Beschreibung der „Mischkultur nach Gertrud Franck", der „Hügelkultur nach Beba/Andrä" und der „Aussaattage nach Maria Thun" wurde in diesem Buch verzichtet, weil bei einer Kurzbeschreibung die Gefahr besteht, mehr Mißerfolg als Nutzen auszulösen. Dem fortgeschrittenen Biogemüseheim-

gärtner, der sein Wissen und Können auch in diesen sehr wichtigen Richtungen erweitern will, wird empfohlen, sich die gute und preiswerte Fachliteratur der genannten Autoren in einer Buchhandlung zu besorgen.
Über die Schädlichkeit chemischer Düngung, giftiger Spritzungen und unsachgemäßer Bodenbearbeitung ist in Tageszeitungen, Fachpresse, Rundfunk und Fernsehen schon so viel berichtet worden, daß hier auf weitere Hinweise über die dadurch hervorgerufenen gesundheitlichen Schäden bei Menschen, Tieren und Pflanzen verzichtet werden kann.

Zum Schluß meines Vorwortes ist es für mich ein echtes Bedürfnis, für die umfangreiche, uneigennützige und wertvolle Unterstützung von ganzem Herzen zu danken, die mir bei der Herausgabe des Buches zuteil geworden ist.
Vor allem möchte ich Herrn Philipp Drescher, einem erfahrenen und sehr erfolgreichen Heimgärtner, für seine mehr als nur freundschaftliche Mitarbeit meinen tief verbundenen Dank sagen. Er hat mir besonders beim organisatorischen Aufbau der so wichtigen Saat- und Pflanzpläne maßgeblich geholfen – von ihm wurden alle tabellarischen Übersichten und die grafischen Setzpläne bearbeitet – er hat die oft nötige Übersetzung vom Biogemüseerwerbsbau zum Heimgärtnerbiogemüsebau bewerkstelligt – und von ihm stammt auch die hervorragende und wohl auch grundlegende Arbeit über die Regenwurmzucht und das Regenwurmzuchtkompostverfahren. Ohne die aufopfernde, verständnisvolle und helfende Mitarbeit von Herrn Drescher wäre das alles für mich nicht zu bewältigen gewesen.
Und nicht zuletzt habe ich auch Frau Silvia Berner für ihre einmalige, einfühlende und immer wieder drängende Mitarbeit an diesem Buch ganz besonders zu danken. Da sie selbst zur erfolgreichen Biogemüseheimgärtnerin herangewachsen ist, konnte sie alles Geschriebene durchdenken, miterleben, teilweise berichtigen und ergänzen. Auf das Buch, das durch ihre Mitarbeit entstanden ist, darf sie stolz sein.

Manfred Schulze

Inhaltsverzeichnis

Wie wird ein Biogemüsegarten angelegt?

Ziele, Wünsche, Erfordernisse

Es gibt vielerlei Beweggründe für die Anlage eines eigenen Biogemüsegartens. Vor der Planung sollte man sich deshalb einige Fragen beantworten:
Soll der Biogemüsegarten vor allem der Gesundheit dienen?
Soll er der ganzen Familie Freude bereiten und ihr Erholung bringen?
Soll er arbeitsparend bewältigt werden können, oder ist er als körperlich kräftigende und ausgleichende Tätigkeit zur Berufsarbeit gedacht?
Soll er zur inhaltsvollen Aufgabe werden, die durch die Verbundenheit mit der Natur viel Bereicherung und Befriedigung bringt?
Darüber hinaus sind auch noch folgende Fragen zu klären:
Wieviel Personen zählt der zu versorgende Haushalt?
Wird nur eine Teilversorgung oder möglichst eine Vollversorgung gewünscht?
Welche Lieblingsgemüse sollen bevorzugt angepflanzt werden?
Die Berücksichtigung solcher Vorstellungen und Wünsche kann bei den folgenden Richtlinien und Ratschlägen individuelle Abweichungen mit sich bringen.

Flächengröße des Biogemüsegartens

Es werden nicht immer alle Gemüsearten im eigenen Garten angebaut werden können. Auf Auberginen, Paprika, Melonen, Kürbis, Mais und Kartoffeln wird man, je nach Lage und Gartenbedingungen, meist verzichten müssen. Gemüse für den Winterbedarf kann von Demeter-Gärtnern und Demeter-Landwirten bezogen werden. Im allgemeinen ist für jedes Familienmitglied ein Flächenbedarf von 20 bis 30 qm ausreichend. Bei einer vierköpfigen Familie entspricht dies einer Anbaufläche von 80 bis 120 qm. Man sollte nicht zu groß beginnen. Es ist viel besser, den Biogemüsegarten nach Bedarf zu vergrößern. Zuviel Arbeitsbelastung könnte am Anfang die Freude verderben. Nach gewonnener Erfahrung kann man die Anbaufläche immer noch erweitern.

Sonnenlage des Biogemüsegartens

Der Biogemüsegarten braucht eine gute Sonnenlage, denn je länger die Sonneneinwirkung ist, desto besser wird die Biogemüsequalität. Schatteneinwirkung wirkt sich meist nachteilig auf Menge, Güte, Ernährungs- und Gesundheitswert aus. Deshalb ist der Gemüsebau zwischen Obstbäumen, hohen Sträuchern und sonstigen Schattenwerfern sehr ungünstig.

Die Wasserversorgung bei Anlage des Biogemüsegartens nicht vergessen

Wassermangel führt zu Wachstumsstockungen und Qualitätsminderung. Bei regenarmer, sehr warmer Witterung wird man ohne eine ausreichende Wasserversorgung nicht die gewünschten Ernteerfolge erzielen. Nach Möglichkeit sollte man bei der Anlage des Gartens auch gleich eine Sommerwasserleitung vorsehen, die nur etwa 30 cm unter der Erde liegen muß. Das erleichtert die Gießarbeit. Zur Entleerung der Leitung vor Wintereinbruch ist in einem kleinen Schächtchen ein Auslaufhahn anzubringen.

Windschutz ist bei Erfordernis vorzusehen

Starker Windeinfluß bei offenen Lagen ist für das Wachstum von Biogemüse von Nachteil. Durch das Pflanzen von Ziersträuchern, Obstspalieren und Beerenobststräuchern an den Windseiten kann man bei sehr windigen Lagen den Einfluß schädlicher Winde herabmindern.

Kompoststätte soll möglichst nahe bei den Pflanzbeeten sein
Je näher die Kompoststätte bei den Pflanzbeeten liegen kann, desto mehr erspart man sich an Weg, Zeit und Arbeit. Das ist bei der Planung zu berücksichtigen.

Anordnung der Beete in Reihen- oder Blockform möglichst in Hausnähe
Die Beete werden am besten in Reihen- oder Blockform in nicht schattenwerfender Hausnähe angelegt. Dadurch erspart man viel Zeit. Die Reihen- und Blockform ist praktisch und arbeitssparend und hat den Vorteil, leichte Hanglagen, auch nach zwei Seiten hin, zu überwinden und günstig zu gliedern. (Siehe Abb. 3 und 4 auf Seite 13.)

Tretwege oder befestigte Wege?
Tretwege sind die einfachste und billigste Lösung, um die Pflanzbeete voneinander zu trennen und sie von dort aus zu bearbeiten. Sie haben jedoch den Nachteil, daß sie immer wieder von Unkraut befreit werden müssen. Bei nassem und feuchtem Wetter beschmutzt man sich seine Schuhe. Außerdem kann man sehr leicht ausrutschen, so daß alle Tätigkeiten wie Säen, Pflanzen, Jäten und Ernten entweder gar nicht oder nur beschwerlich ausgeführt werden können.
Am Anfang wird man aus Zeit- und Kostengründen oft auf eine Wegbefestigung mit den dafür geeigneten Waschbetonplatten, 40 × 60 cm, verzichten. Falls man sie aber später anbringen möchte, sollte man sie bei der Planung räumlich vorsehen. Gehwegplatten haben außerdem den nicht zu unterschätzenden Vorzug, von Schnecken gemieden zu werden und so deren Zugang zu den Pflanzbeeten zu erschweren.

Einfassung der Beete
Was über Trittwege und befestigte Wege gesagt wurde, gilt auch für die Einfassung der Beete. Wird zunächst auf eine Einfassung verzichtet, so sollte man sie trotzdem bezüglich des Raumbedarfs einplanen, damit man sie später anlegen kann. Die Einfassung der Beete hat folgende Vorzüge:
Sie kann jederzeit zur Auflage von Frühbeetfenstern verwendet werden. Das Befestigen der Wege mit Waschbetonplatten wird erst durch sie sinnvoll. Das Abschwemmen wertvoller Gartenerde wird vermieden. Durch eine zweckmäßige Einfassung kommen die Pflanzbeete, gemessen zum befestigten Gehweg, um etwa 20 cm höher zu liegen, wodurch die Gartenarbeit besonders für ältere Menschen müheloser wird. Auch Folientunnel in Bogen- und Zeltform lassen sich günstig windfest anbringen.
Für die Einfassung der Beete bieten sich drei Möglichkeiten an:

Einfassung durch sogenannte Bankwege, die in U- und L-Form aus Beton hergestellt werden. Sie sind schwer, kostspielig und nur mit Hilfe eines Fachmannes zu verlegen. Einfassungen aus Bankwegen sind aus den Abbildungen 1 und 2 auf Seite 12 ersichtlich.

Einfassungen aus Eternit, die von der Firma Karl Richter, Großhaderner Str. 24, 8000 München 70, im Zusammenhang mit den selbstlüftenden Frühbeetfenstern geliefert werden. Die Innenmaße dieser

Frühbeetkästen sind 322 cm Länge und 151 cm Breite. Diese Maße sind abgestimmt für die Auflage von vier Frühbeetfenstern.

Einfassungen aus Holzdielen, 4,5 cm stark, 28 cm hoch. Diese Rahmenform läßt sich recht einfach selbst herstellen, und deshalb ist sie wohl die preisgünstigste Ausführungsform. Je nach Holzqualität hält sie etwa 10 Jahre.

Die zweckmäßige Größe der Beete wird auch durch etwa hinzukommende Frühbeetfenster bestimmt

Da der Biogemüseheimgärtner früher oder später zur Setzlingsanzucht und für Früh- und Spätkulturen ein oder mehrere Frühbeetfenster anschaffen wird, ist es zweckmäßig, diese bei der Bestimmung der Beetgröße gleich einzubeziehen. Dabei ist zu überlegen, ob man sich normale Frühbeetfenster anschaffen will oder ob man die wartungsfreien „Richters selbstlüftenden Frühbeetfenster“ vorzieht. Die letzteren sind in der Anschaffung allerdings etwas kostspieliger, übernehmen aber die Arbeit des zuverlässigen Lüftens stets im richtigen Augenblick.
Frühbeetfenster, vor allem „selbstlüftende“, können ein Kleingewächshaus ersetzen. Deshalb wäre es am günstigsten, wenn man bei der Gartenanlage eine Beetlänge vorsieht, auf der man bis zu vier Frühbeetfenster auflegen kann. In der Regel gibt es zwei Ausführungsarten, die sich in der Praxis gut bewährt haben:

Richters selbstlüftende Frühbeetfenster. Diese sind auf Seite 14, Abb. 6, abgebildet. Zum Auflegen der Frühbeetfenster in der Größe 80 × 150 cm liefert die Firma Richter auch sehr zweckmäßige Frühbeetkästen aus Zementasbest. Für den Heimgärtner eignet sich ein Frühbeetkasten für vier Frühbeetfenster am besten. Man kann hier zunächst auch nur ein, zwei oder drei Fenster auflegen. Dann muß man nur eine entsprechende Trennwand, am besten aus Holz, innerhalb des Frühbeetkastens anbringen. Ein Frühbeetkasten für vier Richters selbstlüftende Frühbeetfenster hat die Innenmaße: 151 × 322 cm. Die Stärke der Einfassungswände ist 2 cm. Wenn man diese Maße berücksichtigt, ergeben sich für die Anlage eines Biogemüseheimgartens folgende Beetbreiten:

Innenbreite der Frühbeeteinfassung	151 cm
dazu zwei Wandungen mit je 2 cm	4 cm
Gehwegplatten 40 × 60 cm längs in Sand verlegt (40 + 1 cm)	41 cm
Gesamtbreite für ein Beet + Gehweg	196 cm

Mit diesen Maßangaben kann man den Flächenbedarf bei einer Anordnung der Beete in Reihenform berechnen. Wählt man für die Anordnung der Beete jedoch die Blockform, so müssen zu der Beetinnenlänge von 322 cm sinngemäß auch die Wandungen von 4 cm und die Quergehwege mit 41 cm hinzugerechnet werden, so daß sich insgesamt für ein Beet einschließlich Quergehweg 367 cm ergeben.

Einfache genormte Frühbeetfenster. Diese sind in den Normmaßen 80 × 150 cm und 100 × 150 cm in den Fachgeschäften für Gartenbedarf erhältlich. Für den Heimgärtner ist die Größe 80 × 150 cm, ohne Sprossen, am handlichsten und billigsten.

Der Gesamtraumbedarf für ein Beet ist bei der Auflage einfacher, genormter Frühbeetfenster derselbe wie bei „Richters selbstlüftenden Frühbeetfenstern“.

Wird jedoch aus irgendwelchen Gründen für alle Zeit auf Beeteinfassungen und Frühbeete verzichtet, so wird man zweckmäßig die Beetbreite anstatt mit 150 cm nur mit 100 cm festlegen, weil sich ebenerdig liegende Beete in dieser Breite besser bearbeiten lassen.

Bankwege in U- und L-Form, die zugleich Beeteinfassung und befestigte Gehwege ergeben

Die Abbildungen 1 und 2 zeigen eine Beetanordnung in Reihenform mit Bankwegen in U- und L-Form, die zugleich Beeteinfassung und befestigte Gehwege ergeben. Die U-Bankwege, die auf den Längsseiten der Beete angebracht werden, haben eine Innengehwegbreite von 41 cm, die Stärke der Wandungen ist je 3,5 cm und deren Außenhöhe 24 cm. Der Trittboden hat ebenfalls eine Stärke von 3,5 cm. Die Außenbreite eines U-Bankweges beträgt somit 48 cm. Man braucht jetzt nur noch die Innenbreite eines Beetes mit 151 cm hinzuzurechnen, um auf den benötigten Flächenbedarf von 199 cm für die Gesamtbreite zu kommen. Die L-Form-Bankwege, die eine Innengehwegbreite von 60 cm und eine Gesamtaußenbreite von 63,5 cm haben, werden als Längswege entlang der Beete verwendet. U- und L-Bankwege sind in standardisierten Teillängen von 200 cm lieferbar. Man kann mit ihnen Beete mit 400 cm, 600 cm und noch größeren Längen herstellen.

Abb. 1

Abb. 2

Bankwege werden, besonders wegen der hohen Kosten (einschließlich Montage!), fast nur von Berufsgärtnern verwendet. Sollte sich auch ein Heimgärtner dafür entscheiden, so ist eine Beetlänge von 400 cm zu empfehlen.
Wie schon angegeben, haben die normalen U-Bankwege beidseitig eine Außenwandhöhe von 24 cm. Zur Auflage von Frühbeetfenstern gibt es Bankwege in U-Form, deren Außenwände auf der einen Seite 34 cm und auf der anderen Seite (Südseite) 24 cm Außenhöhe haben. Wenn man sich für Bankwege entscheidet, wird man immerhin eines der Beete in dieser Ausführung für die Auflage von Frühbeetfenstern vorsehen.

Die Abbildung 1 zeigt eine Anwendung der Bankwege im Teilausschnitt einer Beetanordnung in Reihenform, während Abbildung 2 für die gleiche Anwendung eine noch bessere Einsicht in die Bankwege bietet. Beachten Sie bitte auf beiden Abbildungen auch die vorhandenen, sehr praktischen Düsenberegnungsrohre aus Plastik.

Anordnung der Pflanzbeete in Blockform mit selbstgemachten Beeteinfassungen aus Holzdielen
Die Abbildungen 3 und 4 zeigen die gleiche Blockform aus zwei verschiedenen Blickwinkeln. Aus den Bildern ist zu erkennen, daß das gleiche Gelände nach zwei Seiten hin eine stärkere Neigung hat. Sol-

Abb. 3

Abb. 4

che Geländeunterschiede lassen sich mit selbstgemachten Beeteinfassungen aus Holz leicht überbrükken. Die fertigen Beeteinfassungen werden so in das Gelände eingebaut, daß die Erdauffüllung der Beete eine möglichst ebene Lage erhält. Wie solche Beeteinfassungen aus Holz hergestellt werden können, wird auf Seite 15 dargestellt.

Insgesamt sind bei der obigen Blockform neun Beete untergebracht. Alle Beete haben die Innenmaße 151 × 322 cm. Nur das Beet 22 ist zur Auflage von Frühbeetfenstern eingerichtet. Die Wangenhöhe ist bei diesem auch verschieden.

Alle Beete sind mit Düsenberegungsrohren aus Plastik ausgerüstet, die aus einem Standrohr mit vier Hähnen mit Wasser versorgt werden. Auf diese Weise lassen sich alle Beete ohne viel Mühe rationell und nach individueller Erfordernis beregnen. Zu beachten sind auch die preiswerten Nummernschilder, die an jedem Beet angebracht sind. Die Numerierung der Beete bietet viele Vorteile. Man kann sich gegenseitig leicht über Bearbeitung, Düngung und Fruchtwechsel verständigen.

Im Hanggelände mit doppelseitiger Neigung, siehe Abbildung 3 und 4 auf Seite 13, erweisen sich die stufenartig angelegten Längs- und Querwege aus Waschbeton-Gehwegplatten als besonders günstig. Anders hätte man das Gelände kaum in den Griff bekommen, um es so günstig und arbeitssparend zu be-

Abb. 5

Abb. 6

wirtschaften. Ganz bewußt wurden auf den Seiten 12 bis 14 etwas schwierige Beispiele in Hanglagen dargestellt, um zu zeigen, wie auch solche vorbildlich zu bewältigen sind. Im ebenen Gelände ist natürlich alles viel einfacher.

Beete in Reihenform mit einer zweckmäßigen Einrichtung zur Anwendung von „Richters selbstlüftenden Frühbeetfenstern“
Der geschickte Bioheimgärtner hat an den Beeten (Abbildung 5 und 6) eine aus Eisenrohren hergestellte Aufhängevorrichtung angebracht, die es ermöglicht, die Frühbeetfenster aus Aluguß beidseitig (Nord- und Südseite) zuverlässig aufzuhängen, damit man darunter sicher und ungestört arbeiten kann. Die Aufhängevorrichtung hat den Vorteil, daß man mit ihr durch Überziehen einer Folie auch Folienzelte errichten kann, die in etwa die Schutzwirkung eines unbeheizten Gewächshauses haben. Mit Düsenberegnungsrohren aus Plastik kann auch bei aufgelegten Frühbeetfenstern beregnet werden. Hier sind alle Beete zum Auflegen von Frühbeetfenstern eingerichtet, so daß man dieses oder jenes als Frühbeet benutzen kann.

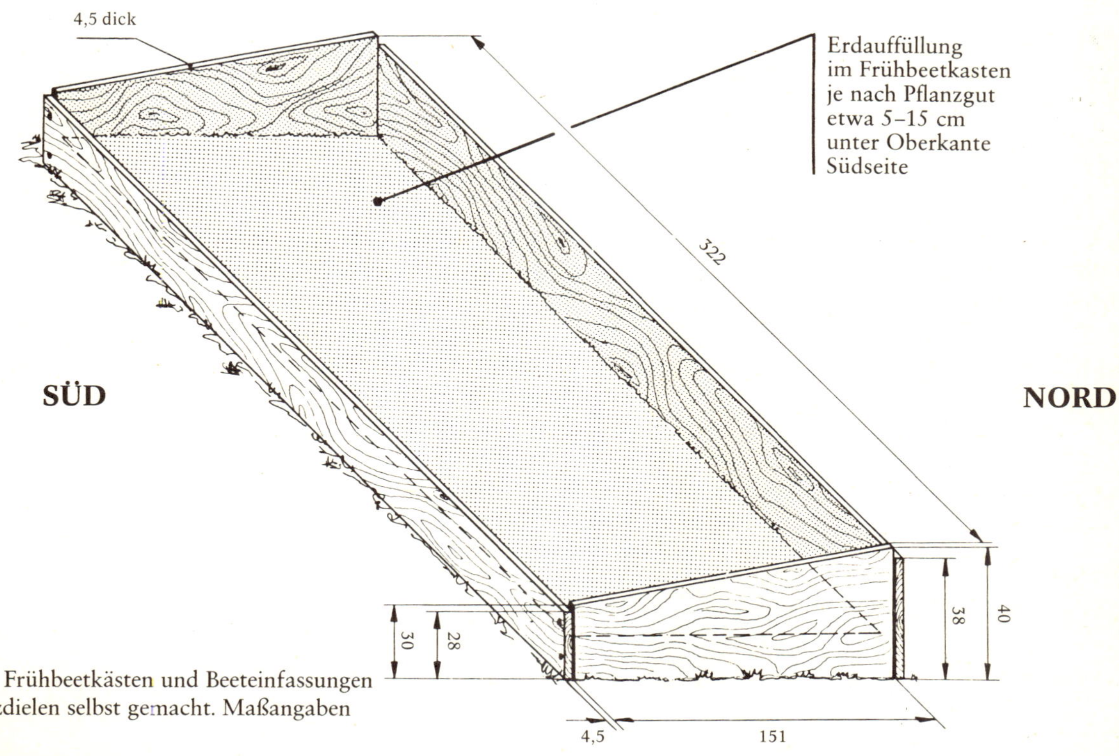

Abb. 7 Frühbeetkästen und Beeteinfassungen aus Holzdielen selbst gemacht. Maßangaben in cm

Frühbeetkästen und Beeteinfassungen aus Holzdielen selbst gemacht

Die Abbildung 7 ist so anschaulich und enthält alle wichtigen Maßangaben, so daß nichts mehr zum Selbstbau von Frühbeetkästen und Beeteinfassungen zu sagen ist. Zwischen dem Frühbeetkasten und den einfachen Beeteinfassungen gibt es nur einen Unterschied, der zu erwähnen wichtig ist. Wie die Abbildung zeigt, ist die Nordwange des Frühbeetkastens 38 cm und die Südwange 28 cm hoch, während bei der einfachen Einfassung beide Wangen 28 cm hoch sind.

Die bei Sägewerken und Holzhandlungen günstig erhältlichen Dielen (zweite Wahl) sollen folgende Abmessungen, die fast überall handelsüblich sind, haben: Breite 28 cm oder notfalls 27,5 cm, Stärke 4,5 cm. Bei der Länge sollte man nach der günstigsten lieferbaren Einteilung fragen. Man sollte keine gehobelten Dielen nehmen, weil diese rascher verwittern, und auch keine imprägnierten Dielen kaufen, diese vertreiben oder vernichten das so wichtige Bodenleben. Die Dielen werden mit 12 cm langen Drahtstiften zusammengenagelt und dann in das Gelände nach den besprochenen Grundsätzen eingefügt.

Die auf der vorstehenden Zeichnung angegebenen Maße für Frühbeetkästen gelten für „Richters selbstlüftende Frühbeetfenster“. Wenn Sie jedoch einfache Frühbeetfenster verwenden wollen, dann ist es nötig, sich bei der Bezugsquelle nach den Innenmaßen für den Frühbeetkasten zu erkundigen, weil diese manchmal leicht voneinander abweichen.

Am Anfang soll kein perfekter Biogemüsegarten stehen – ein solcher kann erst im Laufe der Jahre wachsen

Nach dem Durchlesen der vorstehenden Hinweise ist man geneigt zu sagen, das ist mir alles zu viel, das ist zu zeit- und kostenaufwendig. Es kann darum nur immer wieder empfohlen werden, mit dem Biogemüsebau so klein anzufangen, daß man ihn gut bewältigen kann. Der Biogemüsegarten wächst dann aus den Erkenntnissen, Erfolgen und der Freude am Wachsen, Gedeihen und Ernten.

Gut 90% aller vorhandenen Biogemüsegärten dürften einfache Tretwege haben, die erst später nach und nach durch Plattenwege ersetzt werden. Das gleiche gilt für Beeteinfassungen, Beregnungsrohre und Frühbeetfenster. Man sollte sich für alles genügend Zeit lassen, damit es aus Erfahrung und Vernunft sinnvoll wachsen kann.

Es sei hier nochmals darauf hingewiesen: Für Freilandbeete mit Tretwegen, für die keine Beeteinfassungen und Frühbeetkästen vorgesehen sind und die daher ebenerdig bearbeitet werden, ist eine Beetbreite von 100 cm für den Zugriff von beiden Seiten günstig. Bei Beeteinfassungen und Frühbeetkästen, die eine höher gelegene Erdfläche gegenüber den Gehwegen haben, ist eine Beetbreite von 150 cm vorteilhafter. Schmale Beete (100 cm und weniger) haben den Nachteil, daß sich Gemüsearten, die sehr groß werden, wie Kohl, Tomaten und Gurken, räumlich nicht so günstig einteilen lassen. Es sollen aber alle Möglichkeiten aufgezeigt werden, die man früher oder später einmal auszunutzen und zu verwerten wünscht. Wenn man heute schon die erforderlichen günstigen Grundlagen vorsieht, so ist ein späteres mühsames Umbauen nicht mehr nötig.

Der Gartenboden

Um gute und gesunde Ernten zu erzielen, sind für den Biogemüseheimgärtner Grundkenntnisse über die Beschaffenheit seines Gartenbodens von großem Wert. Die einzelnen Bodenarten treten kaum in Reinform auf. Meist handelt es sich bei unseren Gartenböden um Mischböden mit ganz verschiedenen Anteilen an Ton, Lehm, Sand, Kalk, Mergel, Löß oder Moor. Es wird jedoch immer ein Bodenanteil stark überwiegen, an den man sich bei der Beurteilung des Bodens halten kann und soll.

Tonböden in Reinform sind für den Gemüsebau unbrauchbar und eher für Ziegeleien geeignet. Vom Heimgärtner können diese Böden trotzdem, da es sich bei ihnen ja meist nur um kleinere Bodenflächen handelt, mit etwas größerem Arbeitsaufwand in kurzer Zeit in gutes Gartenland umgewandelt werden. Von Natur aus ist der Tonboden fruchtbar, denn er enthält sämtliche Nährstoffe. Diese gibt er jedoch nur schwer an die Pflanzen ab, weil der Tonboden keinen Sauerstoff durchläßt und deshalb für das Bodenleben und hier besonders für die Regenwürmer keine günstigen Voraussetzungen bietet.
Diese schweren, undurchlässigen, wasserhaltenden und kalten Böden müssen unbedingt im Spätherbst tief und grobschollig umgegraben werden. Über die Scholle streut man Branntkalk, 40 g je qm, und mischt im zeitigen Frühjahr eine Schicht von 2 bis 3 cm Flußsand unter. Danach ist es günstig, das Land mit einer Leguminosenart zu bestellen, sei es Klee, Wicken, Lupinen, Erbsen oder Rotenburger Kombi-Gemenge. Im Sommer und im Spätherbst wird die Grünmasse abgemäht und für die Kompostierung verwendet. Das abgemähte Land gräbt man im Spätherbst tief und grobschollig um und bestreut es mit Algomin, 20 bis 30 g je qm. Im Frühjahr, vor der Bestellung mit Kartoffeln oder Kohlgewächsen, bringt man reichlich Flußsand auf. Die Kulturen werden über die Wachstumsperiode, hauptsächlich nach Regenfällen, immer wieder durchgeharkt. Tonböden werden zunächst nicht gemulcht. Auch auf Torfbeimischungen ist zu verzichten.
Zeigerpflanzen: Erdrauch, Fuchsschwanzgras, Hasenohr, Lungenkraut und Vogelknöterich.

Lehmböden sind ein Gemisch aus Ton und Sand, bei dem der Anteil von Ton und Sand sehr verschieden sein kann. Je nach dem anteiligen Humusgehalt hat man es mit schweren oder leichteren Lehmböden zu tun. Grundsätzlich handelt es sich bei Lehmböden um gute Gartenböden für den Biogemüsebau. Ist der Sandanteil gering, so zeigt sich eine entsprechende Bodenverdichtung, die durch Beigabe von Flußsand gemildert werden kann. Ist der Lehmboden arm an Humus, so trocknet er leicht aus und bildet eine feste Kruste, die zur Schrumpfung des Bodens und zur Bildung von tiefen Bodenrissen führt. Durch solche Erscheinungen wird nicht nur das Bodenleben stark eingeschränkt, sondern auch die Wurzeln der Gemüsepflanzen werden in Mitleidenschaft gezogen. Hier helfen reichliche Kompostgaben im Frühjahr und geringe Kalkgaben, zum Beispiel Algomin, im Herbst. Bei humusarmen Lehmböden ist es günstig, im ersten Jahr den Boden im Herbst einmal umzugraben und im darauffolgenden Jahr, wenn nötig, noch ein zweites Mal, um so die klumpenbildenden Erdschollen durch die Kälteeinwirkung des Winters zerfallen zu lassen. In den folgenden Kulturperioden dürfen dann ständige Kompostgaben und das Mulchen nicht vergessen werden. Nur so stellen sich Bo-

denleben, Krümelbildung und Bodengare ein, die leichteres Bearbeiten des Bodens sowie müheloseres Säen und Pflanzen bewirken. Humusreiche Lehmböden sind gute Wärmeaufnehmer, speichern Wasser und Nährstoffe, sind durchlässig und begünstigen vor allem auch die Bodenfruchtbarkeit.
Zeigerpflanzen: Ackerdistel, Ackergauchheil (Blaue Miere), Ackerhahnenfuß, Bromusarten, Herbstzeitlose, Luzerne, Rotklee (Blauklee, Ewiger Klee), Segge, Stieleiche, Vogelkirsche.

Sandböden werden in reine Sandböden mit hohem Quarzsandanteil, lehmige Sandböden mit mehr oder weniger Lehmanteil und mergelige Sandböden mit kalkigen Zusätzen unterschieden. Sandböden sind leichte Böden, die sich leicht bearbeiten lassen. Sie sind nährstoffarm, durchlässig, leicht erwärm- und auskühlbar, wind-, abtrag- und auswaschgefährdet und sauer in der Bodenreaktion. Infolge ihrer Nährstoffarmut sind sie große Düngerverzehrer. Außerdem verursacht die vorhandene Kieselsäure den Abbau von Humus. Der größere Humusverbrauch wird außerdem noch durch die gute Bodendurchlüftung und schnelle Erwärmbarkeit bewirkt. Ständiges Mulchen, Kompostgaben, Stallmist, Tonmehl (Betonit), Beigabe von Ton- und Lehmerde und auch Torf sind zur Verbesserung von Sandböden sehr wichtig, um auch die löslichen Mineralstoffe im Boden festzuhalten. Der Sandboden ist kalkarm. Deshalb muß man ihm entsprechende Mengen kalkhaltiger Naturdünger beigeben. Dies sind zum Beispiel Holzasche, Braunkohlenasche und Algomin.
Zeigerpflanzen: Ackerkrummhals, Ackerwindhalm, Besenginster, Borstengras, Dünengräser, Hasenklee, Kriechweide, Lupinen, Ochsenzunge, Schafschwingel und Strohblumen.

Kalkböden trifft man in Deutschland, Österreich und in der Schweiz nur selten an. Solche Böden haben wenig Wasserhaltekraft und lassen sich, da sie sehr trocken und hart sind, nur schwer bearbeiten. Sie sind meist flachgründig. Der Nährstoffgehalt ist gut – bedingt durch den hohen Kalkgehalt werden jedoch die Spurenelemente gebunden. Viele Pflanzen leiden dadurch unter der Gelbsuchtkrankheit, und zwar hauptsächlich in nassen Jahren. Ohne ständige Zufuhr von organischen Substanzen wie Stallmist und Kompost, Beimischen von Torf und Flußsand sind Kalkböden für den Biogemüsebau nicht geeignet. Experimente lohnen sich hier nicht.

Lößböden treten meist in warmen Flußtälern auf. Sie setzen sich aus feinen Sand-, Ton- und Kalkteilchen zusammen. Sie sind nährstoffreich, tiefgründig, ohne Steine, warm und wasseraufsaugend, trocknen aber ebenso leicht aus. Alter Stallmist, Kompost und Mulchen sind deshalb zur Humusbereicherung sehr wertvoll. Torf und Hygromull können auch zum besseren Wasserhaushalt beitragen. Sofern immer für die nötige Feuchtigkeit gesorgt wird, sind Lößböden ideale Gartenböden für den Biogemüsebau.

Mergelböden werden in Deutschland, Österreich und in der Schweiz nur vereinzelt gefunden. Je nach Ton- und Kalkgehalt sind sie für den Biogemüsebau mehr oder weniger geeignet. Man wird sie nur dann erfolgreich bestellen können, wenn man ihnen ständig viel Flußsand, Komposterde sowie Sand-Torf-Gemisch, im Verhältnis 1:1, zuführt. Die meist sehr hohen pH-Werte müssen beim Gemüseanbau beachtet werden.
Zeigerpflanzen: Ackerdistel, Huflattich und Salbeiarten.

Moorböden bestehen vor allem aus Pflanzenresten und haben deshalb einen hohen Anteil an organischer Substanz, der zwischen 30 und 50% liegen kann. Das Wasserhaltevermögen ist sehr groß. Um die saure Reaktion dieser Böden zu mildern und die Durchlüftung zu verbessern, ist eine entsprechende Entwässerung erforderlich, die aber nicht zu tief sein darf, weil der Torfboden sonst im Kulturbereich leicht austrocknet. Moorböden leiden unter Mineralstoffarmut. Man muß unterscheiden zwischen:

Hochmoorböden, die nährstoffarm, sehr wasserhaltig und sauer sind. Zur Aufbesserung benötigen sie Stallmist, Kompost, Flußsand, Gesteinsmehl, Kalk, Beigaben von Ton und Lehm und ständig gute Bodenbedeckung.

Niedermoorböden sind gleich zu behandeln. Da sie jedoch meist neutrale bis schwach alkalische Neigung haben, benötigen sie keine Kalkbeigaben. Überwinternde Gründüngung ist bei allen Moorböden für den Humusaufbau und zur Verhinderung von Nährstoffauswaschungen sehr wertvoll. Auf die Gefahr von Früh- und Spätfrösten ist besonders hinzuweisen. Wenn Moorböden richtig behandelt werden, kann man viele Gemüsearten erfolgreich anbauen und einen guten, leicht zu bearbeitenden Gartenboden erhalten.

Allgemein ist für alle Bodenarten zu sagen:
Reichliche Humusgaben, abgelagerter Stallmist, Kompost und Bodenbedeckung sind von großer Bedeutung und begünstigen den Wasser-, Luft- und Nährstoffhaushalt, das Bodenleben und das Pflanzenwachstum. Es werden dadurch ideale pH-Werte erreicht, die viel mehr Anbaumöglichkeiten zulassen. Hierbei ist auch ganz besonders auf die großen Vorteile des Regenwurmzuchtkompostes hinzuweisen.

pH-Wert des Bodens
Gemeint ist damit der Säuregehalt des Bodens, der über die Bodenbeschaffenheit wichtigen Aufschluß gibt. Der pH-Wert eines guten Gartenbodens liegt etwa zwischen 6,5 und 7,5 pH. Das sollte man immer berücksichtigen.
Um den pH-Wert des Gartenbodens festzustellen, gibt es verschiedene Methoden: Am einfachsten, sichersten und schnellsten ist der pH-Meter „Demetra“, der in guten Gartenbedarfsfachgeschäften erhältlich ist. Das einfache Meßgerät arbeitet ohne elektrischen Strom und ohne chemische Einflüsse. Es hat die Form und Größe eines Steckholzes und ist einfach zu bedienen. Der Preis für dieses sehr nützliche und gute Gerät liegt bei etwa DM 150,–. Wenn sich mehrere Heimgärtner ein solches Gerät gemeinsam anschaffen, können die Kosten dafür tragbarer werden.
Zu niedrige oder zu hohe pH-Werte im Gartenboden können durch folgende Maßnahmen, die jedoch über längere Zeit hinweg nötig sind, korrigiert werden:

Zu niedrige pH-Werte: Hier helfen Algenkalkgaben (Algomin) oder Asche von Nadelhölzern, die dem Boden beigegeben werden. Schwach saure Böden mit etwa 6,0 bis 6,5 pH erfordern je qm 40 bis 50 g Algomin oder ca. 100 g Asche, um den pH-Wert um eine Stelle anzuheben. Sandböden sollten jedes Jahr mit Kalkgaben aufgebessert werden.

Zu hohe pH-Werte (über 7,5 pH): Zur Senkung zu hoher pH-Werte sind vor allem Laubkompost von

Buchen, Eschen, Linden, Obstbäumen und Nadelhölzern zu empfehlen. Gute Erfolge erzielt man auch schon mit einem Torf-Sand-Gemisch im Verhältnis 1:1.

Sind die pH-Werte des Bodens zu niedrig oder zu hoch, wird man, um wirklich Erfolg zu haben, die genannten Ausgleichsmaßnahmen je nach Bodenart alle 2 bis 3 Jahre durchführen müssen. Bei guten humosen Böden ist meistens eine einmalige Kalkgabe für 2 bis 3 Jahre ausreichend.

Im allgemeinen kann kurz gesagt werden:
Idealste Grundlage für den Biogemüsebau ist ein pH-Wert des Bodens von 6,5 bis 7,0. 7,1 bis 7,5 pH gelten als neutral oder alkalisch und sind noch günstig. 7,6 pH und darüber sind für den Biogemüsebau nicht geeignet, weil in diesen Böden die meisten Spurenelemente chemisch gebunden sind und nicht aufgenommen werden können. Bei zu niedrigen pH-Werten unter 5,5 pH werden die Hauptnährstoffe im Boden gebunden. Bei solchen Werten ist der Biogemüsebau nicht mehr zu empfehlen.

pH-Werte im Gartenboden regulieren. Wie zu niedrige oder zu hohe pH-Werte im Gartenboden ausgeglichen werden können, ist vorstehend beschrieben. An dieser Stelle sei nochmals auf den hohen Wert des Mulchens hingewiesen. Außerdem ist hier auch die Wirkung sinnvoller Kompostgaben sowie die Mitarbeit des Regenwurms und des übrigen millionenfachen Bodenlebens zu berücksichtigen. Es lohnt sich deshalb, die Kapitel über „Kompost“ und „Regenwurm“ gründlich zu lesen.

pH-Werte im Gartenboden und ihre Nutzbarkeit. Natürlich wird es kaum einem Heimgärtner möglich sein, die vorhandenen Gemüsebeete stets nach ihren pH-Werten zu überwachen, und noch viel weniger, sie nach den idealen pH-Werten zu bestellen. Anhand der vorstehenden umfangreichen Übersicht kann sich aber der Heimgärtner, besonders wenn er gerade erst mit dem Biogemüseanbau angefangen hat, darüber informieren, welche Gemüsearten aller Voraussicht nach bei den in seinem Gartenboden vorhandenen mittleren pH-Werten am besten gedeihen werden. Und falls einmal die eine oder andere Gemüseart nicht das erhoffte Ernteergebnis bringt, so ist es ratsam, den pH-Wert des Pflanzbeetes zu überprüfen, um dadurch den Grund für die unbefriedigende Ernte leichter zu erkennen.

pH-Werte im Gartenboden einmal jährlich feststellen. Im allgemeinen genügt es für den Biogemüseheimgärtner, einmal jährlich die pH-Werte seines Gartenbodens zu überprüfen. Wie schon an anderer Stelle in diesem Buch empfohlen, ist es aus vielen Gründen ratsam, alle Gartenbeete mit wetterfesten Nummernschildern zu versehen. Wenn solche Nummernschilder vorhanden sind, so kann man auch die von jedem Beet ermittelten pH-Werte festhalten.
Die jährliche Prüfung der pH-Werte in den vorhandenen Pflanzbeeten nimmt man am zweckmäßigsten immer im Herbst vor, weil man dann noch vor Winterbeginn mit den erforderlichen Maßnahmen beginnen und diese im darauffolgenden Frühjahr, Sommer und Herbst fortführen kann, die zur Regulierung der pH-Werte in den einzelnen Beeten oder im ganzen Gartenboden nötig sind.
Es sei jedoch darauf hingewiesen, daß man sich wegen noch nicht vorhandener idealer pH-Werte nicht

übertrieben beunruhigen darf, sondern versuchen sollte, das Ziel allmählich zu erreichen. Auch sehr erfahrene Berufsgärtner müssen oft lange Geduld haben, bis sie in einem jungen Gartenboden, mit noch nicht ausreichenden pH-Voraussetzungen, die anzustrebenden Ziele der Biogemüsekultur erreichen. Man darf deshalb besonders bei schwierigen Gartenböden nicht den Mut verlieren, wenn die ernsthaften Bemühungen von Jahr zu Jahr nur kleinere Fortschritte bringen.

Welche Gemüseart wächst bei welchen pH-Werten am günstigsten?

Gemüseart	pH-Wert	Gemüseart	pH-Wert
Ackersalat	6,2–7,5	Neuseeländer Spinat	6,2–7,5
Blumenkohl	6,4–7,5	Paprika	6,4–7,5
Brokkoli	6,2–7,5	Petersilie	6,2–7,4
Bohne	6,5–7,8	Pflücksalat	6,0–7,2
Chicoree	6,2–7,2	Radieschen	6,5–7,4
Chinakohl	6,2–7,5	Rettich	6,5–7,4
Eissalat	6,5–7,4	Rosenkohl	6,5–7,5
Endivie	6,5–7,8	Rotkohl	6,2–7,8
Erbse	6,7–7,7	Rote Bete	6,5–7,5
Grünkohl	6,4–7,5	Schnittlauch	6,5–7,8
Gurke	6,0–7,2	Schnittsalat	6,0–7,5
Kartoffel	6,0–6,5	Schwarzwurzel	6,4–7,5
Knoblauch	6,4–7,7	Sellerie	6,5–7,5
Knollenfenchel	6,1–7,3	Spinat	6,0–7,5
Kohlrabi	6,0–7,2	Tomate	5,5–7,0
Kopfsalat	6,0–7,2	Weißkohl	6,2–7,8
Kürbis	6,0–7,0	Wirsing	6,2–7,8
Lauch	6,0–7,5	Zichoriensalat	6,2–7,4
Mangold	6,2–7,5	Zucchini	6,0–7,2
Meerrettich	6,7–7,5	Zuckermais	6,4–7,5
Möhre	6,5–7,5	Zwiebel	6,5–7,8

Die Gartengeräte

Für die zweckmäßige, gründliche und zeitsparende Bodenbearbeitung müssen die erforderlichen Gartengeräte vorhanden sein. Es ist deshalb wichtig, sich die richtigen Gartengeräte anzuschaffen. Dazu sollen die folgenden Erläuterungen und bildlichen Darstellungen eine nützliche Hilfe bieten. Obwohl für den Biogemüsebau angestrebt werden soll, im Laufe der Jahre durch entsprechende Bodenpflege ganz auf das Umspaten und Tiefhacken verzichten zu können, werden die meisten Heimgärtner in den ersten Jahren für die Bodenbearbeitung doch noch Spaten, Spatengabel und auch Gartenhacke benötigen. Zum Bodenlockern sollte man jedoch möglichst nur Unkrauthacke, Bügelhacke, Bodenlüfter, Kultivator, Kleinjäter und Stahlrechen oder Harke verwenden, weil dies weit müheloser, einfacher, zeit- und arbeitsparender ist.

Die auf den nächsten Seiten abgebildeten und hier kurz erläuterten Gartengeräte sollen – obwohl sie normal die Grundausstattung darstellen – nur in dem Umfang angeschafft werden, wie es für die Größe des Gemüsegartens sinnvoll ist.
Zur Aufbewahrung der sperrigen Gartengeräte wie Spaten, Spatengabel, Schaufel, Stahlrechen, Dunggabel, Gartenkreil, Gartenhacke, Unkrauthacke, Bügelhacke, Bodenlüfter, Kultivator, Kleinjäter und Rillenzieher gibt es in Eisenwarengeschäften Lochbleche, die an irgendeiner Wand befestigt werden können. Dazu sind auch verschiedene leicht zu montierende Halterungen erhältlich. Aber noch einfacher ist die zweckmäßige Aufbewahrung dieser Gartengeräte in einer selbstgebastelten Kiste aus stärkeren Kistenbrettern, die etwa 80 × 80 cm breit und etwa 100 cm hoch ist. In diese Kiste werden die Geräte mit dem Stiel nach unten unfallsicher, übersichtlich und leicht greifbar hineingestellt.

Abb. 8
1 Spaten mit T-Griff, unten leicht gerundet
2 Spatengabel oder Grabgabel mit breiten Langzinken
3 Schaufel, Frankfurter Art, unten rund zugespitzt
4 Stahlrechen oder Harke mit 14 Zinken, 36 cm breit
5 Dunggabel oder Mistgabel für vielerlei Zwecke
6 Gartenkrail mit runden, ovalen Zinken zum Beet ebnen
7 Gartenhacke, gerades Blatt, 3 Zinken
8 Unkrauthacke, dünnes Stahlblatt, 30 mm hoch
9 Bügelzughacke, dünnes Stahlblatt, scharf geschliffen
10 Bodenlüfter, 2,5 cm breit, einzinkig
11 Kultivator, 14 cm breit, 3 Zinken
12 Kleinjäter, 9 cm breit, 3 Zinken

Abb. 9
13 Handspaten oder Pflanzkelle, 5 cm breit
14 Ganzstahlpflanzer oder Pflanzholz mit Rundgriff
15 Pikierholz oder Kleinpflanzer für kleine Pflanzen
16 Rillenzieher mit 6 Scharen, verstellbar, 80 cm breit
17 Pflanzleine oder Pflanzschnur, mit 10 bis 20 m Schnur
18 Felco-Schere oder Rebschere
19 Andrückbrett zum Andrücken von Samen, Eigenfertigung nach Zeichnung
20 Gießkanne, Marke Schneider, 10 Liter mit grober Brause
21 Kleingießkanne, Marke Schneider, 2½ Liter, Haarbrause
22 Holzrandsieb, Metallgewebeboden, 6 mm Maschenweite
23 Wasserschlauch, ¾ Zoll, entsprechende Länge, evtl. mit Schlauchwagen „Rex“
24 Handstäubegerät Marke Midged Duster, Staubtank 0,4 Liter
25 Schubkarren, Marke FAGRO, handlich, leicht luftbereift

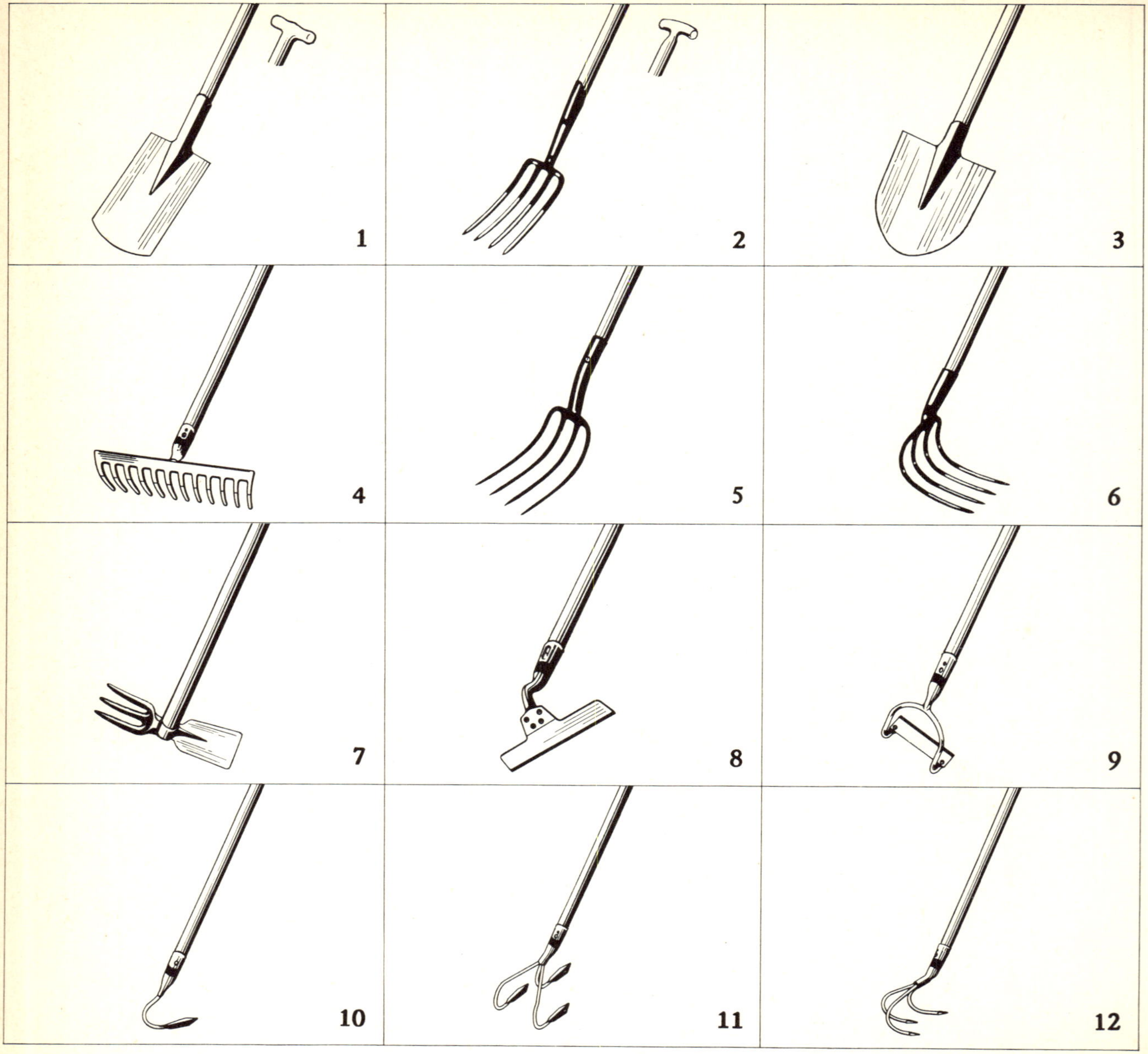

Abb. 8

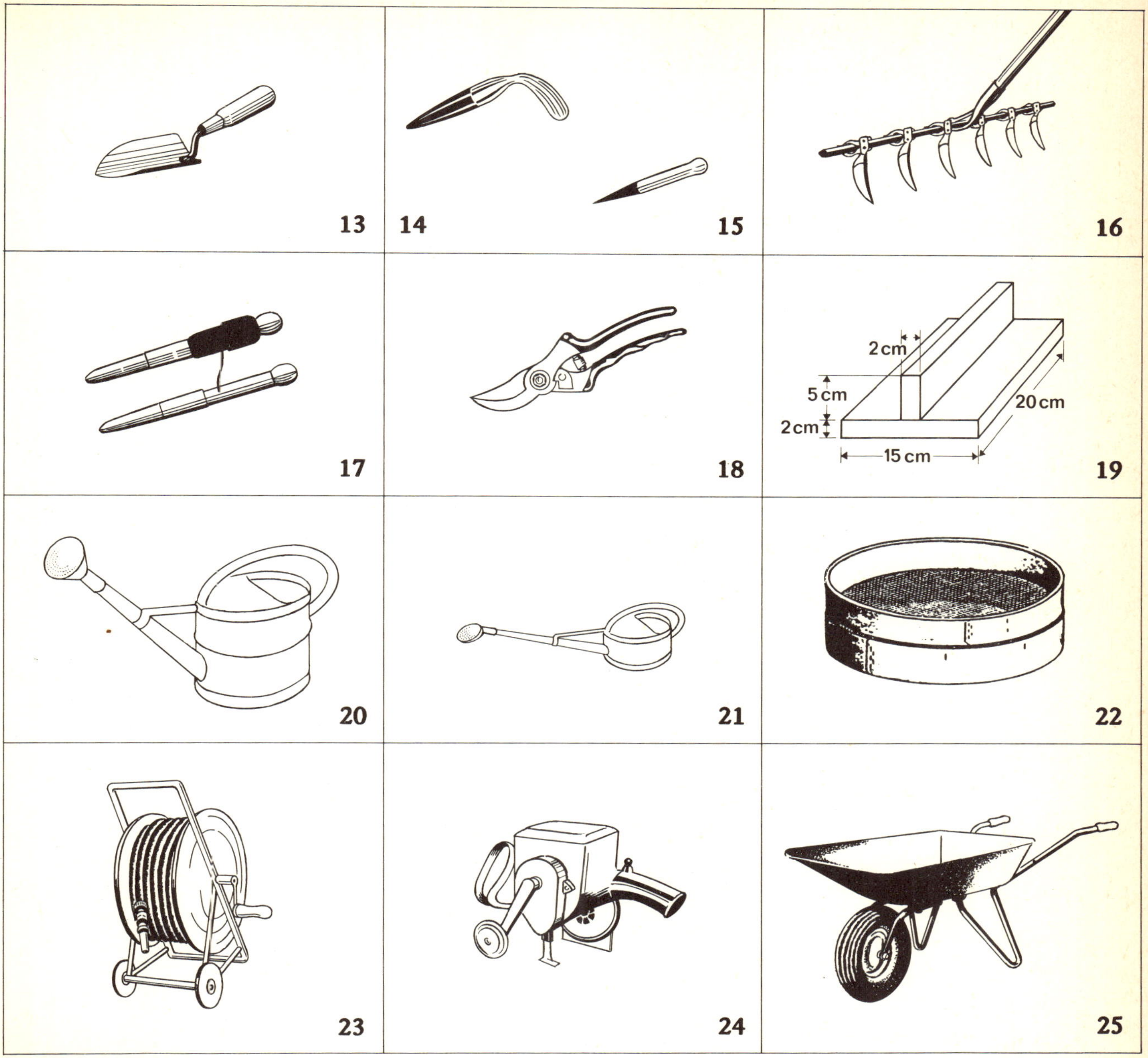

Abb. 9

Gemüseart

Ackersalat

1 g Samen enthält	Keimfähigkeit	Keimzeit
etwa 600–800 Korn	3 Jahre	10–18 Tage

Sortenvorschlag Siehe auch "Aussaat-Übersicht" für Folgesaaten, Früh- und Spätsorten, Seite 142	Aussaatzeit	Erntezeit
– Dunkelgrüner, vollherziger – ViT – Etampes	Anfang August – Anfang September	Mitte September Dezember

Direktsaat aufs Beet			Setzling-Anzucht (siehe auch gleichlautenden Artikel)							Auspflanzen aufs Beet	
			Anzucht I im Frühbeet	Anzucht II in Saatschale			Anzucht III im Pflanztopf				
Tiefe cm	Reihenabstand cm	Pflanzenabstand cm	Tiefe cm	Tiefe cm	Temperatur Grad C	Pikieren in Topf Ø in cm	Topf Ø in cm	Tiefe cm	Temperatur Grad C	Reihenabstand cm	Pflanzenabstand cm
0,5	8	0,3									

Fruchtwechsel

Vorjahreskultur	Vorkultur	Zwischenkultur	Nachkultur
Rote Bete Mangold	Blumenkohl Erbsen	– –	– –

Nährwert in 100 g eßbarem Anteil

Hauptstoffe			Mineralstoffe					Vitamine				Energie	
Eiweiß g	Fett g	Kohlehyd. g	Natrium mg	Kalium mg	Calcium mg	Phosphor mg	Eisen mg	A mg	B_1 mg	B_2 mg	C mg	Joule KJ	Calorien Kcal.
2	–	2	3	325	27	38	1,5	0,5	0,05	0,06	27	70	17

Gesundheitswert (Nach Dr. med. Th. Graether, Atem-Sanatorium, Dornhan-Fürnsal)

Ackersalat besitzt ähnliche Gesundheits- und Heilwirkung wie Kresse.
Der Vitamingehalt ist jedoch nur halb so hoch. Ackersalat fördert die Magensäfte und die Verdauung. Er wirkt harntreibend, beruhigend und ausgleichend.

Bodenbeschaffenheit, Düngung, Bewässerung
und ergänzende Hinweise für Aussaat, Pflanzung, Schädlingsbekämpfung

Ackersalat stellt an den Boden keine hohen Ansprüche, wenn dieser nicht zu sauer (pH-Wert unter 6,0) oder zu sandig und zu trocken ist. Kalkhaltiger, humoser Gartenboden sagt dem Ackersalat am besten zu.

Nach dem Abernten der Vorkultur streut man auf das vorgesehene Beet je qm 30 g Algomin und harkt dies 3 bis 5 cm tief unter. Weitere Düngung ist nicht erforderlich.
Es ist darauf zu achten, daß die zu besäenden Beete unkrautfrei sind. Andernfalls sollte das vorgesehene Beet saatfertig hergerichtet und erst nach 14 Tagen eingesät werden. Während dieser Zeit keimen die meisten Unkräuter und sind an einem trockenen Tag mit der Ziehhacke leicht zu entfernen.

Ackersalat kann breitwürfig oder in Reihen gesät werden. Mit der Breitwurfsaat erreicht man die beste Bodennutzung und die größte Ernte. Die Reihensaat erleichtert die Ernte. Man sollte nicht zu tief säen oder einrechen, denn zu tiefe Saat behindert die Keimung. Wenn man zu eng sät, können sich die Pflänzchen nicht gut entwickeln.
Ob Breitwurfsaat oder Reihensaat – nach dem Einrechen oder Abdecken wird der Boden mit einem Andrückbrett (selbst anzufertigen, 30 × 40 cm groß, mit Handgriff) angedrückt. Bis zur Keimung muß das Saatbeet gut feucht gehalten werden.

Wird die Aussaat schon im August vorgenommen, sollte das Beet bis zur erfolgten Keimung gut schattiert werden. In milderem Klima kann über den ganzen Winter, bis in den März hinein, Ackersalat geerntet werden. Breitwürfig gesäter Ackersalat, der im Haushalt nicht gebraucht wird, ist als Bodenbedeckung und Gründüngung recht nützlich.

Pflanzenschutz. Auftretende Krankheit: Falscher Mehltau.
Schadbild: Auf der Blattoberseite entstehen weiß-gelbliche Flecken, auf der Blattunterseite ein dunkelgrauer Pilzbelag. Bei fortgeschrittenem Befall sterben die Blätter ab, und bei nasser Witterung fault die Pflanze.
Vorbeugende Bekämpfung: Boden locker halten, auf ausreichende Pflanzenabstände achten, mit Schachtelhalmtee oder mit „Artanax“ spritzen.
Direkte Bekämpfung: Befallene Pflanzen sofort entfernen.

Saat- und Pflanzplan für Freiland-Gemüsebau

Gemüseart

Blumenkohl

1 g Samen enthält	Keimfähigkeit	Keimzeit
etwa 300 Korn	4 Jahre	4–8 Tage

Sortenvorschlag Siehe auch "Aussaat-Übersicht" für Folgesaaten, Früh- und Spätsorten, Seite 142	Aussaatzeit	Erntezeit
– Neckarperle – Diplom – Flora Blanka	Ende März – Anf. Juni Mitte April – Mitte Mai	Mitte Juli – Mitte Sep. Ende Juli – Oktober

Direktsaat aufs Beet			Setzling-Anzucht (siehe auch gleichlautenden Artikel)							Auspflanzen aufs Beet	
			Anzucht I im Frühbeet	Anzucht II in Saatschale			Anzucht III im Pflanztopf				
Tiefe cm	Reihenabstand cm	Pflanzenabstand cm	Tiefe cm	Tiefe cm	Temperatur Grad C	Pikieren in Topf ∅ in cm	Topf ∅ in cm	Tiefe cm	Temperatur Grad C	Reihenabstand cm	Pflanzenabstand cm
			0,5	0,5	14–16	8	8	0,5	14–16	50	50

Fruchtwechsel

Vorjahreskultur	Vorkultur	Zwischenkultur	Nachkultur
Lauch, Bohnen Tomaten	Kopfsalat Spinat	Spinat Rettiche	Endivien bei Juli-Ernte Ackersalat, Spinat

Nährwert in 100 g eßbarem Anteil

Hauptstoffe			Mineralstoffe					Vitamine				Energie	
Eiweiß g	Fett g	Kohlehyd. g	Natrium mg	Kalium mg	Calcium mg	Phosphor mg	Eisen mg	A mg	B_1 mg	B_2 mg	C mg	Joule KJ	Calorien Kcal.
2	–	2	10	205	13	35	0,4	0,004	0,05	0,05	43	70	17

Gesundheitswert (Nach Dr. med. Th. Graether, Atem-Sanatorium, Dornhan-Fürnsal)

Gutes Mittel gegen Erkrankungen der Atemwege und bei Heiserkeit.
Regt die Darmtätigkeit an, desinfiziert den Verdauungstrakt, bekämpft Bauchwassersucht und bei Kindern Spul- und Madenwürmer.

Bodenbeschaffenheit, Düngung, Bewässerung
und ergänzende Hinweise für Aussaat, Pflanzung, Schädlingsbekämpfung

Blumenkohl wächst am besten in humosen, sandigen und nährstoffreichen Lehmböden. Schwerer Lehm- und Mergelboden kann mit Flußsand und ein trockener, sandiger Boden mit Torf aufgebessert werden.
Um eine gute Bodenstruktur zu erhalten, ist es vorteilhaft, wenn man schon im Spätherbst auf das vorgesehene Blumenkohlbeet eine 4 bis 6 cm dicke Schicht ½- bis 1jährigen Kompost bringt.
Vor dem Auspflanzen streut man je qm noch 80 g organischen Volldünger, 20 g Holzasche oder 30 g Algomin auf die Mulchschicht und vermischt alles etwa 8 bis 10 cm tief mit der Gartenerde.

Die Setzlinge werden etwa 2 bis 4 cm tiefer gesetzt, als sie in der Anzucht standen. Es bilden sich dadurch Seitenwurzeln, und die Pflanze wächst kräftiger.
Nach etwa 3 bis 4 Wochen, wenn die Pflanzen gut angewachsen sind, wird einmal 2 bis 3 cm tief durchgehackt und anschließend mit ½- bis 1jährigem Kompost 2 bis 3 cm dick gemulcht. Es kann auch mit angerottetem Mist, 1- bis 2jährig, gleich welcher Herkunft, gemulcht werden. Bei Strohmulch werden zur Stickstoffdüngung je qm etwa 30 g Hornspäne darübergestreut. Durch das Mulchen erhält man ein ideales, feuchtes Kleinklima, das dem Blumenkohl sehr gut bekommt.
Ein windgeschützter Standort ist von Vorteil.
Eine gleichmäßige Bodenfeuchtigkeit während der Wachstumsperiode ist wichtig.
Bei der Blumenkopfbildung ist darauf zu achten, daß dieser vor der Sonne geschützt wird, was am besten durch Umknicken von ein oder zwei Blättern über dem jungen Blumenkohlkopf geschieht.

Mit Buschbohnen und Gurken bildet der Blumenkohl eine gute Gemeinschaft. Diese können als gute Nachbarn daneben oder auch dazwischen gepflanzt werden.

Schädlingsbekämpfung. Schädling: Kohlfliege.
Schadbild: Die Maden dieser Fliege fressen die Wurzeln und den Wurzelhals der Pflanzen.
Diese welken und sterben ab.
Vorbeugende Bekämpfung: Setzlinge etwas tiefer setzen, eventuell noch anhäufeln. Des öfteren mit Algenkalk oder Gesteinsmehl stäuben oder an die Stengel Holzasche streuen. Keinen frischen Mist verwenden. Nicht mit Brennesseljauche spritzen.
Direkte Bekämpfung: Während der Eiablagezeit, Ende April bis Anfang Juni, mehrmals den Wurzelhals der Pflanze mit „Spruzit“ stäuben.

Saat- und Pflanzplan für Freiland-Gemüsebau

Gemüseart

Brokkoli

1 g Samen enthält	Keimfähigkeit	Keimzeit
etwa 300 Korn	4 Jahre	3–6 Tage

Sortenvorschlag Siehe auch "Aussaat-Übersicht" für Folgesaaten, Früh- und Spätsorten, Seite 142	Aussaatzeit	Erntezeit
– Atlantic – Premium Crop	Anfang März – Ende Mai	Ende Juni – Oktober

Direktsaat aufs Beet			Setzling-Anzucht (siehe auch gleichlautenden Artikel)							Auspflanzen aufs Beet	
			Anzucht I im Frühbeet	Anzucht II in Saatschale			Anzucht III im Pflanztopf				
Tiefe cm	Reihenabstand cm	Pflanzenabstand cm	Tiefe cm	Tiefe cm	Temperatur Grad C	Pikieren in Topf ∅ in cm	Topf ∅ in cm	Tiefe cm	Temperatur Grad C	Reihenabstand cm	Pflanzenabstand cm
			1	0,5	14–16	8	8	0,5	14–16	50	50

Fruchtwechsel

Vorjahreskultur	Vorkultur	Zwischenkultur	Nachkultur
Mangold, Zwiebeln Rote Bete	Winter-Kopfsalat Spinat	Spinat	bei Frühaussaat: Endivien, Ackersalat

Nährwert in 100 g eßbarem Anteil

Hauptstoffe			Mineralstoffe					Vitamine				Energie	
Eiweiß g	Fett g	Kohlehyd. g	Natrium mg	Kalium mg	Calcium mg	Phosphor mg	Eisen mg	A mg	B_1 mg	B_2 mg	C mg	Joule KJ	Calorien Kcal.
2	–	4,4	8	280	65	50	0,8	0,19	0,06	0,13	70	85	20

Gesundheitswert (Nach Dr. med. Th. Graether, Atem-Sanatorium, Dornhan-Fürnsal)

Brokkoli regt den Appetit an und vermittelt damit gute Körperkräfte und Ausdauer bei körperlichen Anstrengungen.

Wie alle Kohlarten hilft auch Brokkoli bei Erkrankungen der Atmungsorgane.

Bodenbeschaffenheit, Düngung, Bewässerung
und ergänzende Hinweise für Aussaat, Pflanzung, Schädlingsbekämpfung

Brokkoli ist ein artverwandtes Gemüse zu Blumenkohl. Entsprechend sind auch die Ansprüche an die Bodenbeschaffenheit. Zur guten Blumenbildung benötigen Brokkoli vor allem viel Licht und eine gewisse Bodenwärme.

Im Spätherbst ist es vorteilhaft, auf das vorgesehene Brokkolibeet eine 4 bis 6 cm hohe Schicht ½- bis 1jährigen Kuhmist zu geben. Vor dem Auspflanzen streut man zusätzlich je qm 80 g organischen Volldünger, 20 g Holzasche oder 30 g Algomin auf das Beet und vermischt dies zusammen mit der Mistauflage vom Herbst 6 bis 8 cm tief mit der Gartenerde. Auf diese Weise erhält man einen humosen, nährstoffreichen Boden. Sandigem und trockenem Boden kann zur Verbesserung Torf beigemischt werden.

Die Setzlinge werden 2 bis 4 cm tiefer gepflanzt, als sie in der Anzucht standen. Die dadurch entstehenden Seitenwurzeln geben der Pflanze ein kräftiges Wachstum. 4 bis 5 Wochen nach dem Pflanzen wird flach, 2 bis 3 cm tief, durchgehackt und anschließend mit ½- bis 1jährigem Kompost 2 cm hoch gemulcht.
Es ist immer auf eine gute Bodenfeuchtigkeit zu achten.

Nach Abernten des ersten großen Blumenkopfes können die Pflanzen stehen bleiben, weil sie mit den Seitentrieben noch weitere kleine Blumenköpfe bilden.

Pflanzenschutz. Auftretende Krankheit: Kohlhernie.
Schadbild: Krebsartige Wucherungen unterhalb des Wurzelhalses. Die Pflanze wird dadurch stark geschwächt und geht ein. Kohlhernie, ein Schleimpilz, tritt hauptsächlich in nassen, kalkarmen und in mit Jauche oder frischem Mist gedüngten Böden auf.
Vorbeugende Bekämpfung: Auf befallene Beete in den nächsten 5 bis 6 Jahren keine Kohlarten, Rettiche oder Rüben anpflanzen. Geeignet sind dagegen vorjährige Zwiebel- oder Lauchbeete. Den Boden immer gut durchlüften.
Direkte Bekämpfung: Befallene Pflanzen sofort entfernen und verbrennen.
Die Pflanze und den Boden des öfteren mit „Bio-S“ oder Schachtelhalmtee überspritzen.

Gemüseart

Buschbohne

1 g Samen enthält	Keimfähigkeit	Keimzeit
3–5 Korn	3–4 Jahre	6–10 Tage

Sortenvorschlag Siehe auch "Aussaat-Übersicht" für Folgesaaten, Früh- und Spätsorten, Seite 142	Aussaatzeit	Erntezeit
– Marona – Karola – Hildora, gelbhülsig	Ende Mai – Anfang Juli	Ende Juli – Anfang September

Direktsaat aufs Beet			Setzling-Anzucht (siehe auch gleichlautenden Artikel)							Auspflanzen aufs Beet	
			Anzucht I im Frühbeet	Anzucht II in Saatschale			Anzucht III im Pflanztopf				
Tiefe cm	Reihenabstand cm	Pflanzenabstand cm	Tiefe cm	Tiefe cm	Temperatur Grad C	Pikieren in Topf ∅ in cm	Topf ∅ in cm	Tiefe cm	Temperatur Grad C	Reihenabstand cm	Pflanzenabstand cm
2	50	5									

Fruchtwechsel

Vorjahreskultur	Vorkultur	Zwischenkultur	Nachkultur
Zwiebeln, Spinat, Rosenkohl	Kopfsalat Spinat	Radieschen Rettiche	Spinat Ackersalat

Nährwert in 100 g eßbarem Anteil

Hauptstoffe			Mineralstoffe					Vitamine				Energie	
Eiweiß g	Fett g	Kohlehyd. g	Natrium mg	Kalium mg	Calcium mg	Phosphor mg	Eisen mg	A mg	B_1 mg	B_2 mg	C mg	Joule KJ	Calorien Kcal.
2	–	5	2	240	45	35	0,7	0,05	0,05	0,15	18	130	31

Gesundheitswert (Nach Dr. med. Th. Graether, Atem-Sanatorium, Dornhan-Fürnsal)

Grüne Bohnen enthalten Karotin, viel Vitamin B und C. Bohnen wirken harntreibend.
Vorsicht bei Arthritis und Gicht wegen vorhandener Oxalsäure. Getrocknete Bohnenkerne haben kein Vitamin C mehr, dafür um so mehr Karotin, Vitamin B, Eisen und Kupfer.

Bodenbeschaffenheit, Düngung, Bewässerung
und ergänzende Hinweise für Aussaat, Pflanzung, Schädlingsbekämpfung

Am besten gedeiht die Buschbohne in tiefgründigen, warmen, lockeren und humosen Böden.
Auch sandige Lehmböden sind gut geeignet. Buschbohnen sind chlor- und salzempfindlich.
Nicht auf Beete säen, auf denen im Vorjahr Sellerie, Lauch, Mangold oder Rote Bete standen.
Auch sollte man sie nicht zwischen Lauch, Zwiebeln, Erbsen, Fenchel und Schnittlauch anbauen.
Die Nachbarpflanzung von Kohlrabi, Rettichen, Kopfsalat und Dill fördert dagegen das Wachstum der Buschbohne.

Vor der Aussaat streut man je qm 40 g organischen Volldünger, 20 g Holzasche und 80 g Urgesteinsmehl auf das Beet und harkt dies etwa 6 cm tief ein. Darüber gibt man eine Schicht von etwa 3 cm 2jährigem Kompost.

Während der Kultur, hauptsächlich vom Beginn der Blüte an bis hin zur Ernte, hält man den Boden immer gleichmäßig feucht. Das verhindert das Abstoßen der Blüten, gibt guten Fruchtbehang und verhütet das Auftreten der Schwarzen Bohnenlaus.

Die Kultur der Buschbohne ist nur während der Sommermonate von Erfolg. Verfrühtes Säen bringt keinen Gewinn, weil die Bohnenkerne unter 10 °C Bodenwärme nicht keimen, sondern faulen.

Die Aussaat (Auslegen der Bohnenkerne) kann in Reihen oder in Horsten erfolgen. Bei Horstsaat legt man fünf bis sieben Bohnenkerne im Kreis aus. Mit dieser Methode können die Reihen enger, etwa 40 cm Abstand, vorgesehen werden. Sobald die Pflanzen etwa 15 cm hoch sind, wird beidseitig der Reihen leicht angehäufelt. Dabei dürfen keine Pflanzenwurzeln beschädigt werden. Das Anhäufeln gibt den Pflanzen guten Halt und verstärkte Nährkraft.

Schädlingsbekämpfung. Schädling: Schwarze Bohnenlaus.
Diese tritt vor allem in trockenen Jahren auf.
Vorbeugende Bekämpfung: Die Bohnen regelmäßig gießen, Boden feucht halten.
Direkte Bekämpfung: Stäuben mit „Spruzit-Staub“.

Saat- und Pflanzplan für Freiland-Gemüsebau

Gemüseart

Chicoree

1 g Samen enthält	Keimfähigkeit	Keimzeit
etwa 700 Korn	5 Jahre	10–15 Tage

Sortenvorschlag Siehe auch "Aussaat-Übersicht" für Folgesaaten, Früh- und Spätsorten, Seite 142	Aussaatzeit	Erntezeit
– Productiva – Mitado	Anfang Mai – Mitte Mai	Erntezeit der Wurzeln: Oktober–November Erntezeit der Triebe: Ende Dez.–März

Direktsaat aufs Beet			Setzling-Anzucht (siehe auch gleichlautenden Artikel)							Auspflanzen aufs Beet	
			Anzucht I im Frühbeet	Anzucht II in Saatschale			Anzucht III im Pflanztopf				
Tiefe cm	Reihenabstand cm	Pflanzenabstand cm	Tiefe cm	Tiefe cm	Temperatur Grad C	Pikieren in Topf ∅ in cm	Topf ∅ in cm	Tiefe cm	Temperatur Grad C	Reihenabstand cm	Pflanzenabstand cm
1,5	30	5–8									

Fruchtwechsel

Vorjahreskultur	Vorkultur	Zwischenkultur	Nachkultur
Sellerie, Mangold Rote Bete	–	–	–

Nährwert in 100 g eßbarem Anteil

Hauptstoffe			Mineralstoffe					Vitamine				Energie	
Eiweiß g	Fett g	Kohlehyd. g	Natrium mg	Kalium mg	Calcium mg	Phosphor mg	Eisen mg	A mg	B_1 mg	B_2 mg	C mg	Joule KJ	Calorien Kcal.
1	–	2	4	170	25	25	0,7	0,19	0,05	0,05	9	60	14

Gesundheitswert (Nach Dr. med. Th. Graether, Atem-Sanatorium, Dornhan-Fürnsal)

Chicoree erhöht die Spannkraft, den Appetit und die Magensäfte. Hat gute blutreinigende und harntreibende Wirkung. Als Tee günstig gegen Gelbsucht, Leberkoliken, Gicht und Darmentzündungen. Absud aus kleinen Wurzelstücken regt die Gallensekretion beachtlich an.

Bodenbeschaffenheit, Düngung, Bewässerung
und ergänzende Hinweise für Aussaat, Pflanzung, Schädlingsbekämpfung

Eine anspruchslose Pflanze, die jedoch mittelschwere Lehmböden bevorzugt. Die Aussaat sollte nicht vor Anfang Mai erfolgen, weil Frosteinwirkung Schosser ergibt.
Gesät wird direkt in 15 cm tief gezogene Reihen, gleichmäßig und dünn. Man deckt das Ganze mit Erde ab, drückt es leicht an und gießt es an. Sind die Pflanzen etwa 10 bis 15 cm hoch, werden sie auf einen Abstand von 5 bis 8 cm verzogen. Während der Kulturzeit wird zwei- bis dreimal zwischen den Reihen flach durchgehackt.
Einmalige Kalisalzgabe (40er Kali oder 50er Kali) von je 10 g je qm, im Juli zwischen die Reihen gestreut, fördert das Wachstum.

Ab Oktober, nach leichtem Nachtfrost, werden die Pflanzen ausgegraben. Die Blätter der Pflanze sollten trocken sein, damit sie bei der Lagerung nicht faulen. Die Lagerung der Pflanzen ist wichtig. Aufbaustoffe, die im Blatt noch vorhanden sind, werden in die Wurzel befördert. Die Pflanzen werden an einem geeigneten Ort im Freien, Wurzel an Wurzel in zwei Reihen, Blätter nach außen, in drei bis vier Lagen aufgeschichtet. Nur die Wurzeln werden gegen Austrocknen geschützt. Nach etwa 8 bis 12 Tagen schneidet man sie 2 bis 3 cm oberhalb des Wurzelhalses ab, putzt die faulen Stellen und lagert sie anschließend in einem kühlen (5 bis 8 °C), feuchten und dunklen Raum.

Nach etwa 4 Wochen kann man mit dem Treiben beginnen. Hierfür ist jedes Gefäß ab 35 cm Höhe (z. B. Eimer) geeignet. Man muß darauf achten, daß ein Wasserabzug vorhanden ist, denn bei stauender Nässe faulen die Wurzeln. Zunächst wird das Gefäß etwa 20 cm hoch mit einem Erdgemisch aus zwei Teilen Gartenerde und einem Teil Torf gefüllt. Die Wurzeln werden mit dem Steckholz dicht nebeneinander eingepflanzt. Zu lange Wurzeln, über 18 cm Länge, und die Seitenwurzeln können bedenkenlos gekürzt werden. Die Wurzeln werden gut mit Wasser abgeschwemmt und mit normaler Gartenerde etwa 15 bis 20 cm hoch, je nach Gefäß, abgedeckt und angegossen. Die Gefäße können in jedem Raum aufgestellt werden. Die Sorte „Mitado“ benötigt zum Treiben keine Deckerde. Der Raum muß allerdings dunkel sein.

Die ideale Treibtemperatur liegt zwischen 14 und 16 °C. Ist die Raumtemperatur höher, werden die Blatttriebe dünn und lang, und liegt die Temperatur unter 12 °C, erhält man kurze und dicke Blatttriebe. Sobald einer der Blatttriebe sichtbar wird, nach etwa 3½ bis 5 Wochen, können die Chicoreesprosse geerntet werden.

Pflanzenschutz oder **Schädlingsbekämpfung** ist nicht erforderlich.

Saat- und Pflanzplan für Freiland-Gemüsebau

Gemüseart

Chinakohl

1 g Samen enthält	Keimfähigkeit	Keimzeit
etwa 300 Korn	3–4 Jahre	4–8 Tage

Sortenvorschlag Siehe auch "Aussaat-Übersicht" für Folgesaaten, Früh- und Spätsorten, Seite 142	Aussaatzeit	Erntezeit
– Monument – Nagaoka King	Ende Juli – Mitte August	Anfang Oktober – Anfang November

Direktsaat aufs Beet			Setzling-Anzucht (siehe auch gleichlautenden Artikel)							Auspflanzen aufs Beet	
			Anzucht I im Frühbeet	Anzucht II in Saatschale			Anzucht III im Pflanztopf				
Tiefe cm	Reihenabstand cm	Pflanzenabstand cm	Tiefe cm	Tiefe cm	Temperatur Grad C	Pikieren in Topf ∅ in cm	Topf ∅ in cm	Tiefe cm	Temperatur Grad C	Reihenabstand cm	Pflanzenabstand cm
1	30	30									

Fruchtwechsel

Vorjahreskultur	Vorkultur	Zwischenkultur	Nachkultur
Mangold Rote Bete	Kopfsalat	Radieschen Spinat	–

Nährwert in 100 g eßbarem Anteil

Hauptstoffe			Mineralstoffe					Vitamine				Energie	
Eiweiß g	Fett g	Kohlehyd. g	Natrium mg	Kalium mg	Calcium mg	Phosphor mg	Eisen mg	A mg	B_1 mg	B_2 mg	C mg	Joule KJ	Calorien Kcal.
1	0,3	2	5	160	30	30	0,5	0,006	0,03	0,04	28	55	13

Gesundheitswert (Nach Dr. med. Th. Graether, Atem-Sanatorium, Dornhan-Fürnsal)

Gutes Mittel gegen Erkrankungen der Atemwege.
Fördert den Appetit, wirkt kräftigend und regt die Darmtätigkeit an.
Hilft bei Schuppenbildung, starker Talgdrüsensekretion und aufgesprungenen Lippen.

Bodenbeschaffenheit, Düngung, Bewässerung
und ergänzende Hinweise für Aussaat, Pflanzung, Schädlingsbekämpfung

Chinakohl gedeiht auf jedem einigermaßen kultivierten Gartenboden. Wie alle Kohlarten liebt er besonders feuchtes Klima und bevorzugt darüber hinaus einen möglichst windgeschützten Platz. Auf trockenen Böden und bei windiger Lage gedeiht kein Chinakohl.

Nach Abernten der Vorkultur wird etwa 2 cm hoch 1jähriger Kompost auf das Beet gegeben und 5 cm tief eingeharkt.
Wird keine Zwischenkultur vorgenommen, muß man zwischen den Reihen mehrmals etwa 2 cm tief durchhacken. Günstiger ist es, nach dem ersten Hacken zu mulchen.
Sind die Pflanzen etwa 10 bis 15 cm hoch, wird die aufgelockerte Erde mit ½jährigem Kompost, 1jährigem Mist oder zerkleinerter Brennessel abgedeckt. Stroh kann dafür auch verwendet werden. Hier kann die Schicht zwischen 5 bis 8 cm betragen. Wichtig ist dabei die Zugabe von 20 bis 30 g Hornspänen je qm.

Nicht vor dem 20. Juli säen, sonst besteht Gefahr der Schosserbildung, die Samenansatz mit sich bringt. Die Aussaat erfolgt im Freiland in Reihen. Zu dichtes Säen erschwert das spätere Verziehen.
Sind die Pflanzen 5 bis 8 cm hoch, verzieht man sie auf 30 cm Abstand. Die kräftigsten Pflanzen bleiben stehen – auch dann, wenn dadurch der Pflanzenabstand etwas geringer oder größer wird.

Sinken die Nachttemperaturen unter 0 °C, werden die Pflanzen mit Folie oder Decken geschützt.
Diese dürfen nicht auf den Pflanzen aufliegen (Gestell bauen). Sind die Köpfe schon fest, können sie mit der Wurzel ausgegraben und in einem kühlen Raum bei etwa + 5 °C, Kopf an Kopf, in feuchten Sand eingeschlagen werden. Die schlechten Außenblätter werden vorher entfernt. In Zeitungspapier eingeschlagen halten die Köpfe noch länger.

Schädlingsbekämpfung. Schädling: Erdfloh.
Vorbeugende und direkte Bekämpfung: Da die Chinakohlpflanzen meist stark von Erdflöhen befallen werden, muß man mit dem Pflanzenschutz gleich nach der Keimung beginnen. Bestäuben der Pflanzen mit „Spruzit-Staub“, alle 10 Tage, schafft Abhilfe.

Gemüseart

Einlegegurke

1 g Samen enthält	Keimfähigkeit	Keimzeit
etwa 40 bis 50 Korn	4–5 Jahre	5–10 Tage

Sortenvorschlag Siehe auch "Aussaat-Übersicht" für Folgesaaten, Früh- und Spätsorten, Seite 142	Aussaatzeit	Erntezeit
– Doplus Mix – Vorgebirgstrauben Stamm Guntruud – Delikateß	Mitte Mai – Anfang Juni Bei Anzucht in Töpfen: Mitte–Ende April	Anfang Juli – September Ende Juni – Anfang September

Direktsaat aufs Beet			Setzling-Anzucht (siehe auch gleichlautenden Artikel)							Auspflanzen aufs Beet	
			Anzucht I im Frühbeet	Anzucht II in Saatschale			Anzucht III im Pflanztopf				
Tiefe cm	Reihenabstand cm	Pflanzenabstand cm	Tiefe cm	Tiefe cm	Temperatur Grad C	Pikieren in Topf Ø in cm	Topf Ø in cm	Tiefe cm	Temperatur Grad C	Reihenabstand cm	Pflanzenabstand cm
0,5	80	30					8	0,5	15–20	80	30

Fruchtwechsel

Vorjahreskultur	Vorkultur	Zwischenkultur	Nachkultur
Blumenkohl Bohnen, Zwiebeln	Spinat Rettiche, Radieschen	Buschbohnen Kohlrabi	Ackersalat Spinat

Nährwert in 100 g eßbarem Anteil

Hauptstoffe			Mineralstoffe					Vitamine				Energie	
Eiweiß g	Fett g	Kohlehyd. g	Natrium mg	Kalium mg	Calcium mg	Phosphor mg	Eisen mg	A mg	B_1 mg	B_2 mg	C mg	Joule KJ	Calorien Kcal.
0,7	0,1	1	6	105	11	15	0,4	0,02	0,01	0,02	1	30	7

Gesundheitswert (Nach Dr. med. Th. Graether, Atem-Sanatorium, Dornhan-Fürnsal)

Ungesäuerte Gurken nützen bei Magen- und Gallenleiden, Verstopfung und Gefäßleiden. Wird zum Einlegen der Gurken milder Obstessig verwendet, so dürften diese Wirkungen größtenteils erhalten bleiben.

Bodenbeschaffenheit, Düngung, Bewässerung
und ergänzende Hinweise für Aussaat, Pflanzung, Schädlingsbekämpfung

Die Einlegegurke stellt von allen Gurkenarten die geringsten Ansprüche an die Bodenbeschaffenheit und das Klima. Sie benötigt zum zügigen Wachstum jedoch viel Wärme, Wasser und einen nährstoffreichen, lockeren Lehmboden. Gurken sind nicht selbstverträglich. Daher dürfen sie nicht auf Beete gepflanzt werden, auf denen schon im Vorjahr Gurken standen. Das Wachstum wird durch die Nachbarschaft von Stangenbohnen, Mais oder Rosenkohl günstig beeinflußt.

Das vorgesehene Beet deckt man schon im Spätherbst 2 bis 3 cm hoch mit 1jährigem Kuhmist ab.
Etwa 3 Wochen vor der Aussaat bzw. vor dem Pflanzen wird das Gurkenbeet vorbereitet. Auf das mit Mist abgedeckte Beet sollte noch eine 1 cm starke Schicht 1- bis 2jährige Komposterde aufgebracht werden.
Mist und Kompost werden etwa 10 cm tief mit der Gartenerde vermischt. Stehen weder Mist noch Kompost zur Verfügung, können auch 80 g organischer Volldünger und 30 g Hornspäne je qm eingeharkt werden. Sandige, trockene Böden sind mit Torf zu verbessern.

Die Aussaat ins Freiland erfolgt erst, wenn der Boden erwärmt ist. Die Mindestkeimtemperatur der Gurke liegt bei 13 °C. In der Reihe legt man alle 5 cm ein Samenkorn aus und deckt es locker mit feiner Erde ab. Später verzieht man die Pflanzen auf 30 cm Abstand. Bevor sie anfangen zu ranken, mulcht man mit 1jährigem Kuhmist oder mit Komposterde. Man kann auch mit Stroh mulchen, wenn man zur Stickstoffdüngung je qm etwa 20 bis 30 g Hornspäne darübergibt. Das Mulchen bewirkt eine gleichmäßige Bodenfeuchtigkeit und umgibt die Pflanzen mit einer Kohlensäure-Atmosphäre, die das gute Wachstum der Gurke fördert. Während der Wachstumsperiode muß man immer auf gute Bodenfeuchtigkeit achten, darf aber nicht mit kaltem Wasser gießen und keine flüssigen Triebdünger, zum Beispiel Jauche oder Hornspänebrühe, verwenden. Die Haltbarkeit der Gurken wird dadurch stark herabgesetzt.

Schädlingsbekämpfung. Schädling: Rote Spinne.
Schadbild: Diese kleinen Spinnen leben vorwiegend in Kolonien unter einem feinen dichten Netz auf der Blattunterseite. Durch ihre Saugtätigkeit wird die Pflanze geschwächt, die Blätter verkrüppeln und werden dürr.
Vorbeugende Bekämpfung: Stäuben mit Algenkalk oder Gesteinsmehl, Spritzen mit Brennessel-Schachtelhalmbrühe, Mulchen.
Direkte Bekämpfung: Sofort die befallenen Blätter verbrennen, mit „Pyrethrum-Rotenon“ spritzen.

Saat- und Pflanzplan für Freiland-Gemüsebau

Gemüseart

Eissalat

1 g Samen enthält	Keimfähigkeit	Keimzeit
etwa 700 Korn	2 Jahre	6–12 Tage

Sortenvorschlag Siehe auch "Aussaat-Übersicht" für Folgesaaten, Früh- und Spätsorten, Seite 142	Aussaatzeit	Erntezeit
– Laibacher Eis – Great Lakes	Mai–Juli	Juli–Oktober

Direktsaat aufs Beet			Setzling-Anzucht (siehe auch gleichlautenden Artikel)							Auspflanzen aufs Beet	
			Anzucht I im Frühbeet	Anzucht II in Saatschale			Anzucht III im Pflanztopf				
Tiefe cm	Reihenabstand cm	Pflanzenabstand cm	Tiefe cm	Tiefe cm	Temperatur Grad C	Pikieren in Topf ∅ in cm	Topf ∅ in cm	Tiefe cm	Temperatur Grad C	Reihenabstand cm	Pflanzenabstand cm
1	30	30	1	1	12–16	6	6	1	12–16	30	30

Fruchtwechsel

Vorjahreskultur	Vorkultur	Zwischenkultur	Nachkultur
Rosenkohl Rote Bete	Spinat Rettiche	–	Ackersalat Radieschen

Nährwert in 100 g eßbarem Anteil

Hauptstoffe			Mineralstoffe					Vitamine				Energie	
Eiweiß g	Fett g	Kohlehyd. g	Natrium mg	Kalium mg	Calcium mg	Phosphor mg	Eisen mg	A mg	B_1 mg	B_2 mg	C mg	Joule KJ	Calorien Kcal.

Gesundheitswert (Nach Dr. med. Th. Graether, Atem-Sanatorium, Dornhan-Fürnsal)

Für den Eissalat liegen noch keine genauen Angaben über Nährwerte und Gesundheitswerte vor. Die Werte dürften jedoch in der Nähe des Kopfsalates liegen.

Bodenbeschaffenheit, Düngung, Bewässerung
und ergänzende Hinweise für Aussaat, Pflanzung, Schädlingsbekämpfung

Der Eissalat wächst am besten auf humosen, feuchten, nicht zu lockeren Gartenböden. Bei schweren Böden, zum Beispiel Lehm, Ton oder Mergel, hilft eine etwa 2 cm starke Schicht Flußsand, die 10 cm tief mit der Freilanderde vermischt wird. Bei durchlässigen, trockenen Böden, zum Beispiel Sandböden, kann eine 3 bis 4 cm starke Schicht feuchten Torfs eingearbeitet werden. Während der Kultur muß immer auf gute Bodenfeuchtigkeit geachtet werden. Bodenlockerung durch etwa 2 cm tiefes Hacken fördert das Wachstum.

Der Eissalat bildet mit den Gemüsearten Möhre, Buschbohne, Kohlrabi, Rettich und Spinat eine gute Pflanzengemeinschaft. Diese sind als Zwischenkultur geeignet.

Vor der Saat bzw. vor dem Auspflanzen werden auf das Beet je qm etwa 40 g Hornspäne gestreut und leicht eingehackt. Man darf keinen organischen Volldünger verwenden, weil sich die darin befindlichen Kalisalze ungünstig auf das Wachstum der Pflanze auswirken. Komposterde kann jederzeit beigegeben werden.

Die Aussaat erfolgt in etwa 1 cm tief gezogene Reihen. Es ist darauf zu achten, daß nur dünn gesät wird. Der Samen wird mit feiner Erde abgedeckt und angegossen.
Sind die Pflänzchen etwa 5 bis 8 cm hoch, werden sie auf 25 bis 30 cm Abstand verzogen. Die verzogenen Pflänzchen können an anderer Stelle wieder gepflanzt werden.

Eissalat hat gegenüber Kopfsalat den großen Vorteil, auch bei ungünstigen Witterungsverhältnissen, sei es Trockenheit oder Nässe, widerstandsfähig zu sein und dennoch große, feste Köpfe zu bilden, die zudem erst spät schießen.

Schädlingsbekämpfung. Schädling: Nacktschnecken.
Diese fressen die jungen, zarten Blätter und Triebe und sogar ganze Setzlinge. Tagsüber verkriechen sie sich in den Boden.
Vorbeugende Bekämpfung: Die natürlichen Feinde (Laufkäfer, Spitzmaus, Kröten und Igel) schonen und fördern. Bodenabdeckung mit Farnkraut oder Gerstenspreu.
Direkte Bekämpfung: Einsammeln der Schnecken. Dies wird erleichtert durch Auslegen von Pappe oder Brettern, unter die sich die Schnecken verkriechen und dann leicht absammeln lassen.
Bei trockenem Wetter streut man Gesteinsmehl, Asche oder Ruß.

Gemüseart

Endivie

1 g Samen enthält	Keimfähigkeit	Keimzeit
etwa 800 Korn	4 Jahre	8–12 Tage

Sortenvorschlag Siehe auch "Aussaat-Übersicht" für Folgesaaten, Früh- und Spätsorten, Seite 142	Aussaatzeit	Erntezeit
– Bubikopf – Rosabelle – Diva	Ende Mai – Anfang Juli Mitte Juni–Mitte Juli	Mitte September – Oktober Ende Sept.–November

Direktsaat aufs Beet			Setzling-Anzucht (siehe auch gleichlautenden Artikel)							Auspflanzen aufs Beet	
			Anzucht I im Frühbeet	Anzucht II in Saatschale			Anzucht III im Pflanztopf				
Tiefe cm	Reihenabstand cm	Pflanzenabstand cm	Tiefe cm	Tiefe cm	Temperatur Grad C	Pikieren in Topf ⌀ in cm	Topf ⌀ in cm	Tiefe cm	Temperatur Grad C	Reihenabstand cm	Pflanzenabstand cm
			0,5	0,5	12–16	6				30	25

Fruchtwechsel

Vorjahreskultur	Vorkultur	Zwischenkultur	Nachkultur
Gurken Zucchini	Kopfsalat Kohlrabi	Kohlrabi	–

Nährwert in 100 g eßbarem Anteil

Hauptstoffe			Mineralstoffe					Vitamine				Energie	
Eiweiß g	Fett g	Kohlehyd. g	Natrium mg	Kalium mg	Calcium mg	Phosphor mg	Eisen mg	A mg	B_1 mg	B_2 mg	C mg	Joule KJ	Calorien Kcal.
1	–	2	40	265	40	40	1,1	0,145	0,05	0,10	7	55	13

Gesundheitswert (Nach Dr. med. Th. Graether, Atem-Sanatorium, Dornhan-Fürnsal)

Die Endivie enthält in den grünen Blättern viel Mangan, belebt die Spannkraft, den Appetit und die Magensäfte, wirkt blutreinigend und harntreibend und ist als Tee heilend und lindernd, vor allem bei Leberkrankheiten, Darmentzündungen und Gicht.

Bodenbeschaffenheit, Düngung, Bewässerung
und ergänzende Hinweise für Aussaat, Pflanzung, Schädlingsbekämpfung

Die Endivie wächst am besten in sonniger, windgeschützter Lage auf tiefgründigem, warmem und lockerem Boden. In sauren Böden, pH-Wert unter 6, gedeiht keine Endivie. Gute Pflanzengemeinschaften mit der Endivie bilden Lauch und Kohlrabi. Diese Kulturen können auch als Mischkultur angebaut werden.

Nach Abernten der Vorkultur bringt man auf das Beet eine 1 bis 2 cm starke Schicht gut verrotteten Stallmist oder 1jährigen Kompost. Darüber streut man je qm 30 g Algomin und vermischt alles etwa 5 bis 8 cm tief mit der Gartenerde. Steht weder Mist noch Kompost zur Verfügung, kann man mit 30 g Kalimagnesia, 30 g Holzasche oder 30 g Algomin und 20 g Hornspänen düngen. Alles wird 5 bis 8 cm tief eingeharkt.

Es wird breitwürfig und dünn ausgesät.
Bis zur erfolgten Keimung wird das Saatbeet schattiert und gut feucht gehalten. Nach 5 Wochen sind die Jungpflanzen so kräftig, daß sie ausgepflanzt werden können. Vor dem Pflanzen kürzt man die Blätter der Setzlinge um ein Drittel.
Die Anzucht der Setzlinge kann auch in der kleinen Saatschale mit nachfolgendem Pikieren in den Pflanztopf erfolgen. Die Setzlinge dürfen nicht zu tief gepflanzt werden. Während der Kultur muß man immer auf gute Bodenfeuchtigkeit achten. Trockenperioden fördern die Schossergefahr.
Um eine schöne, gelbe Endivie zu erhalten, bindet man den fast fertig entwickelten Kopf mit einem Gummiring zusammen oder deckt die Pflanze tagsüber mit schwarzer Folie ab. Der Bleichprozeß dauert etwa 14 bis 18 Tage.

Die Endivie kann Kälte bis zu minus 3 °C überstehen, wenn bei Frost keine Sonne darauf scheint. Deshalb Schatten geben. Spätere Aussaaten, ab Anfang Juli, kann man in das Frühbeet auspflanzen. Dort sind die Pflanzen besser vor stärkerem Frost geschützt, und die Ernte kann bis in den Winter hinein verlängert werden.

Pflanzenschutz. Krankheit: Schwarzfäule.
Schadbild: Die Blätter welken, werden braun. Weißer Pilzbelag am Wurzelhals.
Vorbeugende Bekämpfung: Vom Zeitpunkt der Keimung bis nach dem Auspflanzen muß man laufend mit Schachtelhalmtee spritzen. Fruchtwechsel vornehmen, das heißt, Endivie erst nach 4 bis 5 Jahren wieder auf dasselbe Beet pflanzen.
Direkte Bekämpfung: Pflanze mit Wurzel entfernen. Nicht auf den Kompost geben.

Saat- und Pflanzplan für Freiland-Gemüsebau

Gemüseart

Erbse

1 g Samen enthält	Keimfähigkeit	Keimzeit
5–6 Korn	3 Jahre	6–10 Tage

Sortenvorschlag Siehe auch "Aussaat-Übersicht" für Folgesaaten, Früh- und Spätsorten, Seite 142	Aussaatzeit	Erntezeit
– Kleine Rheinländerin, Schalerbse – Frühe Heinrich, Zuckererbse – Wunder von Kelvedon, Markerbse	Mitte März – Ende April Mitte April–Ende Mai	Anfang Juni – Mitte Juni Mitte Juni–Mitte Juli

Direktsaat aufs Beet			Setzling-Anzucht (siehe auch gleichlautenden Artikel)							Auspflanzen aufs Beet	
			Anzucht I im Frühbeet	Anzucht II in Saatschale			Anzucht III im Pflanztopf				
Tiefe cm	Reihenabstand cm	Pflanzenabstand cm	Tiefe cm	Tiefe cm	Temperatur Grad C	Pikieren in Topf Ø in cm	Topf Ø in cm	Tiefe cm	Temperatur Grad C	Reihenabstand cm	Pflanzenabstand cm
2–3	40	3									

Fruchtwechsel

Vorjahreskultur	Vorkultur	Zwischenkultur	Nachkultur
Möhren Rosenkohl	–	Rettiche Kohlrabi	Zichoriensalat Zuckerhut Endivien

Nährwert in 100 g eßbarem Anteil

Hauptstoffe			Mineralstoffe					Vitamine				Energie	
Eiweiß g	Fett g	Kohlehyd. g	Natrium mg	Kalium mg	Calcium mg	Phosphor mg	Eisen mg	A mg	B1 mg	B2 mg	C mg	Joule KJ	Calorien Kcal.
3		6	1	120	10	50	0,8	0,035	0,10	0,05	10	155	37

Gesundheitswert (Nach Dr. med. Th. Graether, Atem-Sanatorium, Dornhan-Fürnsal)

Die grünen Erbsen sind reich an Vitaminen. Aber auch an Cholesterin und Zucker! Trockenerbsen haben kein Vitamin C mehr und nur wenig Zucker und Cholesterin. Dafür sind alle übrigen Stoffe konzentrierter. Gut für Blutarme und Schwerarbeiter.

Bodenbeschaffenheit, Düngung, Bewässerung
und ergänzende Hinweise für Aussaat, Pflanzung, Schädlingsbekämpfung

Die Erbse bevorzugt lockeren, humosen und feuchten Boden. Eingeschlossene Lagen sind nicht geeignet, weil sie den Mehltaubefall begünstigen.
Erbsen wachsen am besten in Nachbarschaft von Kohlrabi, Rettichen und Möhren. Ungünstig sind Bohnen und Tomaten. Die Erbse ist auch nicht selbstverträglich. Deshalb nicht hintereinander auf das gleiche Beet pflanzen.

Im Spätherbst streut man auf das vorgesehene Erbsenbeet eine dünne Schicht Holzasche.
Dies bewirkt einen guten Fruchtansatz.
Vor der Aussaat werden auf das Beet je qm 30 g Algomin gestreut und 5 cm tief eingeharkt. Frische Stallmistdüngung und Komposterde, jünger als ein Jahr, sind zu vermeiden, ebenso Stickstoffdüngung, zum Beispiel mit Hornspänen. Starker Mehltaubefall und schlechte Qualität der Früchte sind meist die Folge überhöhter Stickstoffdüngung.

Von der erfolgten Aussaat bis zur Keimung muß auf Vogelfraß geachtet werden. Notfalls deckt man das Beet mit Reisig ab. Sobald die Pflänzchen 10 bis 15 cm hoch sind, werden sie leicht angehäufelt.
Während der Kultur sollte der Boden nicht austrocknen. Regelmäßig gießen – sonst besteht die Gefahr einer Mißernte.

Die Schalerbse „Kleine Rheinländerin“ sowie die Zuckererbse „Frühe Heinrich“ kann man frühzeitig aussäen. Sie vertragen Frost bis zu minus 5 °C. Aussaaten nach Ende April sind nicht zu empfehlen, weil diese Sorten dann leicht vom Mehltau befallen werden.
Die Erbsensorte „Wunder von Kelvedon“ ist widerstandsfähiger gegen Mehltau. Man kann sie von Mitte April bis Ende Mai aussäen. Dafür ist sie weniger frosthart.

Pflanzenschutz. Krankheit: Die Erbse wird leicht vom Falschen Mehltau befallen.
Schadbild: Gelbe, später braune Flecken auf der Blattoberseite, auf der Blattunterseite ein blauvioletter Pilzbelag. Bei feuchter Witterung breitet sich der Pilz rasch aus. Die befallenen Blätter und Triebe sterben ab.
Vorbeugende Abwehr: Feuchte, windgeschützte Lagen meiden. Spritzen mit Schachtelhalmtee oder „Artanax“. Keine Stickstoffdüngung vornehmen.
Direkte Bekämpfung: Befallene Pflanzen sofort entfernen.

Saat- und Pflanzplan für Freiland-Gemüsebau

Gemüseart

Grünkohl

1 g Samen enthält	Keimfähigkeit	Keimzeit
etwa 250 Korn	3 Jahre	5–8 Tage

Sortenvorschlag Siehe auch "Aussaat-Übersicht" für Folgesaaten, Früh- und Spätsorten, Seite 142	Aussaatzeit	Erntezeit
– Halbhoher grüner krauser – Niedrig grüner krauser	Anfang – Ende Mai	ab Oktober

Direktsaat aufs Beet			Setzling-Anzucht (siehe auch gleichlautenden Artikel)							Auspflanzen aufs Beet	
			Anzucht I im Frühbeet	Anzucht II in Saatschale			Anzucht III im Pflanztopf				
Tiefe cm	Reihenabstand cm	Pflanzenabstand cm	Tiefe cm	Tiefe cm	Temperatur Grad C	Pikieren in Topf Ø in cm	Topf Ø in cm	Tiefe cm	Temperatur Grad C	Reihenabstand cm	Pflanzenabstand cm
			1							45	45

Fruchtwechsel

Vorjahreskultur	Vorkultur	Zwischenkultur	Nachkultur
Bohnen Zwiebeln	Spinat Rettiche	Sellerie	–

Nährwert in 100 g eßbarem Anteil

Hauptstoffe			Mineralstoffe					Vitamine				Energie	
Eiweiß g	Fett g	Kohlehyd. g	Natrium mg	Kalium mg	Calcium mg	Phosphor mg	Eisen mg	A mg	B_1 mg	B_2 mg	C mg	Joule KJ	Calorien Kcal.
2	1	3	20	250	110	45	1,0	0,460	0,05	0,15	54	95	23

Gesundheitswert (Nach Dr. med. Th. Graether, Atem-Sanatorium, Dornhan-Fürnsal)

Besonders reich an Kalium, Calcium, Phosphor und Provitamin A. Grünkohl enthält auch Schwefel und das wertvolle Spurenelement Arsen. Gutes Mittel bei Heiserkeit, Atembeschwerden, Darmträgheit, Appetitlosigkeit und gegen Schuppenbildung.

Bodenbeschaffenheit, Düngung, Bewässerung
und ergänzende Hinweise für Aussaat, Pflanzung, Schädlingsbekämpfung

Grünkohl ist in bezug auf Klima und Bodenbeschaffenheit eine anspruchslose Kohlpflanze. Er wächst auch noch im Halbschatten. Zu vermeiden sind jedoch trockene, durchlässige Sandböden. Diese müssen mit Torf oder Kompost verbessert werden.
Vor dem Pflanzen bringt man auf das vorgesehene Grünkohlbeet eine 2 cm starke Schicht 1- bis 2jährige Komposterde und streut darüber je qm 30 g Hornspäne und 30 g Algomin. Alles wird miteinander und etwa 10 cm tief mit der Gartenerde vermischt. Steht kein Kompost zur Verfügung, kann auch ein organischer Volldünger, 60 g je qm, auf das Beet gestreut und etwa 5 cm tief eingeharkt werden.

Nach dem Auspflanzen achtet man darauf, daß der Boden immer feucht und locker ist.
Nach starkem Regenfall hackt man den Boden etwa 2 cm tief durch.
3 bis 4 Wochen nach dem Pflanzen ist leichtes Mulchen, 2 bis 3 cm hoch, mit Grasschnitt, verrottetem Mist oder sonstigen Gartenabfällen vorteilhaft.

Eine gute Pflanzengemeinschaft bildet der Grünkohl mit Sellerie. Dieser kann neben oder auch als Zwischenkultur angepflanzt werden. Sellerie vertreibt den Kohlweißling, und Grünkohl verhindert den Selleriebrand.

Geerntet wird Grünkohl meist nach dem ersten Frost, weil sich Frost sehr günstig auf den Geschmack des Grünkohls auswirkt. Grünkohl kann, wenn er vor der Wintersonne geschützt wird, im Freiland verbleiben.

Schädlingsbekämpfung. Schädling: Kohldrehherzmücke.
Schadbild: Die Mücke fliegt Ende Mai bis Mitte Juni. Sie legt ihre Eier in die jüngsten Herzblättchen der Pflanze, die dann von den Larven gefressen werden. Die Blätter krümmen und kräuseln sich.
Später faulen sie.
Vorbeugende Bekämpfung: Fruchtwechsel einhalten. Von Ende Mai bis Juni alle 10 Tage mit Algenkalk stäuben.
Direkte Bekämpfung: Von Ende Mai bis Juni, zweimal in der Woche, spritzen oder stäuben mit „Spruzit-flüssig“ oder „Spruzit-Staub“.

Gemüseart

Gurke

1 g Samen enthält	Keimfähigkeit	Keimzeit
30–50 Korn	4–5 Jahre	6–12 Tage

Sortenvorschlag Siehe auch "Aussaat-Übersicht" für Folgesaaten, Früh- und Spätsorten, Seite 142	Aussaatzeit	Erntezeit
– Marketmore – Tanja – Sensation Typ Neckarruhm	Bei Direktsaat: ab Mitte Mai–Juni Bei Vorkultur: Mitte–Ende April	Ende Juli–September Mitte Juli–September

Direktsaat aufs Beet			Setzling-Anzucht (siehe auch gleichlautenden Artikel)							Auspflanzen aufs Beet	
			Anzucht I im Frühbeet	Anzucht II in Saatschale			Anzucht III im Pflanztopf				
Tiefe cm	Reihenabstand cm	Pflanzenabstand cm	Tiefe cm	Tiefe cm	Temperatur Grad C	Pikieren in Topf ∅ in cm	Topf ∅ in cm	Tiefe cm	Temperatur Grad C	Reihenabstand cm	Pflanzenabstand cm
0,5	100	40					8	0,5	15–20	100	40

Fruchtwechsel

Vorjahreskultur	Vorkultur	Zwischenkultur	Nachkultur
Bohnen, Erbsen Zwiebeln	Spinat, Radieschen Rettiche	Kohlrabi Buschbohnen	Ackersalat Spinat

Nährwert in 100 g eßbarem Anteil

Hauptstoffe			Mineralstoffe					Vitamine				Energie	
Eiweiß g	Fett g	Kohlehyd. g	Natrium mg	Kalium mg	Calcium mg	Phosphor mg	Eisen mg	A mg	B_1 mg	B_2 mg	C mg	Joule KJ	Calorien Kcal.
–	–	1	6	105	11	15	0,4	0,02	0,01	0,02	1	30	7

Gesundheitswert (Nach Dr. med. Th. Graether, Atem-Sanatorium, Dornhan-Fürnsal)

Gurkensaft wirkt gegen schädliche Gewebeflüssigkeit und ist ein guter Harnsäurelöser. Er macht die Haut geschmeidiger, schließt offene Poren. Gurken im Dampf gedünstet sind ein Heilmittel für Magenkranke, Gallenleidende, Gefäßkranke und Diabetiker.

Bodenbeschaffenheit, Düngung, Bewässerung
und ergänzende Hinweise für Aussaat, Pflanzung, Schädlingsbekämpfung

Gurken wachsen am besten auf sandigen, trockenen Lehmböden, die humus- und nährstoffreich sind. Sie stellen hohe Ansprüche an Bodenwärme, hohe Luftfeuchtigkeit und ruhige Luft. Windige Lagen sind nicht geeignet.

Gurken sind nicht selbstverträglich. Deshalb dürfen sie nicht auf vorjährige Gurkenbeete gesät oder gepflanzt werden. Die Wurzelrückstände der vorausgegangenen Gurkenkultur wirken sich wachstumhemmend auf die folgende Gurkenkultur aus. Günstig beeinflußt wird das Wachstum durch die Nachbarschaft von Stangenbohnen, Rosenkohl und Zuckermais.

Schon im Spätherbst deckt man das vorgesehene Beet mit 1jährigem Kuhmist ab.
Vor dem Säen bzw. Pflanzen wird eine 3 cm starke Schicht 1- bis 2jährige Komposterde aufgebracht und etwa 10 cm tief mit der Gartenerde vermischt. Bei trockenen oder zu sandigen Gartenböden gibt man außerdem noch eine 2 bis 3 cm starke Schicht Torf und je qm 80 bis 100 g organischen Volldünger auf das Beet und harkt dies ein.

Für die Anzucht der Gurkenpflanzen legt man in 8 cm große Töpfe je zwei Körner aus und entfernt später die schwächere Pflanze.
Bei Direktsaat ins Freiland wird in die Reihe alle 10 cm ein Korn ausgelegt und dünn mit feiner Erde abgedeckt.
Sind die Pflänzchen 10 bis 15 cm hoch, werden sie auf etwa 40 cm Abstand verzogen.
Mulchen mit einer bis zu 5 cm starken Schicht Kuhmist ist sehr vorteilhaft. Das Mulchen bewirkt eine gleichmäßige Bodenfeuchtigkeit und umgibt die Pflanzen mit einer Kohlensäure-Atmosphäre, die das gute Wachstum der Gurke fördert. Während der Wachstumsperiode muß immer auf eine gute Bodenfeuchtigkeit geachtet und mit abgestandenem Wasser gegossen werden. Eine gute Wirkung hat auch das Gießen mit Brennesseljauche oder angesetzter Hornspänebrühe.

Pflanzenschutz. Krankheit: Echter Mehltau.
Schadbild: Auf der Blattoberseite mehlige Flecken, die sich bei feuchtwarmer Witterung schnell ausbreiten. Bei starkem Befall geht die Pflanze ein.
Vorbeugende Bekämpfung: Befallene Blätter sofort entfernen. Nicht zu eng pflanzen.
Direkte Bekämpfung: Des öfteren mit Schachtelhalmtee oder „Bio-S“ spritzen.

Kartoffelkultur, eine wertvolle Ergänzung des Gemüsegartens

Bodenbeschaffenheit und Düngung.
Die Kartoffel wächst in gut lockerem, humosem, durchlüftetem oder tiefgründigem Boden. Schwere, wasserhaltende Lehm- oder Mergelböden sind zu vermeiden. Neutraler Boden mit einem pH-Wert von 6 bis 6,5 ist günstig.
Die Düngung der Kartoffeln erfolgt durch Kompost oder gut verrotteten Kuhmist und, wenn beides nicht vorhanden ist, mit organischem Volldünger.
Kompostdüngung. Auf das vorgesehene Pflanzbeet wird eine 2 bis 5 cm starke Schicht 1jähriger Komposterde gebracht und mittels Hackfräse, Krail oder Hacke 10 bis 15 cm tief mit dem Gartenboden vermischt. Kompostdüngung bringt die höchsten Erträge.
Kuhmistdüngung. Im Spätherbst, nach etwa noch erforderlichem Umgraben, wird der Boden mit ½jährigem Kuhmist etwa 5 cm hoch abgedeckt. Im Frühjahr vermischt man den fast verrotteten Mist mit Hackfräse, Krail oder Hacke 10 bis 15 cm tief mit dem Boden.
Organischer Volldünger. Stehen weder Kompost noch Mist zur Verfügung, kann organischer Volldünger (Bestandteile: je 7% Stickstoff, Phosphor, Kalium), je qm 80 g, ausgestreut und mit dem Gartenboden 5 cm tief gut vermischt werden.

Fruchtwechsel, Vorkultur. Bohnen, Erbsen, Linsen, Spinat, Lupinen und Klee sind als Vorjahreskultur günstig. In kompost- oder kuhmistgedüngten Böden kann die Kartoffel ohne Bedenken mehrere Jahre hintereinander kultiviert werden.

Saatkartoffeln kann man über die Lagerhäuser der Raiffeisenbanken und andere landwirtschaftliche Genossenschaftsbanken beziehen. Es gibt etwa 300 Kartoffelsorten. Fast jede Gegend bevorzugt ihre eigenen Sorten, weil diese auch bodenabhängig sind. Im Schwarzwald werden zum Beispiel folgende Sorten vorrangig angebaut: „Selma“ und „Sieglinde“, beide festkochend und geeignet für den Frühanbau. „Grata“, lockerkochend, und „Granola“, festkochend, für den mittelfrühen bis mittelspäten Anbau. „Datura“, locker-mehlige Sorte, eignet sich für den Spätanbau.
Für 10 qm Beetfläche werden 2,5 bis 3 kg Saatkartoffeln benötigt. Der Ertrag ist je nach Bodenbeschaffenheit und Düngung das 6 bis 12fache der gesteckten Saatkartoffeln. Das ergibt bei 2,5 kg Saatkartoffeln für 10 qm Fläche einen Ertrag von 15 bis 30 kg.

Auslegen der Saatkartoffeln. Saatkartoffeln sind besonders kälteempfindlich. Schon bei leichtem Frost erfrieren die Triebe. Deshalb werden bei Frostgefahr die Beete mit Schlitzfolie abgedeckt. In warmen Gegenden werden Frühkartoffeln, die dann meist schon vorgekeimt wurden, schon im April ausgelegt.

Mittelfrühe Sorten steckt man ab Ende April bis Anfang Juni, mittelspäte und späte Sorten von Anfang Mai bis Mitte Mai.
Pflanztiefe: 5 cm
Reihenabstand für die Frühkartoffel: 50 cm
Reihenabstand für mittelfrühe bis späte Sorten: 60 bis 65 cm
Pflanzabstand für Frühkartoffeln: 30 cm
Pflanzabstand für mittelfrühe bis späte Sorten: 30 bis 35 cm

Pflegemaßnahmen. Sind die Kartoffelstauden etwa 10 cm hoch, wird einmal 3 bis 5 cm tief durchgehackt. Nach weiteren 2 bis 3 Wochen, wenn die Stauden etwa 20 bis 30 cm hoch sind, werden sie 10 bis 15 cm hoch angehäufelt. Die dadurch entstehende feuchtwarme Atmosphäre am Fuß der Pflanze fördert die Knollenbildung der Kartoffel.

Erntezeit. Frühkartoffeln werden etwa 80 bis 100 Tage nach dem Auslegen der vorgekeimten Kartoffeln geerntet. Mittelfrühe Sorten erntet man von August bis September, mittelspäte und späte Sorten ab September bis Ende Oktober. Man darf nur völlig ausgereifte Kartoffeln einlagern. Diese werden erst Ende Oktober geerntet, wenn das Kartoffelkraut ganz abgestorben und dürr ist. Dasselbe gilt auch, wenn man eigenes Saatgut gewinnen möchte. Auch hier erst ernten, wenn das Kraut ganz abgestorben ist.

Schädlingsbekämpfung. Der Kartoffelkäfer kann große Schäden anrichten. Er überwintert im Boden und ernährt sich von jungen Blättern der Kartoffelpflanze. Nach 1 bis 2 Wochen legt er an der Unterseite der Blätter paketweise Eier ab. Die daraus schlüpfenden Larven fressen Blätter und Triebe der Kartoffelpflanze. Zur Verpuppung gehen sie dann 10 bis 15 cm tief in die Erde, und nach 2 Wochen schlüpft der Kartoffelkäfer aus.
Bekämpfung: Frühzeitiges Ablesen der Käfer und Larven oder Stäuben mit „Spruzit-Staub“ oder Spritzen mit „Spruzit-flüssig“.

Die Kraut- und Kartoffelfäule ist eine Pilzkrankheit, die im Boden und an kranken Kartoffeln überwintert.
Schadbild: Braune unregelmäßige Flecken auf Stengeln und Blättern der Pflanze. Das Kraut stirbt ab. Auf den Knollen sind eingesunkene braune Flecken zu sehen, die später in Fäulnis übergehen.
Bekämpfung: Befallenes Kraut sofort herausziehen und verbrennen. Pflanzbeet wechseln, feuchte Böden meiden, auf gesundes Saatgut achten. Des öfteren, 4- bis 5mal je einmal in der Woche, mit Algen- oder Gesteinsmehl stäuben.

Gemüseart

Knoblauch

1 g Samen enthält	Keimfähigkeit	Keimzeit
Zur Anzucht werden Zehen gesteckt	1 Jahr	8–12 Tage

Sortenvorschlag	Aussaatzeit	Erntezeit
Siehe auch "Aussaat-Übersicht" für Folgesaaten, Früh- und Spätsorten, Seite 142 Knoblauch ist in Samenfachgeschäften, Gemüsemärkten usw. käuflich. Auf frische und gesunde Knollen achten.	Zehen stecken: Oktober oder April	Ende Mai–Juni Ende Juli–August

Direktsaat aufs Beet			Setzling-Anzucht (siehe auch gleichlautenden Artikel)							Auspflanzen aufs Beet	
			Anzucht I im Frühbeet	Anzucht II in Saatschale			Anzucht III im Pflanztopf				
Tiefe cm	Reihenabstand cm	Pflanzenabstand cm	Tiefe cm	Tiefe cm	Temperatur Grad C	Pikieren in Topf Ø in cm	Topf Ø in cm	Tiefe cm	Temperatur Grad C	Reihenabstand cm	Pflanzenabstand cm
3	20	8									

Fruchtwechsel

Vorjahreskultur	Vorkultur	Zwischenkultur	Nachkultur
Weißkohl Rotkohl	bei Herbstsaat: Buschbohnen	–	–

Nährwert in 100 g eßbarem Anteil

Hauptstoffe			Mineralstoffe					Vitamine				Energie	
Eiweiß g	Fett g	Kohlehyd. g	Natrium mg	Kalium mg	Calcium mg	Phosphor mg	Eisen mg	A mg	B_1 mg	B_2 mg	C mg	Joule KJ	Calorien Kcal.
6,1	0,1	27,5	–	–	38	134	1,4	–	0,2	0,08	14	586	140

Gesundheitswert (Nach Dr. med. Th. Graether, Atem-Sanatorium, Dornhan-Fürnsal)

Bestes Nahrungsmittel gegen Kreislaufstörungen, Arteriosklerose, Bluthochdruck, Krampfadern und Hämorrhoiden. Gut gegen Schwindelanfälle, Migräne und Kurzatmigkeit. Hilfreich bei Bronchitis, Asthma, Arthritis, Rheumatismus. Stärkt Verdauung und Nerven.

Bodenbeschaffenheit, Düngung, Bewässerung
und ergänzende Hinweise für Aussaat, Pflanzung, Schädlingsbekämpfung

Knoblauch verlangt zum gesunden Wachstum noch mehr Sonne und Wärme als die Zwiebel. Deshalb den sonnigsten Platz im Garten wählen.

Er gedeiht gut auf mittelschweren Gartenböden, die durchlässig und humos sind. In wasserhaltenden, schweren Lehmböden wächst Knoblauch nicht. Bei Lehm- und Mergelböden muß unbedingt Flußsand beigemischt werden. Flußsand hat nicht nur den Vorteil bodenbelebender Lockerung und Belüftung – er bringt dem Boden auch auf Dauer gesehen eine wertvolle mineralische Bereicherung.
Den Flußsand verteilt man etwa 2 cm hoch gleichmäßig auf dem Beet und vermischt ihn etwa 8 bis 10 cm tief mit dem Gartenboden.
Auf keinen Fall „Maurersand" verwenden!

Für 1 qm benötigt man etwa 50 Zehen.
Vor dem Stecken der Zehen streut man je qm etwa 100 g Urgesteinsmehl und 30 g Algomin auf das Beet und harkt dies 6 cm tief ein. Weitere Düngung ist nicht erforderlich.
Dasselbe gilt auch für die Bewässerung. Selbst in trockenen Sommermonaten sollte das Gießen unterbleiben.

Während der Wachstumsperiode lockert man nach stärkeren Regenfällen den Boden zwischen den Reihen auf. Weitere Pflegemaßnahmen sind nicht erforderlich.

Wenn die Knoblauchröhren gelb werden, kann der Knoblauch geerntet werden. Zum Trocknen hängt man ihn an einem luftigen Ort auf.

Knoblauch ist auf sonnigen Beeten auch als Randbepflanzung möglich.
In milder Gegend können die Zehen schon im Oktober gesteckt und im Frühsommer geerntet werden, weil Knoblauch im allgemeinen winterhart ist.

Pflanzenschutz / Schädlingsbekämpfung. Bei sonnigem, warmem Standort und wasserdurchlässigen Böden treten keine Krankheiten oder Schädlinge auf.

Gemüseart

Knollenfenchel

1 g Samen enthält	Keimfähigkeit	Keimzeit
etwa 200 Korn	3 Jahre	15–20 Tage

Sortenvorschlag Siehe auch "Aussaat-Übersicht" für Folgesaaten, Früh- und Spätsorten, Seite 142	Aussaatzeit	Erntezeit
– Zefa Fino	Mitte Mai – Anf. Juli	Ende Aug. – Oktober
– Sirio	Anfang – Mitte Juli	Ende Okt. – November

Direktsaat aufs Beet			Setzling-Anzucht (siehe auch gleichlautenden Artikel)							Auspflanzen aufs Beet	
			Anzucht I im Frühbeet	Anzucht II in Saatschale			Anzucht III im Pflanztopf				
Tiefe cm	Reihenabstand cm	Pflanzenabstand cm	Tiefe cm	Tiefe cm	Temperatur Grad C	Pikieren in Topf ∅ in cm	Topf ∅ in cm	Tiefe cm	Temperatur Grad C	Reihenabstand cm	Pflanzenabstand cm
1	40	30									

Fruchtwechsel

Vorjahreskultur	Vorkultur	Zwischenkultur	Nachkultur
Lauch Gurken	Rettiche Blumenkohl	Radieschen	bei Mai-Aussaat: Spinat, Ackersalat

Nährwert in 100 g eßbarem Anteil

Hauptstoffe			Mineralstoffe					Vitamine				Energie	
Eiweiß g	Fett g	Kohlehyd. g	Natrium mg	Kalium mg	Calcium mg	Phosphor mg	Eisen mg	A mg	B_1 mg	B_2 mg	C mg	Joule KJ	Calorien Kcal.
2,4	0,3	9,1	86	494	109	51	2,7	4,7	0,2	0,1	93	209	50

Gesundheitswert (Nach Dr. med. Th. Graether, Atem-Sanatorium, Dornhan-Fürnsal)

Knollenfenchel hilft bei Blähungen, ist verdauungfördernd und ein sehr gutes Mittel für Rheumatiker. Er erleichtert die Menstruation, begünstigt die Muttermilch und macht sie für Säuglinge bekömmlicher.

Bodenbeschaffenheit, Düngung, Bewässerung
und ergänzende Hinweise für Aussaat, Pflanzung, Schädlingsbekämpfung

Am besten gedeiht Knollenfenchel in sonniger und nicht allzu feuchter Lage. Ein warmer, humoser Lehmboden wird bevorzugt.
Man darf ihn nicht auf vorjährige Sellerie-, Möhren- oder Petersilienbeete säen, weil durch die Wurzelrückstände dieser Pflanzen das Wachstum des Knollenfenchels stark beeinträchtigt wird.
Die Nachbarschaft von Kopfsalat und Gurken wirkt sich dagegen sehr günstig auf das Wachstum aus.

Ab 10. Juli ist die Aussaat der Sorte „Sirio“ zu empfehlen, weil diese noch schönere Knollen bringt.

Vor der Aussaat harkt man etwa 2 bis 3 cm 2jährige Komposterde ungefähr 6 cm tief ein. Steht kein Kompost zur Verfügung, können statt dessen 40 g organischer Volldünger je qm eingeharkt werden.
Auf keinen Fall Stickstoffdünger verwenden!

Die Aussaat erfolgt dünn in Reihen. Der Samen wird mit Erde abgedeckt und leicht angedrückt. Bis zur erfolgten Keimung muß das Beet feucht gehalten werden. Danach darf nicht mehr so oft gegossen werden. Jetzt ist etwas Trockenheit günstiger.

Sobald die Pflänzchen 8 bis 10 cm hoch sind, werden sie auf 30 cm Abstand verzogen. Nach Abernten der Zwischenkultur hackt man ein- bis zweimal 2–3 cm tief durch.
Mulchen ist hier nicht angebracht, weil sich bei länger anhaltender Schlechtwetterperiode zwischen der Wurzel und der sich bildenden Knolle Fäulnisherde bilden können.

Schädlingsbekämpfung. Außer der Fäulnisgefahr an den Knollen gibt es keine Krankheiten oder Schädlinge am Knollenfenchel. Wichtig ist nur ein warmer, sonniger und nicht zu feuchter Standort.

Saat- und Pflanzplan für Freiland-Gemüsebau

Gemüseart

Kohlrabi

1 g Samen enthält	Keimfähigkeit	Keimzeit
etwa 250–300 Korn	4–5 Jahre	4–6 Tage

Sortenvorschlag Siehe auch "Aussaat-Übersicht" für Folgesaaten, Früh- und Spätsorten, Seite 142	Aussaatzeit	Erntezeit
– Delikateß, weiß oder blau – Prila, weiß – Blusta, blau	laufend ab Mitte März – Juli	Mitte Mai – Oktober

Direktsaat aufs Beet			Setzling-Anzucht (siehe auch gleichlautenden Artikel)							Auspflanzen aufs Beet	
			Anzucht I im Frühbeet	Anzucht II in Saatschale			Anzucht III im Pflanztopf				
Tiefe cm	Reihenabstand cm	Pflanzenabstand cm	Tiefe cm	Tiefe cm	Temperatur Grad C	Pikieren in Topf ∅ in cm	Topf ∅ in cm	Tiefe cm	Temperatur Grad C	Reihenabstand cm	Pflanzenabstand cm
			0,5	0,5	16–18	6	6	0,5	16–18	25	20

Fruchtwechsel

Vorjahreskultur	Vorkultur	Zwischenkultur	Nachkultur
Mangold Rote Bete	Radieschen/Rettiche Kopfsalat	–	Ackersalat Spinat

Nährwert in 100 g eßbarem Anteil

Hauptstoffe			Mineralstoffe					Vitamine				Energie	
Eiweiß g	Fett g	Kohlehyd. g	Natrium mg	Kalium mg	Calcium mg	Phosphor mg	Eisen mg	A mg	B_1 mg	B_2 mg	C mg	Joule KJ	Calorien Kcal.
1	–	3	7	265	50	35	0,6	0,03	0,05	0,03	36	75	18

Gesundheitswert (Nach Dr. med. Th. Graether, Atem-Sanatorium, Dornhan-Fürnsal)

Kohlrabi, besonders roh gegessen, regen die Darmtätigkeit an, desinfizieren den Verdauungstrakt und sind für Diabetiker besonders bekömmlich. Sie fördern auch den Appetit und verleihen darum schwach heranwachsenden Menschen Lebenskraft.

Bodenbeschaffenheit, Düngung, Bewässerung
und ergänzende Hinweise für Aussaat, Pflanzung, Schädlingsbekämpfung

Die Ansprüche an die Bodenbeschaffenheit sind gering. Kohlrabi gedeihen jedoch auf tiefgründigen, humusreichen und feuchten Böden am besten. Wichtig ist die Bewässerung. Es ist immer auf genügend Bodenfeuchtigkeit zu achten. Diese ergibt gesunde, zarte und wohlschmeckende Kohlrabi.

Das Wachstum wird durch die Nachbarschaft von Bohnen, Gurken und Rettichen günstig beeinflußt. Ungünstig sind Zwiebeln und Lauch.

Die zur Aussaat bestimmte Frühbeeterde besteht aus zwei Teilen Gartenerde, einem Teil 1jährigem Kompost und einem Teil Torf.
Auf das Pflanzbeet im Freiland streut man je qm 40 g Hornspäne und 30 g Algomin und hackt dies etwa 6 bis 8 cm tief unter. Zusätzlich kann man noch etwa 1 cm hoch 1jährige Komposterde auf das Pflanzbeet geben.
Kohlrabi sollen während der ganzen Kulturzeit in zügigem Wachstum bleiben. Temperatur- und Feuchtigkeitsschwankungen durch Trockenheit ergeben holzige Kohlrabi.

Die Aussaat erfolgt ins Frühbeet in Reihen. Es wird dünn gesät und leicht abgedeckt. Nach erfolgter Keimung beginnt man langsam mit der unbedingt erforderlichen Lüftung. 10 Tage vor dem Auspflanzen nimmt man die Fenster ganz ab.
Die Aussaat kann auch in eine kleine Saatschale oder direkt in den Pflanztopf vorgenommen werden. Während der Anzucht warm, etwa 16 °C, und feucht halten. Vor Kälte schützen! Ist die Temperatur längere Zeit unter 10 °C, ergeben sich später Schosser.
Nach dem Auspflanzen muß man darauf achten, daß der Boden ständig feucht ist.

Schädlingsbekämpfung. Schädling: Kohlweißlingsraupen.
Schadbild: Die Raupen fressen die Blattmasse zwischen den Blattrippen auf und hinterlassen Verschmutzungen durch ihren Kot.
Direkte Bekämpfung: Die Eier und Jungraupen einsammeln und vernichten. Spritzen mit dem Präparat „Bacillus thuringiensis“, solange die Raupen noch im Jungstadium sind. Ältere Raupen ablesen oder mit „Spruzit-flüssig“ spritzen.

Saat- und Pflanzplan für Freiland-Gemüsebau

Gemüseart

Kopfsalat

1 g Samen enthält	Keimfähigkeit	Keimzeit
etwa 800 Korn	2 Jahre	6–12 Tage

Sortenvorschlag Siehe auch "Aussaat-Übersicht" für Folgesaaten, Früh- und Spätsorten, Seite 142	Aussaatzeit	Erntezeit
– Spezialzucht (Anzucht II) – Benita – Neckarriesen	Ende Februar – März April – Mai Juni – Mitte Juli	Ende Mai – Juni Mitte Juni – Juli Ende Juli – September

Direktsaat aufs Beet			Setzling-Anzucht (siehe auch gleichlautenden Artikel)							Auspflanzen aufs Beet	
			Anzucht I im Frühbeet	Anzucht II in Saatschale			Anzucht III im Pflanztopf				
Tiefe cm	Reihenabstand cm	Pflanzenabstand cm	Tiefe cm	Tiefe cm	Temperatur Grad C	Pikieren in Topf Ø in cm	Topf Ø in cm	Tiefe cm	Temperatur Grad C	Reihenabstand cm	Pflanzenabstand cm
1	20	25		0,5	12–16	6				20	25

Fruchtwechsel

Vorjahreskultur	Vorkultur	Zwischenkultur	Nachkultur
Wirsing Weißkohl	Spinat, Kohlrabi Rettiche	–	Endivien Zichoriensalat Zuckerhut

Nährwert in 100 g eßbarem Anteil

Hauptstoffe			Mineralstoffe					Vitamine				Energie	
Eiweiß g	Fett g	Kohlehyd. g	Natrium mg	Kalium mg	Calcium mg	Phosphor mg	Eisen mg	A mg	B_1 mg	B_2 mg	C mg	Joule KJ	Calorien Kcal.
1	–	1	5	150	15	25	0,4	0,09	0,05	0,05	7	40	10

Gesundheitswert (Nach Dr. med. Th. Graether, Atem-Sanatorium, Dornhan-Fürnsal)

Kopfsalat besitzt ähnliche gesundheitsfördernde Wirkungen wie Kresse. Die Konzentration ist jedoch geringer. Gut für Leber, Gallenfluß und Blasentätigkeit. Auch für reinen Teint nützlich und als Schlafmittel wohltuend.

Bodenbeschaffenheit, Düngung, Bewässerung
und ergänzende Hinweise für Aussaat, Pflanzung, Schädlingsbekämpfung

In humusreichen, tiefgründigen und feuchten Böden wächst der Kopfsalat am besten. Trockene und sandige Böden sind mit Torf zu verbessern.
Gute Nachbarpflanzen und als Zwischenkultur gut geeignet sind Möhren, Buschbohnen, Kohlrabi und Spinat.

Vor der Aussaat bzw. vor dem Pflanzen gibt man auf das Beet eine etwa 2 cm starke Schicht 1jährige Komposterde und vermischt diese 5 bis 8 cm tief mit der Freilanderde. Ist kein Kompost vorhanden, kann auch mit Hornspänen, 40 g je qm, gedüngt werden. Der Dünger wird leicht untergeharkt.
Kopfsalat reagiert auf Phosphor und vor allem auf Kalisalze empfindlich. Deshalb darf kein organischer Volldünger verwendet werden.

Während der Kultur muß der Boden immer gut feucht und locker gehalten werden. Man darf nicht über die Mittagszeit oder bei voller Sonne gießen.

Bei Wechseltemperaturen keimt der Kopfsalat am besten. Die Saatschale wird 2 bis 3 Tage bei 5 bis 10 °C kühl aufgestellt, danach wieder wärmer bei etwa 15 bis 18 °C.
Bei Direktsaat ins Freiland muß man darauf achten, daß nicht unmittelbar nach der Aussaat eine Hitzeperiode folgt, weil der Kopfsalat bei Temperaturen über 20 °C sehr schlecht keimt. Es wird ganz dünn in Reihen ausgesät. Der Samen wird mit feiner Erde abgedeckt und angegossen.
Sind die Pflänzchen etwa 5 bis 8 cm hoch, werden sie auf 20 bis 25 cm Abstand verzogen. Die verzogenen Pflänzchen können wieder gepflanzt werden.
In Töpfen vorgezogene Salatpflanzen dürfen nicht zu tief gepflanzt werden. Der Topfballen darf etwa 1 cm hoch aus der Freilanderde herausschauen. Frühsorten, die Ende März bis April gepflanzt werden, werden etwa 14 bis 18 Tage mit Folie überspannt.

Pflanzenschutz. Krankheit: Schwarzfäule und Grauschimmel verursachen Salatfäule.
Schadbild: Zunächst welken die Blätter. Danach fault die ganze Pflanze vom Wurzelbereich her ab. Krankheiten treten gerne in nassen und schweren Böden auf.
Vorbeugende Bekämpfung: Pflanzen öfters mit Schachtelhalmtee spritzen. Salat nicht auf dasselbe Beet wie im Vorjahr pflanzen. Boden locker halten.
Direkte Bekämpfung: Befallene Pflanzen mit dem Wurzelballen sofort entfernen.

Saat- und Pflanzplan für Freiland-Gemüsebau

Gemüseart

Kresse

1 g Samen enthält	Keimfähigkeit	Keimzeit
etwa 500 Korn	3 Jahre	3 Tage

Sortenvorschlag Siehe auch "Aussaat-Übersicht" für Folgesaaten, Früh- und Spätsorten, Seite 142	Aussaatzeit	Erntezeit
– Großblättrige – Krause	ab März laufend bis in den Herbst	12–18 Tage nach Aussaat

Direktsaat aufs Beet			Setzling-Anzucht (siehe auch gleichlautenden Artikel)							Auspflanzen aufs Beet	
			Anzucht I im Frühbeet	Anzucht II in Saatschale			Anzucht III im Pflanztopf				
Tiefe cm	Reihenabstand cm	Pflanzenabstand cm	Tiefe cm	Tiefe cm	Temperatur Grad C	Pikieren in Topf Ø in cm	Topf Ø in cm	Tiefe cm	Temperatur Grad C	Reihenabstand cm	Pflanzenabstand cm
–	8										

Fruchtwechsel

Vorjahreskultur	Vorkultur	Zwischenkultur	Nachkultur
–	–	–	–

Nährwert in 100 g eßbarem Anteil

Hauptstoffe			Mineralstoffe					Vitamine				Energie	
Eiweiß g	Fett g	Kohlehyd. g	Natrium mg	Kalium mg	Calcium mg	Phosphor mg	Eisen mg	A mg	B_1 mg	B_2 mg	C mg	Joule KJ	Calorien Kcal.
4,2	1,4	4,1	5	550	214	38	2,9	2,19	0,2	0,2	0,01	192	46

Gesundheitswert (Nach Dr. med. Th. Graether, Atem-Sanatorium, Dornhan-Fürnsal)

Gutes Mittel gegen Blutarmut, Bronchitis, Hautkrankheiten. Gut für Diabetiker. Kresse wirkt harntreibend, dient zur Entschlackung des Körpers, verhilft zu gesunder Gesichtshaut und gutem Aussehen. Regt die Magensäfte an und fördert die Verdauung.

Bodenbeschaffenheit, Düngung, Bewässerung
und ergänzende Hinweise für Aussaat, Pflanzung, Schädlingsbekämpfung

Kresse gedeiht auf allen Böden. Bei Sandböden wird etwas Torf beigegeben, der zuvor gut angefeuchtet wurde. Bei Aussaaten während der Sommermonate muß man immer auf gute Bodenfeuchtigkeit achten. Düngung ist nicht erforderlich.

Sobald im März das Freiland gut abgetrocknet ist, kann mit der Aussaat begonnen werden. Dies kann breitwürfig oder in Reihen geschehen. Reihensaat hat den Vorzug der müheloseren Ernte. In beiden Fällen muß Kresse immer dicht gesät werden.

Der Samen wird nur ganz dünn mit feiner Erde abgedeckt – diese darf dabei aber nicht angedrückt werden. Kresse keimt schon bei 2 bis 4 °C Wärme.
Bei ganz frühen Aussaaten ist es vorteilhaft, wenn man das Beet mit Schlitz- oder Lochfolie versieht. Kresse kann bis zum Spätherbst ins Freiland gesät werden. In den Sommermonaten gedeiht sie jedoch nur auf schattigen Beeten.

Auch über den Winter kann man Kresse säen. Gesät wird in kleine Saatschalen oder Aussaatkistchen, die man leicht selbst herstellen kann. Die Größe der Kistchen richtet sich nach der Fensterbank, auf die man sie stellen möchte. Eine Tiefe von 3 cm ist ausreichend.

Vor der Aussaat werden die flachen Kistchen mit einem Erdgemisch von zwei Teilen Gartenerde und einem Teil Torf gefüllt, leicht angedrückt und geebnet. Den Samen streut man dicht und gleichmäßig aus, drückt ihn mit einem Holzbrettchen fest an und gießt ihn gut. Über den Samen darf keine Erde gestreut werden.

Ist die Kresse etwa 4 bis 6 cm hoch, kann sie mit einem scharfen Messer abgeschnitten werden. Da Kresse, je nach den Wärmeverhältnissen, schon nach einer Woche, längstens aber nach 2 Wochen in den kleinen Saatschalen schnittreif wird, sollte man immer wöchentlich oder zweimal wöchentlich säen, um stets frische Kresse zur Verfügung zu haben.

Saat- und Pflanzplan für Freiland-Gemüsebau

Gemüseart

Kürbis

1 g Samen enthält	Keimfähigkeit	Keimzeit
2–5 Korn	3 Jahre	7 Tage

Sortenvorschlag Siehe auch "Aussaat-Übersicht" für Folgesaaten, Früh- und Spätsorten, Seite 142	Aussaatzeit	Erntezeit
– Grüner Zentner	Mitte – Ende Mai Bei Anzucht in Töpfen: Anfang – Mitte Mai	August – Oktober

Direktsaat aufs Beet			Setzling-Anzucht (siehe auch gleichlautenden Artikel)							Auspflanzen aufs Beet	
			Anzucht I im Frühbeet	Anzucht II in Saatschale			Anzucht III im Pflanztopf				
Tiefe cm	Reihenabstand cm	Pflanzenabstand cm	Tiefe cm	Tiefe cm	Temperatur Grad C	Pikieren in Topf ∅ in cm	Topf ∅ in cm	Tiefe cm	Temperatur Grad C	Reihenabstand cm	Pflanzenabstand cm
1,5	150	100					8	1,5	18–20	150	100

Fruchtwechsel

Vorjahreskultur	Vorkultur	Zwischenkultur	Nachkultur
Bohnen Zwiebeln	Spinat Kopfsalat	Radieschen Rettiche	–

Nährwert in 100 g eßbarem Anteil

Hauptstoffe			Mineralstoffe					Vitamine				Energie	
Eiweiß g	Fett g	Kohlehyd. g	Natrium mg	Kalium mg	Calcium mg	Phosphor mg	Eisen mg	A mg	B_1 mg	B_2 mg	C mg	Joule KJ	Calorien Kcal.
1	–	4	1	270	15	30	0,6	0,230	0,05	0,05	6	85	20

Gesundheitswert (Nach Dr. med. Th. Graether, Atem-Sanatorium, Dornhan-Fürnsal)

Kürbis wirkt gegen schädliche Gewebeflüssigkeit und ist ein guter Harnsäurelöser. Er macht die Haut geschmeidiger und schließt offene Poren. Dampfgedünstet ist er mildernd und heilend für Magenkranke, Gallenleidende und Diabetiker.

Bodenbeschaffenheit, Düngung, Bewässerung
und ergänzende Hinweise für Aussaat, Pflanzung, Schädlingsbekämpfung

Kürbispflanzen sind gewaltige Zehrer. Sie benötigen viel Nährstoffe, Feuchtigkeit und Wärme. Darum ist für diese Kultur eine windgeschützte Lage zu wählen.
Mittelschwere bis leichte Gartenböden, die außerdem locker und durchlässig sind, eignen sich gut für die Kürbiskultur.
Kürbisse sind nicht selbstverträglich und dürfen nicht auf vorjährige Kürbis-, Gurken- und Zucchinibeete gesät werden.
Eine gute Pflanzengemeinschaft zu Kürbis bilden Stangenbohnen, Rosenkohl und Mais.

Vor der Aussaat streut man auf das Beet je qm 80 g organischen Volldünger, 30 g Hornspäne und 30 g Algomin und harkt dies etwa 6 cm tief ein. Darüber gibt man eine Schicht von 1 bis 2 cm 1jährigem Kompost. Ende Juni/Anfang Juli, nach dem Abernten der Zwischenkultur, wird einmal flach durchgehackt und danach mit 1jährigem Kuhmist etwa 3 bis 5 cm hoch gemulcht. Steht kein Mist zur Verfügung, kann auch bis zu 8 cm hoch mit Stroh gemulcht werden. Über den Strohmulch streut man aber zusätzlich je qm 30 g Hornspäne.
Die durch den Mulchprozeß entstehende Kohlensäure-Atmosphäre ist für das Wachstum der Kürbispflanzen mit ihren großen Blättern sehr günstig. Man muß immer auf gute Bodenfeuchtigkeit achten und möglichst mit abgestandenem Wasser gießen.

Die Aussaat ins Freiland erfolgt in Reihen, alle 20 cm ein Korn. Hier ist auf die Bodenwärme zu achten. Unter 12 °C keimt der Kürbissamen nicht.
Nach etwa 3 bis 4 Wochen, wenn die Pflänzchen groß genug sind, werden sie auf 1 m Abstand verzogen. Man muß darauf achten, daß die größten Pflanzen stehen bleiben. Die Triebe der Kürbispflanzen kann man nach 2 bis 3 Früchten entspitzen.

Schädlingsbekämpfung. Schädling: Rote Spinne.
Schadbild: Die winzig kleinen Spinnmilben leben auf der Blattunterseite und bilden ein dichtes Netz. Durch ihre Saugtätigkeit schwächen sie die Pflanzen. Bei starkem Befall stirbt das Blatt bzw. die Pflanze ab.
Vorbeugende Bekämpfung: Gute Bodenabdeckung, damit eine günstige Bodenfeuchtigkeit erhalten bleibt (Trockenheit fördert den Befall). Befallene Blätter sofort entfernen.
Direkte Bekämpfung: Spritzen oder Stäuben, vor allem die Blattunterseite, mit „Spruzit-flüssig“ oder „Spruzit-Staub“. Nicht bei Sonne spritzen.

Saat- und Pflanzplan für Freiland-Gemüsebau

Gemüseart

Lauch

1 g Samen enthält	Keimfähigkeit	Keimzeit
etwa 300 Korn	1 Jahr	12–14 Tage

Sortenvorschlag Siehe auch "Aussaat-Übersicht" für Folgesaaten, Früh- und Spätsorten, Seite 142	Aussaatzeit	Erntezeit
– Hilari – Titan } für Sommerernte – Blaugrüner Winter – für Späternte	Ende Februar – Anfang März	Ende Juli – Dezember

Direktsaat aufs Beet			Setzling-Anzucht (siehe auch gleichlautenden Artikel)							Auspflanzen aufs Beet	
			Anzucht I im Frühbeet	Anzucht II in Saatschale			Anzucht III im Pflanztopf				
Tiefe cm	Reihenabstand cm	Pflanzenabstand cm	Tiefe cm	Tiefe cm	Temperatur Grad C	Pikieren in Topf ⌀ in cm	Topf ⌀ in cm	Tiefe cm	Temperatur Grad C	Reihenabstand cm	Pflanzenabstand cm
				0,5	12–15					30	15

Fruchtwechsel

Vorjahreskultur	Vorkultur	Zwischenkultur	Nachkultur
Sellerie, Möhren Fenchel	Spinat	Sellerie	–

Nährwert in 100 g eßbarem Anteil

Hauptstoffe			Mineralstoffe					Vitamine				Energie	
Eiweiß g	Fett g	Kohlehyd. g	Natrium mg	Kalium mg	Calcium mg	Phosphor mg	Eisen mg	A mg	B_1 mg	B_2 mg	C mg	Joule KJ	Calorien Kcal.
1	–	4	3	130	50	25	0,6	0,02	0,05	0,05	17	90	22

Gesundheitswert (Nach Dr. med. Th. Graether, Atem-Sanatorium, Dornhan-Fürnsal)

Gute Wirkung bei Verdauungsstörungen, Rheumatismus, Leberleiden und Nierenkoliken. Bei Halsentzündungen mit Lauchabsud gurgeln. Sitzbäder aus Lauchabsud wirken lindernd bei Hämorrhoiden. Gegart, als Umschlag, fördert er das Reifen von Abszessen.

Bodenbeschaffenheit, Düngung, Bewässerung
und ergänzende Hinweise für Aussaat, Pflanzung, Schädlingsbekämpfung

Lauch gedeiht am besten in nahrhaftem, humosem, altbewirtschaftetem und feuchtem Gartenboden. An das Klima stellt er keine besonderen Ansprüche.

Auf das Freilandbeet gibt man je qm 80 g organischen Volldünger und eine 1 bis 2 cm starke Schicht 1½jährige Komposterde oder 1- bis 2jährigen verrotteten Kuhmist und vermischt dies etwa 5 cm tief mit der Freilanderde. Wenn Ende Juni bis Juli noch mit gut verrottetem Schweinemist oder sonstigem guten Kompost gemulcht werden kann, ergibt das schöne, dickschaftige Lauchstengel.
Bewässerung darf während der Anzucht nur mäßig und behutsam erfolgen. Im Freiland ist Gießen nur noch selten nötig.

Die Aussaat erfolgt in kleinen Saatschalen. Nicht zu dicht säen! Günstige Erdmischung hierfür: drei Teile 3jährigen Kompost, ein Teil Torf. Die Saat wird dünn mit feiner Erde abgedeckt und gut angedrückt.
Sind die Pflänzchen etwa 20 cm hoch, werden sie Ende April bis Mai ins Freiland gepflanzt. Empfehlenswert ist ein 5 bis 6 cm tiefes Setzen der Pflanzen. Dadurch erhält man einen schönen langen Schaft.
Oder man zieht gleich 10 bis 15 cm tiefe Reihen und pflanzt sie dort hinein. Im Laufe des Sommers werden die Gräben durch Hacken und Regenfälle wieder geebnet.

Vor dem Setzen werden die langen Blätter auf 12 bis 14 cm Länge zurückgeschnitten. Auch das Wurzelwerk kann man auf 3 cm kürzen.
Nach dem Setzen gießt man die Pflanzen gut an. Während der Kultur wird durchgeharkt. Durch das Anhäufeln der Lauchpflanzen etwa 6 bis 8 Wochen vor der Ernte wird ein weiteres Bleichen des Schaftes erzielt.

Schädlingsbekämpfung. Schädling: Lauchmotte.
Die Raupe der Lauchmotte frißt zuerst die Blätter, dann miniert sie Gänge bis in die Herzblätter.
Die Folge ist das Absterben der Pflanze.
Vorbeugende Bekämpfung: Mischkultur mit Möhren oder besser noch mit Sellerie.
Direkte Bekämpfung: Spritzen mit „Pyrethrum“ oder mit „Bacillus thuringiensis“.

Gemüseart

Mangold

1 g Samen enthält	Keimfähigkeit	Keimzeit
etwa 50 bis 60 Knäuel	4 Jahre	8–14 Tage

Sortenvorschlag Siehe auch "Aussaat-Übersicht" für Folgesaaten, Früh- und Spätsorten, Seite 142	Aussaatzeit	Erntezeit
– Lucullus, Blattmangold – Glatter Silber, Stielmangold	Anfang April – Anfang Mai	ab Mitte Juni

Direktsaat aufs Beet			Setzling-Anzucht (siehe auch gleichlautenden Artikel)							Auspflanzen aufs Beet	
			Anzucht I im Frühbeet	Anzucht II in Saatschale			Anzucht III im Pflanztopf				
Tiefe cm	Reihen-abstand cm	Pflanzen-abstand cm	Tiefe cm	Tiefe cm	Temperatur Grad C	Pikieren in Topf ∅ in cm	Topf ∅ in cm	Tiefe cm	Temperatur Grad C	Reihen-abstand cm	Pflanzen-abstand cm
2	30	5									

Fruchtwechsel

Vorjahreskultur	Vorkultur	Zwischenkultur	Nachkultur
Lauch Sellerie	Ackersalat	–	–

Nährwert in 100 g eßbarem Anteil

Hauptstoffe			Mineralstoffe					Vitamine				Energie	
Eiweiß g	Fett g	Kohlehyd. g	Natrium mg	Kalium mg	Calcium mg	Phosphor mg	Eisen mg	A mg	B_1 mg	B_2 mg	C mg	Joule KJ	Calorien Kcal.
2,1	0,3	2,9	90	376	103	39	2,7	3,53	0,10	0,16	39	96	23

Gesundheitswert (Nach Dr. med. Th. Graether, Atem-Sanatorium, Dornhan-Fürnsal)

Der Gesundheitswert des Mangolds wird meist zu wenig gewürdigt. Er wirkt regulierend auf den Stoffwechsel, beruhigt und stärkt Nerven und Darm. Seine leicht abführende Wirkung bringt Hilfe bei Hämorrhoiden und Hauterkrankungen.

Bodenbeschaffenheit, Düngung, Bewässerung
und ergänzende Hinweise für Aussaat, Pflanzung, Schädlingsbekämpfung

Mangold ist eine anspruchslose und robuste Pflanze. Er gedeiht auf fast allen Gartenböden und in fast allen Klimazonen. Tiefgründige, sandige Lehmböden sind jedoch besonders geeignet.
Mangold ist nicht selbstverträglich und darf erst nach 3 Jahren wieder auf das gleiche Beet gepflanzt werden. Ungeeignet sind auch Beete, auf denen im Vorjahr Rote Bete oder Spinat standen.

Um schöne, kräftige Blätter und Stiele zu ernten, muß vor der Aussaat eine 2 bis 3 cm starke Schicht 1½jährige Komposterde mit Freilanderde 5 cm tief vermischt werden oder je qm 40 g organischer Volldünger eingeharkt werden.
Während der Kulturzeit muß der Boden immer gut feucht gehalten werden. Bei gutem Humus und reichlicher Bewässerung bringen schon wenige Pflanzen eine reiche Ernte.
Beim Blattmangold der Sorte „Lucullus“ werden hauptsächlich die Blätter und bei der Sorte „Glatter Silber“ hauptsächlich die Stiele zum Kochen verwendet. Letztere Sorte benötigt etwas mehr Platz zum Wachsen.
Reihenabstand 35 bis 40 cm, Pflanzenabstand etwa 8 cm.

Die Aussaat erfolgt in 2 cm tief gezogene Reihen, gleichmäßig und dünn. Danach wird mit Erde abgedeckt und gut angegossen.
Sind die Pflänzchen in den Reihen etwa 6 bis 8 cm hoch, werden sie auf 5 bzw. 8 cm Abstand verzogen.
Nach jedem Schnitt (Ernte) wird zwischen den Reihen 5 cm tief durchgehackt. Je nach Witterung sind bis Oktober bis zu vier Ernten möglich.

Schädlingsbekämpfung. Im allgemeinen treten keine Krankheiten oder Schädlinge auf. Wenn die Kultur zu trocken gehalten wird, können Schwarze Läuse auftreten.
Vorbeugende Bekämpfung: Kultur immer feucht halten. Nützlinge wie Ohrwurm, Marienkäfer, Schwebefliege und Raubwanze schützen.
Direkte Bekämpfung: Stäuben mit „Spruzit-Staub“.

Meerrettichkultur
Meerrettich wird nicht aus Samen gezogen, sondern aus Meerrettichseitenwurzeln, die „Fechser“ genannt werden. Für den ersten Anbau besorgt man sich diese auf dem Gemüsemarkt von „Meerrettich-Frauen“ oder Gemüsehändlern, die frischen Meerrettich verkaufen. Die Fechser sind meist nur auf vorherige Bestellung erhältlich. Sie sollten mindestens 1 bis 2 cm stark und etwa 30 bis 40 cm lang sein. Für den Folgeanbau ergeben sich dann aus eigener Kultur genügend Fechser. Die günstigste Zeit für den Einkauf sind Oktober und November. Man kann die Fechser über den Winter in etwas abgedecktem Freiland, Frühbeet oder kaltem Gewächshaus einschlagen. Vor dem Einschlag schneidet man sie am unteren, dünneren Ende mit einem scharfen Messer schräg ab. Dadurch sind später beim Setzen der Wurzelfuß und Wurzelkopf sicher zu erkennen. Die Fechser werden mit einem groben Tuch so abgerieben, daß nur am Kopf und Fuß der Fechser Augen zur späteren Blatt- und Wurzelbildung stehen bleiben.

Klima, Bodenbeschaffenheit, Düngung. Meerrettich stellt an das Klima keine besonderen Ansprüche und gedeiht auch in schattiger Lage. Er liebt guten Boden. Je nährstoffreicher der Boden ist, desto günstiger wirkt sich das auf Größe und Güte der Stangen aus. Am geeignetsten ist lehmiger, humoser, feuchter, tiefgründiger Sandboden. Bei schweren Böden mischt man reichlich Flußsand bei, damit der Boden lockerer und leichter zu bearbeiten ist. Das letztere ist für das Stecken der Fechser und für die Kulturpflege sehr wichtig. Der ungewöhnliche Stickstoffbedarf der Meerrettichkultur ist zu berücksichtigen. Wenn Kuhmist verfügbar ist, sollte man diesen im Spätjahr etwa 10 cm hoch auf das Beet bringen, auf das im folgenden März die Meerrettichfechser gepflanzt werden. Andernfalls sind dem Erdhügel etwas Hornspäne oder Hornmehl beizumischen. Für guten Kompost, besonders Regenwurmkompost, ist der Meerrettich dankbar.

Fruchtwechsel, Vorkultur, Zwischenkultur. Meerrettich gehört auch beim biologischen Gemüsebau noch zu den Gemüsen, die Fruchtwechsel erfordern. Er darf nur alle 4 Jahre auf das gleiche Beet gepflanzt werden. Als Vorkultur sind günstig: Erbsen, Bohnen, Tomaten, Gurken und alle Kohlarten. Als Zwischenfrucht: Kopfsalat und Kohlrabi.

Meerrettich pflanzen, pflegen und ernten. Die Meerrettichfechser werden im März gepflanzt. Herbstpflanzung ist auch möglich, aber weniger ratsam. Zum Pflanzen der Fechser ist ein etwa 30 cm hoher und 50 cm breiter Erdhügel erforderlich. In diesen sind die Fechser wechselseitig in Schräglage und einem Winkel von etwa 30° so weit hineinzustecken, daß die Fechserköpfe 3 bis 5 cm unterhalb der Bodenoberfläche zu liegen kommen (siehe nebenstehende Abbildung).
Zum Vorstecken der Fechser-Einstecklöcher verwendet man einen entsprechend starken und etwas zugespitzten Rundholzstab. Der Boden ist nach dem Einstecken und Abdecken der Fechser mit Erde gut feucht zu halten. Stauende Nässe darf aber nicht aufkommen. Etwa Mitte Mai, Mitte Juli und Mitte September wird der Boden leicht durchgeharkt, ohne daß dabei die Wurzeln beschädigt werden. Sind die Meerrettichblätter

etwa 10 cm lang, ist auf das rechtzeitige Ausgeizen zu achten. Um das Ausbilden mehrköpfiger Stangen zu verhindern, darf je Stange immer nur ein Blatttrieb stehen bleiben.
Mitte Juni, wenn sich die Fechser schon etwas entwickelt haben, legt man diese bloß, indem man die Spitze des Erdhügels vorsichtig abhebt, ohne die Stangen zu beschädigen. Nun werden von jeder Stange mit einem scharfen Messer alle Seitenwurzeln – bis auf die am unteren Ende – glatt an der Hauptstange abgeschnitten. Die feineren Würzelchen reibt man mit einem gröberen Tuch ab. Man erreicht dadurch schöne und gleichmäßige Meerrettichstangen. Die Stangen werden samt den Blättern in gleicher Schräglage wieder in den Hügel eingebracht und mit der vorher abgehobenen Erde neu eingedeckt. Danach müssen sie gut begossen werden. Diese Arbeit darf man nur bei trübem, regnerischem Wetter ausführen, also niemals an sonnigen, heißen Tagen, damit die Pflanzen nicht zu welken beginnen. Wenn das Meerrettichlaub Ende Oktober/Anfang November abzusterben beginnt, sollte man den Meerrettich ernten.
Die über den Stangen liegende Erde wird vorsichtig abgehoben, das Laub nicht abgeschnitten, sondern achtsam abgedreht, und die Fechser für die nächstjährige Pflanzung mit einem scharfen Messer an der Stange glatt abgeschnitten. Sie werden so behandelt wie die gekauften Fechser.
Zum laufenden Verbrauch können die Meerrettichstangen im etwas mit Erde abgedeckten Freiland, kalten Gewächshaus, Folienhaus oder Frühbeet eingeschlagen werden.

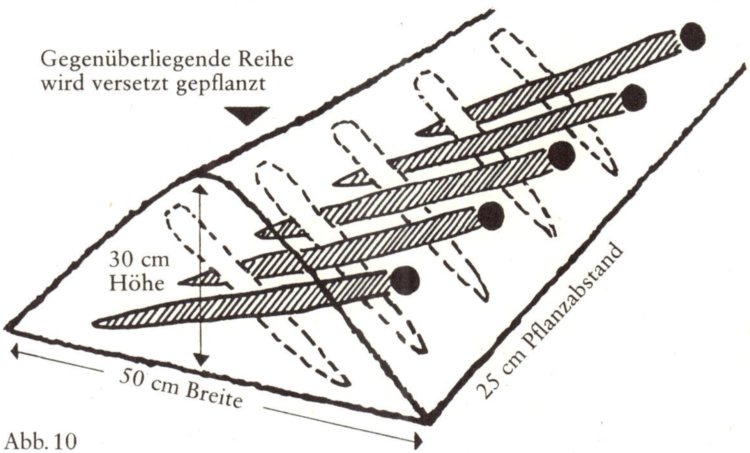

Abb. 10

Saat- und Pflanzplan für Freiland-Gemüsebau

Gemüseart

Möhre

1 g Samen enthält	Keimfähigkeit	Keimzeit
etwa 700 Korn	3 Jahre	15–20 Tage

Sortenvorschlag Siehe auch "Aussaat-Übersicht" für Folgesaaten, Früh- und Spätsorten, Seite 142	Aussaatzeit	Erntezeit
– Gonsenheimer Treib – Rothild – Nantaise	Anfang März – April April – Mitte Mai April – Anfang Juli	Anfang Juli – Ende Oktober

Direktsaat aufs Beet			Setzling-Anzucht (siehe auch gleichlautenden Artikel)							Auspflanzen aufs Beet	
			Anzucht I im Frühbeet	Anzucht II in Saatschale			Anzucht III im Pflanztopf				
Tiefe cm	Reihenabstand cm	Pflanzenabstand cm	Tiefe cm	Tiefe cm	Temperatur Grad C	Pikieren in Topf Ø in cm	Topf Ø in cm	Tiefe cm	Temperatur Grad C	Reihenabstand cm	Pflanzenabstand cm
1	25	2–3									

Fruchtwechsel

Vorjahreskultur	Vorkultur	Zwischenkultur	Nachkultur
Wirsing Weißkohl	–	Radieschen Spinat	Endivien bei Möhren-Frühsaat

Nährwert in 100 g eßbarem Anteil

Hauptstoffe			Mineralstoffe					Vitamine				Energie	
Eiweiß g	Fett g	Kohlehyd. g	Natrium mg	Kalium mg	Calcium mg	Phosphor mg	Eisen mg	A mg	B_1 mg	B_2 mg	C mg	Joule KJ	Calorien Kcal.
1	–	6	35	235	30	25	0,6	1,1	0,05	0,05	5	120	29

Gesundheitswert (Nach Dr. med. Th. Graether, Atem-Sanatorium, Dornhan-Fürnsal)

Hilfreich bei Anämie und Wachstumsschäden. Stärkungsmittel für Kinder und ältere Menschen. Geriebene Möhren regulieren die Darmfunktion sowohl bei Durchfall als auch bei Verstopfung. Gut für Leber- und Gallenstörungen, Rheuma, Arthritis und Gicht.

Bodenbeschaffenheit, Düngung, Bewässerung
und ergänzende Hinweise für Aussaat, Pflanzung, Schädlingsbekämpfung

Die Möhre ist eine sehr licht- und lufthungrige Pflanze. Daher darf sie nicht an schattigen Plätzen angebaut werden. Die Möhre ist auch empfindlich gegen Nässestau und bevorzugt humose und sandige Lehmböden. Sie ist nicht selbstverträglich und darf nicht auf vorjährige Möhrenbeete gesät werden. Das gleiche gilt auch für vorjährige Sellerie-, Fenchel-, Petersilien- und Dillbeete.

Zur Düngung darf man keinen frischen Stallmist verwenden. Bei schweren Böden muß ausreichend Flußsand zugemischt werden.
Vor der Aussaat arbeitet man etwa 20 g organischen Volldünger je qm und 2 cm 3jährigen Kompost etwa 5 cm tief ein.
Bewässerung ist nur in sehr trockenen Jahren erforderlich, und dann darf nur in den Abendstunden gegossen werden.

Bei der Aussaat ist darauf zu achten, daß der Samen fest angedrückt wird. Dazu eignet sich am besten ein selbst angefertigtes Andrückbrett, 30 × 40 cm, mit einem Haltegriff.
Sind die Pflanzen etwa 5 bis 8 cm hoch, werden sie auf 2 bis 3 cm Abstand verzogen.
Zwischen den Reihen lockert man den Boden immer wieder 2 bis 3 cm tief auf.
Dies ist besonders nach Gewitterregen sehr wichtig.

Schädlingsbekämpfung. Schädling: Möhrenfliege.
Diese legt ihre Eier an den Wurzelhals der Jungpflanzen. Die Maden dringen in die Möhre ein und hinterlassen mit Kot gefüllte Gänge.
Vorbeugende Abwehr: Frühe Saat (März bis April) oder späte Saat im Juli. Offene, windige Lagen wählen. Mischkultur mit Schnittlauch und Zwiebeln. Anhäufeln der Möhren mit Flußsand etwa 2 bis 3 cm hoch. Farnkraut, Dill oder Lavendel zwischen die Saatreihen legen.
Ab Mitte Mai bis Ende Juni in zweiwöchigen Abständen die Saat- bzw. Pflanzreihen mit „Etermut“ überstäuben.

Saat- und Pflanzplan für Freiland-Gemüsebau

Gemüseart

Neuseeländer Spinat

1 g Samen enthält	Keimfähigkeit	Keimzeit
etwa 10–16 Korn	2 Jahre	20–25 Tage

Sortenvorschlag Siehe auch "Aussaat-Übersicht" für Folgesaaten, Früh- und Spätsorten, Seite 142	Aussaatzeit	Erntezeit
– Tetragonia	März – April	Juni – Anfang Oktober

Direktsaat aufs Beet			Setzling-Anzucht (siehe auch gleichlautenden Artikel)							Auspflanzen aufs Beet	
			Anzucht I im Frühbeet	Anzucht II in Saatschale			Anzucht III im Pflanztopf				
Tiefe cm	Reihenabstand cm	Pflanzenabstand cm	Tiefe cm	Tiefe cm	Temperatur Grad C	Pikieren in Topf Ø in cm	Topf Ø in cm	Tiefe cm	Temperatur Grad C	Reihenabstand cm	Pflanzenabstand cm
1	100	100					8	0,5	20–25	100	100

Fruchtwechsel

Vorjahreskultur	Vorkultur	Zwischenkultur	Nachkultur
Möhren	Kopfsalat Radieschen	–	–

Nährwert in 100 g eßbarem Anteil

Hauptstoffe			Mineralstoffe					Vitamine				Energie	
Eiweiß g	Fett g	Kohlehyd. g	Natrium mg	Kalium mg	Calcium mg	Phosphor mg	Eisen mg	A mg	B_1 mg	B_2 mg	C mg	Joule KJ	Calorien Kcal.
2,5	0,3	3,4	65	633	126	55	4,1	4,2	0,11	0,23	52	109	26

Gesundheitswert (Nach Dr. med. Th. Graether, Atem-Sanatorium, Dornhan-Fürnsal)

Neuseeländer Spinat enthält Eisen, Provitamin A, Vitamin B 1, B 2, B 12, Vitamin C, Vitamin E und K. Außerdem Magnesium, Jod und Kobalt. Vitamin B 12 ist für die Bildung der roten Blutkörperchen wichtig. Vitamin E ist das Fruchtbarkeitsvitamin.

Bodenbeschaffenheit, Düngung, Bewässerung
und ergänzende Hinweise für Aussaat, Pflanzung, Schädlingsbekämpfung

Neuseeländer Spinat verlangt humosen, tief gelockerten Lehmboden mit alter Dungkraft. Trockene, sandige Böden sagen ihm nicht zu. Er braucht Wärme und Feuchtigkeit und gedeiht auch noch gut im Halbschatten. Häufig wird Neuseeländer Spinat auf ältere Komposthaufen gepflanzt. Dort wächst er zügig heran und beschattet gleichzeitig die Komposterde.

Vor dem Setzen der Pflanzen bringt man auf das Freilandbeet möglichst 3 cm hoch alte Komposterde. Darüber gibt man noch je qm 60 g organischen Volldünger und harkt alles zusammen 10 cm tief ein. Während der Kultur muß oft bewässert und der Boden von Zeit zu Zeit etwas aufgelockert werden.

Ab März gibt man in Wasser etwas aufgequollene große Samenkörner, zu jeweils drei Stück, in 8 cm große Tontöpfe und stellt diese am warmen Fenster auf. Die Temperatur darf bis zu 25 °C betragen. Die Saat wird mit angewärmtem Wasser gut feucht gehalten. Neuseeländer Spinat liebt Wärme und Feuchtigkeit.
Die Keimung erfolgt nach 15 bis 20 Tagen, gegebenenfalls auch nach 30 Tagen. Den kräftigsten Keimling läßt man im Topf stehen und bringt die Pflanzen nicht vor Ende April ins Freiland, weil sie sehr frostempfindlich sind.
Leichter Frühfrost im Herbst schadet den Pflanzen weniger.

Bei Direktsaat ins Freiland, April bis Mai, legt man in die Reihe alle 20 cm ein Korn und verzieht die Pflanzen später auf 80 bis 100 cm.

Bei guter Pflege dauert die Ernte von Juni bis Oktober.
Für eine vierköpfige Familie benötigt man etwa sechs Pflanzen, die am Boden kriechend 1 m und auch noch länger werden können. Es werden nicht nur die Blätter zur laufenden Ernte von den Stengeln gezupft, sondern man kann auch die Seitentriebspitzen auf Handlänge abschneiden.

Saat- und Pflanzplan für Freiland-Gemüsebau

Gemüseart

Paprika

1 g Samen enthält	Keimfähigkeit	Keimzeit
etwa 150 Korn	2 Jahre	10–16 Tage

Sortenvorschlag Siehe auch "Aussaat-Übersicht" für Folgesaaten, Früh- und Spätsorten, Seite 142	Aussaatzeit	Erntezeit
– Neusiedler Ideal, gelbgrüne Früchte, in reifem Zustand rotfärbend	Ende Februar – Anfang März	August – Oktober

Direktsaat aufs Beet			Setzling-Anzucht (siehe auch gleichlautenden Artikel)							Auspflanzen aufs Beet	
			Anzucht I im Frühbeet	Anzucht II in Saatschale			Anzucht III im Pflanztopf				
Tiefe cm	Reihenabstand cm	Pflanzenabstand cm	Tiefe cm	Tiefe cm	Temperatur Grad C	Pikieren in Topf ∅ in cm	Topf ∅ in cm	Tiefe cm	Temperatur Grad C	Reihenabstand cm	Pflanzenabstand cm
				0,5	20–22	8	8	0,5	20	60	40

Fruchtwechsel

Vorjahreskultur	Vorkultur	Zwischenkultur	Nachkultur
Tomaten Gurken, Kohl	Kohlrabi Rettiche	Radieschen	–

Nährwert in 100 g eßbarem Anteil

Hauptstoffe			Mineralstoffe					Vitamine				Energie	
Eiweiß g	Fett g	Kohlehyd. g	Natrium mg	Kalium mg	Calcium mg	Phosphor mg	Eisen mg	A mg	B_1 mg	B_2 mg	C mg	Joule KJ	Calorien Kcal.
1	–	4	1	165	9	29	0,6	0,23	0,05	0,05	107	90	22

Gesundheitswert (Nach Dr. med. Th. Graether, Atem-Sanatorium, Dornhan-Fürnsal)

Neben Petersilie und Kresse haben Paprikaschoten den höchsten Gehalt an Vitamin C. Paprika ist reich an Karotin und „Capsaicin", einem hautrötenden Alkaloid, das in vielen Heilsalben gegen Hexenschuß, Rheumatismus und Neuralgien enthalten ist.

Bodenbeschaffenheit, Düngung, Bewässerung
und ergänzende Hinweise für Aussaat, Pflanzung, Schädlingsbekämpfung

Paprika ist eine Gemüsepflanze, die sehr viel Wärme und Licht benötigt. Die Tagestemperatur sollte nicht unter 18 °C und die Nachttemperatur nicht unter 14 °C absinken. Der Standort sollte möglichst windgeschützt gewählt werden.
Fehlen diese Voraussetzungen oder hat man nicht die Möglichkeit, auf ein Gewächshaus oder Folienhaus auszuweichen, sollte man auf die Paprikakultur verzichten.

Paprika liebt einen humusreichen, lockeren und durchlässigen Boden. In schweren Böden (Lehm, Mergel) wächst kein Paprika.
Zur Aufbesserung des Freilandbeetes eignet sich am besten 1½- bis 2jähriger Kompost, der etwa 2 bis 3 cm hoch aufgebracht wird. Darüber streut man je qm 30 g organischen Volldünger und vermischt beides 5 bis 8 cm tief mit der Freilanderde. Anstelle von Komposterde kann auch eine 2 bis 3 cm starke Schicht Torf-Sand-Gemisch, im Verhältnis 2 : 1, aufgebracht werden. In diesem Fall gibt man je qm 80 g organischen Volldünger darüber und harkt beides zusammen 5 bis 8 cm tief ein.

Paprika darf nicht vor Ende Mai ausgepflanzt werden, weil die Bodentemperatur vor dieser Zeit meist noch zu niedrig ist. Anfang Juli oder nach Abernten der Zwischenkultur wird das Beet einmal flach, 3 cm tief, durchgehackt und anschließend mit 1jährigem Kuhmist, 3 cm stark, gemulcht.

Die erste Blüte, die zwischen den zwei Haupttrieben erscheint, muß ausgebrochen werden, damit die Pflanze in ihrem Wachstum nicht gehemmt wird. Fallen die Blüten von selbst ab, liegt die Ursache in zu trockenem Boden oder in zu niedriger Temperatur (unter 10 °C).

Schädlingsbekämpfung. Schädling: Blattlaus.
Schadbild: Blatt- und Triebverformungen. Honigtau auf den Blättern. Später werden diese Blätter schwarz durch Rußtau, der sich darauf ausbreitet. Auch Viruskrankheiten werden durch Läuse übertragen und können die Pflanze dadurch sehr schwächen.
Vorbeugende Abwehr: Immer auf gute Bodenfeuchtigkeit achten. Stäuben mit Gesteinsmehl, Asche oder Algenstaub. Schonung der natürlichen Feinde wie Marienkäfer und dessen Larven, Raubwanzen und Ohrwurm.
Direkte Bekämpfung: Stäuben oder Spritzen mit „Spruzit-Staub“ oder „Spruzit-flüssig“.

Saat- und Pflanzplan für Freiland-Gemüsebau

Gemüseart

Petersilie

1 g Samen enthält	Keimfähigkeit	Keimzeit
etwa 800 Korn	2 Jahre	12–18 Tage

Sortenvorschlag	Aussaatzeit	Erntezeit
Siehe auch "Aussaat-Übersicht" für Folgesaaten, Früh- und Spätsorten, Seite 142		
– Mooskrause – Grüne Perle – Einfache Schnitt	Mitte März – Juni	Juni – Oktober

Direktsaat aufs Beet			Setzling-Anzucht (siehe auch gleichlautenden Artikel)							Auspflanzen aufs Beet	
			Anzucht I im Frühbeet	Anzucht II in Saatschale			Anzucht III im Pflanztopf				
Tiefe cm	Reihenabstand cm	Pflanzenabstand cm	Tiefe cm	Tiefe cm	Temperatur Grad C	Pikieren in Topf Ø in cm	Topf Ø in cm	Tiefe cm	Temperatur Grad C	Reihenabstand cm	Pflanzenabstand cm
0,5	20	1									

Fruchtwechsel

Vorjahreskultur	Vorkultur	Zwischenkultur	Nachkultur
Erbsen Bohnen	–	Radieschen	im 2. Jahr ab Juni Zichoriensalat Zuckerhut

Nährwert in 100 g eßbarem Anteil

Hauptstoffe			Mineralstoffe					Vitamine				Energie	
Eiweiß g	Fett g	Kohlehyd. g	Natrium mg	Kalium mg	Calcium mg	Phosphor mg	Eisen mg	A mg	B_1 mg	B_2 mg	C mg	Joule KJ	Calorien Kcal.
3	–	6	20	600	145	75	4,8	0,73	0,10	0,20	100	155	37

Gesundheitswert (Nach Dr. med. Th. Graether, Atem-Sanatorium, Dornhan-Fürnsal)

Petersilie wirkt appetitanregend, harntreibend und antiseptisch für Blut- und Verdauungstrakt. Heilt als Umschlag Insektenstiche, Hautschürfungen und verhindert Schwellungen. Für beide Geschlechter hat das vorhandene Fruchtbarkeitsvitamin besondere Bedeutung.

Bodenbeschaffenheit, Düngung, Bewässerung
und ergänzende Hinweise für Aussaat, Pflanzung, Schädlingsbekämpfung

Tiefgründige, feuchte, humose Lehmböden sagen der Petersilie am besten zu. Sie wächst auch noch gut im Halbschatten.
Man darf sie nicht auf Beete säen, auf denen im Vorjahr Möhren, Sellerie, Fenchel oder Dill standen. Auch die Nachbarschaft von Kopfsalat wirkt sich ungünstig aus. Das Wachstum der Petersilie wird durch die Nachbarschaft von Zwiebeln, Rettichen und Tomaten günstig beeinflußt.

Vor der Aussaat gibt man je qm 80 g Urgesteinsmehl und eine 2 cm starke Schicht 2jährigen Kompost auf das Freilandbeet und harkt dies 5 cm tief ein. Auf sonstige Düngung kann verzichtet werden, weil im Kompost ausreichend Phosphor und Kali vorhanden sind.
Bei Petersilie darf keine Stickstoffdüngung vorgenommen werden!

Zur Aussaat in Reihen sollte der Boden trocken und feinkrümelig sein. Die Saat wird leicht abgedeckt und etwas angedrückt.
Bewässerung ist im frühen Stadium sehr wichtig. Nach dem ersten Regen muß auf ständig feuchten Boden geachtet werden, denn schon einmaliges Austrocknen während der Keimung stellt die ganze Aussaat in Frage. Nach dem ersten Schnitt ist weiteres Gießen nicht mehr erforderlich.
Der Boden muß frühzeitig gelockert und etwa 2 bis 3 cm tief geharkt werden. Auch während der Kulturzeit wird des öfteren durchgeharkt.

Bei Junisaat treten kaum Vergilbungen auf, und im Folgejahr kann dann schon sehr früh Petersilie geerntet werden.

Schädlingsbekämpfung. Schädling: Nematoden (Älchen, Fadenwürmer).
Schadbild: Zunächst wird das Laub gelb, und nachdem die Wurzeln von Nematoden befallen sind und faulen, geht die Pflanze ein.
Vorbeugende Bekämpfung: Fruchtwechsel beachten, keine Stickstoffdüngung, Vor- und Zwischenkultur mit der Gartenblume „Tagetes putula nana“, Nachkultur mit Zichoriensalat.

Saat- und Pflanzplan für Freiland-Gemüsebau

Gemüseart

Pflücksalat

1 g Samen enthält	Keimfähigkeit	Keimzeit
etwa 700 Korn	3 Jahre	6–8 Tage

Sortenvorschlag Siehe auch "Aussaat-Übersicht" für Folgesaaten, Früh- und Spätsorten, Seite 142	Aussaatzeit	Erntezeit
– Australischer gelber	April – August	6–8 Wochen nach Aussaat

Direktsaat aufs Beet			Setzling-Anzucht (siehe auch gleichlautenden Artikel)							Auspflanzen aufs Beet	
			Anzucht I im Frühbeet	Anzucht II in Saatschale			Anzucht III im Pflanztopf				
Tiefe cm	Reihenabstand cm	Pflanzenabstand cm	Tiefe cm	Tiefe cm	Temperatur Grad C	Pikieren in Topf ∅ in cm	Topf ∅ in cm	Tiefe cm	Temperatur Grad C	Reihenabstand cm	Pflanzenabstand cm
1	15	15									

Fruchtwechsel

Vorjahreskultur	Vorkultur	Zwischenkultur	Nachkultur
Kohl, Gurken Tomaten	Ackersalat Spinat	Kohlrabi Rettiche	Endivien Zichoriensalat Zuckerhut

Nährwert in 100 g eßbarem Anteil

Hauptstoffe			Mineralstoffe					Vitamine				Energie	
Eiweiß g	Fett g	Kohlehyd. g	Natrium mg	Kalium mg	Calcium mg	Phosphor mg	Eisen mg	A mg	B_1 mg	B_2 mg	C mg	Joule KJ	Calorien Kcal.

Gesundheitswert (Nach Dr. med. Th. Graether, Atem-Sanatorium, Dornhan-Fürnsal)

Für den Pflücksalat liegen noch keine genauen Angaben über Nährwerte und Gesundheitswerte vor. Diese dürften jedoch ziemlich nahe bei denen des Kopfsalates liegen.

Bodenbeschaffenheit, Düngung, Bewässerung
und ergänzende Hinweise für Aussaat, Pflanzung, Schädlingsbekämpfung

Pflücksalat wächst am besten in humosen, lockeren und feuchten Böden. Trockene und sandige Böden können vor der Aussaat mit einem Kompost-Torfgemisch (Kompost 2jährig) im Verhältnis 4 : 1 verbessert werden. Meist genügt eine 2 bis 3 cm starke Schicht, die man etwa 3 bis 5 cm tief einharkt.
Ansonsten genügt eine leichte Stickstoffdüngung mit 20 g Hornspänen je qm. Auch dieser Dünger wird leicht eingeharkt.

Pflücksalat eignet sich gut als Zwischenfruchtpflanze bei allen Kohlgewächsen, auch bei Chinakohl.
Er hält den Erdfloh fern. Auch als Lückenfüller im Garten hat sich dieser Salat wegen seiner kurzen Entwicklungszeit gut bewährt.

Die Aussaat erfolgt in Reihen mit etwa 15 cm Reihenabstand.
Sind die Keimlinge etwa 5 bis 6 cm hoch, sind die Pflanzen in der Reihe auf 15 cm Abstand zu verziehen.
Die verzogenen Pflanzen können an anderer Stelle wieder gepflanzt werden.
Während der ganzen Kultur ist der Boden immer feucht und locker zu halten. Windgeschützte Lagen müssen gemieden werden.

Pflücksalat ist ein Salat, der rasch schießt. Er bildet 40 bis 60 cm hohe Stengel, von denen man die Blätter von unten nach oben abpflückt.

Pflanzenschutz. Schädling: Blattlaus.
Schadbild: An jungen Trieben bilden sich an der Blattunterseite ganze Kolonien von Läusen, die der Pflanze Nährstoffe entziehen. Dadurch wird die Pflanze geschwächt, die Blätter verformen sich. Bei starkem Befall geht die Pflanze ein.
Vorbeugende Bekämpfung: Ausknipsen der befallenen Blätter. Auf gute Bodenfeuchtigkeit achten.
Schonung der Nützlinge wie Marienkäfer, Ohrwurm und Raubwanze.
Direkte Bekämpfung: Spritzen mit „Pyrethrum“ oder Stäuben mit „Spruzit-Staub“.

Saat- und Pflanzplan für Freiland-Gemüsebau

Gemüseart

Radieschen

1 g Samen enthält	Keimfähigkeit	Keimzeit
etwa 700 Korn	3 Jahre	4–8 Tage

Sortenvorschlag
Siehe auch "Aussaat-Übersicht" für Folgesaaten, Früh- und Spätsorten, Seite 142

– Hilmar
– Neckarperle
– Sora

Aussaatzeit	Erntezeit
März – Mai	Mitte April – Juni
Mai – September	Juni – Oktober

Direktsaat aufs Beet			Setzling-Anzucht (siehe auch gleichlautenden Artikel)							Auspflanzen aufs Beet	
			Anzucht I im Frühbeet	Anzucht II in Saatschale			Anzucht III im Pflanztopf				
Tiefe cm	Reihenabstand cm	Pflanzenabstand cm	Tiefe cm	Tiefe cm	Temperatur Grad C	Pikieren in Topf ∅ in cm	Topf ∅ in cm	Tiefe cm	Temperatur Grad C	Reihenabstand cm	Pflanzenabstand cm
0,3	12	8									

Fruchtwechsel

Vorjahreskultur	Vorkultur	Zwischenkultur	Nachkultur
Spinat	Kopfsalat	–	Chinakohl

Nährwert in 100 g eßbarem Anteil

Hauptstoffe			Mineralstoffe					Vitamine				Energie	
Eiweiß g	Fett g	Kohlehyd. g	Natrium mg	Kalium mg	Calcium mg	Phosphor mg	Eisen mg	A mg	B_1 mg	B_2 mg	C mg	Joule KJ	Calorien Kcal.
1	–	2	10	160	20	15	0,9	0,003	0,02	0,02	18	50	12

Gesundheitswert (Nach Dr. med. Th. Graether, Atem-Sanatorium, Dornhan-Fürnsal)

Alle Retticharten, so auch Radieschen, sind reich an Vitamin C. Sie enthalten außerdem Schwefel, Magnesium und Phosphor. Gut bei Erkrankung der Atemwege, chronischer Bronchitis und Diabetes. Harntreibend.

Bodenbeschaffenheit, Düngung, Bewässerung
und ergänzende Hinweise für Aussaat, Pflanzung, Schädlingsbekämpfung

Auf lockeren Humusböden gedeihen Radieschen am besten.
Bei normalen und schweren Gartenböden ist ein Torf-Sand-Gemisch, im Verhältnis 2:1, beizugeben.
Je nach Bodenart genügt eine Schicht von 1 bis 3 cm, die etwa 6 cm tief eingeharkt wird.
Der Torf für das Torf-Sand-Gemisch muß vorher gut angefeuchtet werden.
Während der Kultur wird das Radieschenbeet immer gleichmäßig feucht gehalten,
denn Feuchtigkeitsschwankungen ergeben Platzer.
Aufgrund der kurzen Entwicklungszeit von nur 4 bis 6 Wochen, je nach Jahreszeit, eignen sich Radieschen gut als Zwischenkulturpflanzen.

Die Aussaat erfolgt in Reihen, die nicht enger als 12 cm sein sollten. Der Samen wird nur leicht abgedeckt.
Zu tiefe Saat ergibt unförmige Radieschen, das bedeutet schmale, lange Knollen.
Sind die Keimblätter gut entwickelt, verzieht man die Pflänzchen in der Reihe auf 6 bis 8 cm. Die stärksten Sämlinge läßt man stehen. Auf keinen Fall darf man sie enger als 6 cm belassen, weil sonst Schosserbildung eintritt und dadurch keine Knollenbildung erfolgt.

Schädlingsbekämpfung. Schädling: Schnecken und Erflöhe.
Schnecken fressen Löcher in die Radieschenknollen.
Vorbeugende Bekämpfung:
- Bodenabdeckung mit Farnkraut;
- Radieschenpflanzen mit Algomin oder Gesteinsmehl bestäuben;
- Bretter, Pappe oder große Blätter auslegen und Schnecken, die sich tagsüber darunter verkriechen, einsammeln;
- Schneckenzaun um das Beet anlegen;
- Joghurtbecher ebenerdig eingraben und halb mit frischem Bier füllen.

Erdflöhe fressen gerne Löcher in Keimblätter und spätere Pflanzen.
Vorbeugende Bekämpfung:
- Mischkultur mit Schnittsalat oder Spinat;
- taunasse Pflanzen mit Algomin oder Gesteinsmehl bestäuben.

Direkte Bekämpfung: Stäuben mit „Spruzit-Staub“.

Gemüseart

Rettich

1 g Samen enthält	Keimfähigkeit	Keimzeit
etwa 120 Korn	4 Jahre	4–8 Tage

Sortenvorschlag Siehe auch "Aussaat-Übersicht" für Folgesaaten, Früh- und Spätsorten, Seite 142	Aussaatzeit	Erntezeit
– Frühlingsgruß rosa – Roter Neckarruhm – Pax, langer weißer	Ende März – Ende Mai Anfang Mai – Juli	Mai – Juli Juli – September

Direktsaat aufs Beet			Setzling-Anzucht (siehe auch gleichlautenden Artikel)							Auspflanzen aufs Beet	
			Anzucht I im Frühbeet	Anzucht II in Saatschale			Anzucht III im Pflanztopf				
Tiefe cm	Reihenabstand cm	Pflanzenabstand cm	Tiefe cm	Tiefe cm	Temperatur Grad C	Pikieren in Topf Ø in cm	Topf Ø in cm	Tiefe cm	Temperatur Grad C	Reihenabstand cm	Pflanzenabstand cm
1,5	20	20									

Fruchtwechsel

Vorjahreskultur	Vorkultur	Zwischenkultur	Nachkultur
Lauch Sellerie	Spinat Kopfsalat	–	Endivien, Kopfsalat Ackersalat

Nährwert in 100 g eßbarem Anteil

Hauptstoffe			Mineralstoffe					Vitamine				Energie	
Eiweiß g	Fett g	Kohlehyd. g	Natrium mg	Kalium mg	Calcium mg	Phosphor mg	Eisen mg	A mg	B_1 mg	B_2 mg	C mg	Joule KJ	Calorien Kcal.
1	–	3	15	245	25	20	0,6	0,001	0,05	0,02	22	65	15

Gesundheitswert (Nach Dr. med. Th. Graether, Atem-Sanatorium, Dornhan-Fürnsal)

Alle Rettiche, besonders aber der Schwarze Rettich, enthalten viel Vitamin B und C. Außerdem Schwefel und Magnesium. Gut bei Erkrankung der Atemwege, Bronchitis und bei Diabetes. Er wirkt harntreibend und heilend bei Blasenkrankheiten.

Bodenbeschaffenheit, Düngung, Bewässerung
und ergänzende Hinweise für Aussaat, Pflanzung, Schädlingsbekämpfung

Kühler, feuchter und halbschattiger Standort sagt dem Rettich am besten zu. Er liebt tief gelockerten Boden mit alter Dungkraft. Es darf kein frischer Mist oder frischer Kompost beigegeben werden.
Bei schweren Lehmböden muß unbedingt eine 2 bis 3 cm starke Schicht Flußsand 5 bis 6 cm tief eingearbeitet werden. Sandböden können mit einem Gemisch aus alter Komposterde und Torf, im Verhältnis 1 : 1, verbessert werden.
Vor der Aussaat vermischt man je qm 20 g organischen Volldünger und 10 g Holzasche etwa 8 cm tief mit der Erde.

Die Aussaat erfolgt ab Ende März, sobald das Freilandbeet abgetrocknet ist. Man sät gleichmäßig und dünn in Reihen aus. Der Samen wird etwa 1 cm hoch abgedeckt und anschließend gut gegossen. Sind kalte Nächte zu erwarten, ist es vorteilhaft, das Beet mit einer Schlitzfolie zu überspannen.
Nachdem das dritte Blatt entwickelt ist, wird auf 20 cm Abstand verzogen. Es ist darauf zu achten, daß die kräftigsten Pflänzchen stehen bleiben.
Man kann den Rettichsamen auch einzeln (besser sind zwei Körner) gleich im richtigen Abstand auslegen (stupfen). Hat man zwei Körner ausgelegt, läßt man, nach guter Entwicklung der Keimblätter, nur den kräftigsten Sämling stehen.
Der Boden ist durch öfteres flaches Hacken immer gut luftig zu halten.

Das Wachstum des Rettichs wird günstig beeinflußt durch die Nachbarschaft von Spinat, Rote Bete, Tomaten, Erbsen und allen Kohlarten.
Ungünstig ist die Nachbarschaft von Zwiebeln und Gurken.

Man sollte frühzeitig ernten und nicht warten, bis die ersten Blätter gelb werden.
Spätes Ernten ergibt hohle oder pelzige Rettiche.

Schädlingsbekämpfung. Schädling: Rettichfliege.
Schadbild: Die Maden dieser Fliegen zerfressen die Wurzeln von außen nach innen.
Im fortgeschrittenen Stadium verfault der Rettich.
Vorbeugende Bekämpfung: Ab Ende April bis Juni die Pflanzen, vor allem am Wurzelhals, mindestens einmal wöchentlich mit „Spruzit-Staub“ stäuben.

Gemüseart

Rosenkohl

1 g Samen enthält	Keimfähigkeit	Keimzeit
etwa 350 Korn	3 Jahre	6–8 Tage

Sortenvorschlag Siehe auch "Aussaat-Übersicht" für Folgesaaten, Früh- und Spätsorten, Seite 142	Aussaatzeit	Erntezeit
– Harola – Ideal – Citadel	Mitte April – Ende April	Mitte September – Dezember

Direktsaat aufs Beet			Setzling-Anzucht (siehe auch gleichlautenden Artikel)							Auspflanzen aufs Beet	
			Anzucht I im Frühbeet	Anzucht II in Saatschale			Anzucht III im Pflanztopf				
Tiefe cm	Reihenabstand cm	Pflanzenabstand cm	Tiefe cm	Tiefe cm	Temperatur Grad C	Pikieren in Topf Ø in cm	Topf Ø in cm	Tiefe cm	Temperatur Grad C	Reihenabstand cm	Pflanzenabstand cm
				0,5	10–15	8	8	0,5	10–15	70–80	60

Fruchtwechsel

Vorjahreskultur	Vorkultur	Zwischenkultur	Nachkultur
Stangenbohnen Erbsen	Spinat Kopfsalat	Rettiche Radieschen	–

Nährwert in 100 g eßbarem Anteil

Hauptstoffe			Mineralstoffe					Vitamine				Energie	
Eiweiß g	Fett g	Kohlehyd. g	Natrium mg	Kalium mg	Calcium mg	Phosphor mg	Eisen mg	A mg	B_1 mg	B_2 mg	C mg	Joule KJ	Calorien Kcal.
4	1	6	6	335	25	70	0,9	0,065	0,10	0,10	84	175	42

Gesundheitswert (Nach Dr. med. Th. Graether, Atem-Sanatorium, Dornhan-Fürnsal)

Rosenkohl enthält bis zu 1 g Vitamin C je kg. Gut bei allen Erkrankungen der Atemwege, fördert den Appetit und regelt die Magen- und Darmtätigkeit. Verleiht Lebenskraft und ist darum körperlich schwachen Menschen zu empfehlen.

Bodenbeschaffenheit, Düngung, Bewässerung
und ergänzende Hinweise für Aussaat, Pflanzung, Schädlingsbekämpfung

Rosenkohl stellt keine großen Ansprüche an die Bodenbeschaffenheit. Er gedeiht auf mittelschweren bis schweren Böden in allen Klimalagen. Bevorzugt werden jedoch wasserhaltende, humose Lehmböden. Er kann auch an halbschattigen Plätzen angebaut werden.
Das Wachstum des Rosenkohls wird günstig beeinflußt durch Nachbarschaft von Gurken, Bohnen und Rettichen. Ungünstig sind Lauch und Zwiebeln.

Im Spätherbst wird auf das vorgesehene Rosenkohlbeet eine dünne Schicht Holzasche gestreut. Dies wirkt sich günstig auf den Rosenansatz aus.
Nach dem Abernten der Vorkultur streut man je qm 60 g organischen Volldünger, 40 g Hornspäne und 100 g Urgesteinsmehl auf das Beet und harkt dies etwa 8 cm tief ein. Ist die Zwischenkultur abgeerntet, wird einmal flach durchgehackt und anschließend 5 cm hoch mit 1jährigem Kompost, Gras- oder sonstigen Gartenabfällen gemulcht.

Rosenkohl eignet sich, wie alle Kohlarten, gut für die Direktsaat in 8 cm große Pflanztöpfe. Erfolgt die Aussaat in kleine Saatschalen, so werden die Pflanzen, sobald die Keimblätter und das erste Blatt entwickelt sind, in einen 8 cm großen Pflanztopf pikiert. Bis zur Keimung müssen sie bei 14 bis 16 °C warm und feucht gehalten werden. Danach ist eine Temperatur von 10 bis 15 °C günstig.
Nach dem Auspflanzen, Mitte Mai bis Anfang Juni, werden die Pflänzchen gut angegossen, und auch während der Kultur achtet man auf eine gute Bodenfeuchtigkeit.

Ist der Rosenansatz bis Mitte September noch nicht befriedigend, so sind ab Ende September/Anfang Oktober die Triebspitzen der Pflanzen auszubrechen. Dadurch werden im oberen Teil des Strunks die Rosen größer und fester.

Schädlingsbekämpfung. Schädling: Kohlfliege.
Schädlich ist die zweite Generation der Kohlfliege. Diese legt ihre Eier an die halbfertigen Röschen.
Die Maden fressen sich in die Röschen, die daraufhin faulen oder locker bleiben.
Vorbeugende Bekämpfung: Nicht mit frischem Mist mulchen. Mistgeruch lockt Fliegen an.
Das gilt auch für Brennesseljauche.
Günstig zur Abwehr sind: Mischkultur mit Tomaten, Stäuben mit Holzasche.
Direkte Bekämpfung: Stäuben mit „Spruzit-Staub“.

Saat- und Pflanzplan für Freiland-Gemüsebau

Gemüseart

Rote Bete

1 g Samen enthält	Keimfähigkeit	Keimzeit
etwa 60 Knäuel, die etwa 150 Sämlinge ergeben	4 Jahre	5–8 Tage

Sortenvorschlag	Aussaatzeit	Erntezeit
Siehe auch "Aussaat-Übersicht" für Folgesaaten, Früh- und Spätsorten, Seite 142 – Rote Kugel – Forono	Ende Mai – Ende Juni	Ende August – Anfang Oktober

Direktsaat aufs Beet			Setzling-Anzucht (siehe auch gleichlautenden Artikel)							Auspflanzen aufs Beet	
			Anzucht I im Frühbeet	Anzucht II in Saatschale			Anzucht III im Pflanztopf				
Tiefe cm	Reihenabstand cm	Pflanzenabstand cm	Tiefe cm	Tiefe cm	Temperatur Grad C	Pikieren in Topf ∅ in cm	Topf ∅ in cm	Tiefe cm	Temperatur Grad C	Reihenabstand cm	Pflanzenabstand cm
3	25	6–8									

Fruchtwechsel

Vorjahreskultur	Vorkultur	Zwischenkultur	Nachkultur
Sellerie Lauch	Kopfsalat Rettiche	–	Ackersalat

Nährwert in 100 g eßbarem Anteil

Hauptstoffe			Mineralstoffe					Vitamine				Energie	
Eiweiß g	Fett g	Kohlehyd. g	Natrium mg	Kalium mg	Calcium mg	Phosphor mg	Eisen mg	A mg	B_1 mg	B_2 mg	C mg	Joule KJ	Calorien Kcal.
1	–	6	65	260	25	35	0,7	0,002	0,02	0,03	8	120	29

Gesundheitswert (Nach Dr. med. Th. Graether, Atem-Sanatorium, Dornhan-Fürnsal)

Der große Heilwert wurde erst im letzten Jahrzehnt richtig erkannt. Gut bei Anämie und Nervosität. Roh geraspelt oder als Rohsaft ist die Heilwirkung am größten.

Bodenbeschaffenheit, Düngung, Bewässerung
und ergänzende Hinweise für Aussaat, Pflanzung, Schädlingsbekämpfung

Rote Bete stellen keine besonderen Ansprüche an die Bodenbeschaffenheit. Halbschattige, feuchte Lagen sind besonders geeignet.
Weniger günstig sind zu sandige oder zu feste Lehmböden. Hier geht die Pflanze leicht in Samen, und die Knollen werden holzig.

Sie dürfen nicht auf Beete gesät werden, auf denen im Vorjahr Mangold, Spinat oder Zuckerrüben standen. Außerdem sollte man sie nicht vor Ende Mai aussäen, weil die Keimlinge und Jungpflanzen frostempfindlich sind.

Vor der Aussaat harkt man je qm 20 g organischen Volldünger ein. Anfang bis Ende Juli wird ein- bis zweimal je qm 20 g 40er-Kali zwischen die Reihen gestreut.
Während der Kulturzeit, besonders in den Sommermonaten, ist auf gute Bodenfeuchtigkeit zu achten.
Sobald die Pflänzchen 8 bis 10 cm hoch sind, werden sie auf 6 bis 8 cm Abstand verzogen.
Die verzogenen Pflanzen können wieder gepflanzt werden.
Während der Kultur wird zwei- bis dreimal 2 bis 3 cm tief durchgehackt.

Zur Wintereinlagerung empfiehlt es sich, die Rote Bete erst Mitte Juni auszusäen und möglichst nicht vor Oktober zu ernten, damit sie gut ausreifen können. Frost vertragen sie allerdings nicht.

Schädlingsbekämpfung. Schädlinge treten so gut wie keine auf.

Gemüseart

Rotkohl

1 g Samen enthält	Keimfähigkeit	Keimzeit
etwa 250 Korn	5 Jahre	5–8 Tage

Sortenvorschlag Siehe auch "Aussaat-Übersicht" für Folgesaaten, Früh- und Spätsorten, Seite 142	Aussaatzeit	Erntezeit
– Langendijker Allerfrühester – Autoro – Langendijker Dauer	Ende Feb. – Anf. März Mitte April – Mitte Mai	Anf. Juli – Anf. Aug. August – Oktober

Direktsaat aufs Beet			Setzling-Anzucht (siehe auch gleichlautenden Artikel)							Auspflanzen aufs Beet	
			Anzucht I im Frühbeet	Anzucht II in Saatschale			Anzucht III im Pflanztopf				
Tiefe cm	Reihenabstand cm	Pflanzenabstand cm	Tiefe cm	Tiefe cm	Temperatur Grad C	Pikieren in Topf Ø in cm	Topf Ø in cm	Tiefe cm	Temperatur Grad C	Reihenabstand cm	Pflanzenabstand cm
			1	0,5	10–14	8	8	0,5	10–14	60	50

Fruchtwechsel

Vorjahreskultur	Vorkultur	Zwischenkultur	Nachkultur
Zwiebeln Erbsen, Bohnen	Ackersalat Spinat	Rettiche Radieschen	bei Frühsorten: Ackersalat, Spinat

Nährwert in 100 g eßbarem Anteil

Hauptstoffe			Mineralstoffe					Vitamine				Energie	
Eiweiß g	Fett g	Kohlehyd. g	Natrium mg	Kalium mg	Calcium mg	Phosphor mg	Eisen mg	A mg	B_1 mg	B_2 mg	C mg	Joule KJ	Calorien Kcal.
1	–	4	3	205	25	25	0,4	0,004	0,05	0,05	39	90	21

Gesundheitswert (Nach Dr. med. Th. Graether, Atem-Sanatorium, Dornhan-Fürnsal)

Gutes Mittel gegen Erkrankungen der Atemwege und bei Heiserkeit.
Regt die Darmtätigkeit an, desinfiziert den Verdauungstrakt,
bekämpft Bauchwassersucht und bei Kindern Spul- und Madenwürmer.

Bodenbeschaffenheit, Düngung, Bewässerung
und ergänzende Hinweise für Aussaat, Pflanzung, Schädlingsbekämpfung

Rotkohl stellt unter den Kohlarten die höchsten Ansprüche an den Nährstoffgehalt des Bodens. Mittelschwerer, humoser Lehmboden ist am günstigsten. Vor allem muß eine gute Luft- und Bodenfeuchtigkeit vorhanden sein, um optimales Wachstum zu erzielen. Ist der Boden trocken und sandig, kann als Feuchtigkeitsträger Torf, 2 cm hoch, 5 bis 8 cm tief eingeharkt werden. Vom Klima her gesehen, gedeiht Rotkohl in jeder Lage.

Auf das vorgesehene Beet gibt man schon im Spätherbst eine 3 bis 5 cm starke Mulchschicht von 1jährigem Kuhmist oder auch anderem Mist auf den gelockerten Boden. Vor dem Auspflanzen streut man zusätzlich je qm noch 80 g organischen Volldünger und 10 g Holzasche oder 20 g Algomin auf das Beet und vermischt dies zusammen mit der Mistauflage vom Herbst etwa 10 cm tief mit der Gartenerde. Die Setzlinge werden gut angegossen, und auch während der Wachstumsperiode achtet man immer auf gute Bodenfeuchtigkeit.

Nach etwa 4 bis 6 Wochen, wenn die Jungpflanzen gut angewachsen sind, oder nach Abernten der Zwischenfrucht hackt man einmal flach 2 bis 3 cm tief durch. Anschließend wird mit verrottetem 1- bis 2jährigem Mist, 3 bis 5 cm hoch, oder mit 1jährigem Kompost, 2 bis 3 cm hoch, abgedeckt. Bei Strohmulch, 6 bis 8 cm hoch, werden zur Stickstoffdüngung je qm 30 g Hornspäne darübergestreut. Durch das Mulchen entsteht ein feuchtes und kohlesäurereiches Kleinklima, das dem Rotkohl gut bekommt.

Gute Gemeinschaft mit dem Rotkohl bilden die Gemüsearten Buschbohne, Gurke, Endivie, Rettich und Sellerie. Diese können neben oder zwischen Rotkohl kultiviert werden.
Die Sorten „Autoro“ und „Langendijker Dauer“ eignen sich gut für den Wintereinschlag.

Schädlingsbekämpfung. Schädling: Kohlgallenrüßler.
Schadbild: Die Larven des Kohlgallenrüßlers fressen sich in den Wurzelhals der Pflanzen. Dadurch entstehen Wucherungen, genannt Gallen. Die Pflanze wird stark geschwächt.
Vorbeugende Abwehr: Setzlinge etwas tiefer setzen oder anhäufeln oder des öfteren mit Algenkalk stäuben.
Direkte Bekämpfung: Die vorkommenden Gallen mit dem Fingernagel auskneifen und die Larven vernichten. Ab Mitte April alle 10 Tage mit „Spruzit-Staub“ stäuben oder mit „Spruzit-flüssig“ spritzen.

Saat- und Pflanzplan für Freiland-Gemüsebau

Gemüseart

Schnittlauch

1 g Samen enthält	Keimfähigkeit	Keimzeit
etwa 850 Korn	kaum 1 Jahr	13–16 Tage

Sortenvorschlag Siehe auch "Aussaat-Übersicht" für Folgesaaten, Früh- und Spätsorten, Seite 142	Aussaatzeit	Erntezeit
– Grobröhrig Hilds Polycross – Mittelgrobröhrig Neue Ernte	März – April	Juli – Oktober

Direktsaat aufs Beet			Setzling-Anzucht (siehe auch gleichlautenden Artikel)							Auspflanzen aufs Beet	
			Anzucht I im Frühbeet	Anzucht II in Saatschale			Anzucht III im Pflanztopf				
Tiefe cm	Reihenabstand cm	Pflanzenabstand cm	Tiefe cm	Tiefe cm	Temperatur Grad C	Pikieren in Topf ∅ in cm	Topf ∅ in cm	Tiefe cm	Temperatur Grad C	Reihenabstand cm	Pflanzenabstand cm
1	20	0,2									

Fruchtwechsel

Vorjahreskultur	Vorkultur	Zwischenkultur	Nachkultur
Kohl	–	Radieschen	–

Nährwert in 100 g eßbarem Anteil

Hauptstoffe			Mineralstoffe					Vitamine				Energie	
Eiweiß g	Fett g	Kohlehyd. g	Natrium mg	Kalium mg	Calcium mg	Phosphor mg	Eisen mg	A mg	B_1 mg	B_2 mg	C mg	Joule KJ	Calorien Kcal.
4	1	8	3	435	165	75	13	0,05	0,15	0,15	47	230	55

Gesundheitswert (Nach Dr. med. Th. Graether, Atem-Sanatorium, Dornhan-Fürnsal)

Schnittlauch wirkt appetitanregend, harntreibend, verdauungsfördernd und verhilft zu gesundem Schlaf. Wirksames Mittel auch gegen Wassersucht, Gelenkrheumatismus, Grippe, Bronchitis und Heiserkeit.

Bodenbeschaffenheit, Düngung, Bewässerung
und ergänzende Hinweise für Aussaat, Pflanzung, Schädlingsbekämpfung

Auf lockeren, durchlässigen und kalkreichen Böden, die außerdem noch feucht sind, gedeiht der Schnittlauch am besten.
Der Standort soll, wenn möglich, im Frühjahr und Herbst sonnig und im Sommer halbschattig sein.

Schnittlauch darf nicht neben Buschbohnen, Stangenbohnen oder Erbsen angepflanzt werden.
Diese vertragen sich gegenseitig nicht und behindern sich im Wachstum.

Bei schweren und wasserhaltenden Beeten muß unbedingt eine Schicht von 3 bis 5 cm Flußsand etwa 10 cm tief mit dem Boden vermischt werden.
Vor der Aussaat streut man je qm 100 g Urgesteinsmehl oder 30 g Algomin und 40 g organischen Volldünger auf das Beet und harkt dies etwa 2 bis 3 cm tief ein.

Schnittlauchsamen kann in Reihen oder breitwürfig gesät werden. Die Aussaat wird mit feiner Erde abgedeckt, fest angedrückt und bis zur erfolgten Keimung feucht gehalten.
Während der Kultur wird des öfteren 2 bis 3 cm tief durchgehackt.

Sind die Pflanzen etwa 10 cm hoch, kann mit dem Schneiden begonnen werden. Durch den Schnitt werden die Wurzelballen gestärkt.
Im folgenden Jahr werden im Mai die Pflanzen ausgestochen und ballenweise gleich wieder gepflanzt.
Jetzt muß nur noch zeitweise gehackt und gejätet werden.
Auf gute Bodenfeuchtigkeit ist zu achten.

Schnittlauch sollte möglichst nicht bei regnerischem Wetter geerntet werden. Durch das Regenwasser, das in die Schnittlauchröhren eindringt, beginnt der Schnittlauch zu gilben.
Beim Abschnitt soll der Schnittlauch etwa 3 cm hoch stehen bleiben. Er beginnt dann schnell wieder zu treiben.

Saat- und Pflanzplan für Freiland-Gemüsebau

Gemüseart

Schnittsalat

1 g Samen enthält	Keimfähigkeit	Keimzeit
etwa 700 Korn	3 Jahre	6–8 Tage

Sortenvorschlag Siehe auch "Aussaat-Übersicht" für Folgesaaten, Früh- und Spätsorten, Seite 142	Aussaatzeit	Erntezeit
– Gelber runder früher – Gelber krauser	laufend ab Ende März bis September	nach 5–7 Wochen je nach Jahreszeit

Direktsaat aufs Beet			Setzling-Anzucht (siehe auch gleichlautenden Artikel)							Auspflanzen aufs Beet	
			Anzucht I im Frühbeet	Anzucht II in Saatschale			Anzucht III im Pflanztopf				
Tiefe cm	Reihenabstand cm	Pflanzenabstand cm	Tiefe cm	Tiefe cm	Temperatur Grad C	Pikieren in Topf ∅ in cm	Topf ∅ in cm	Tiefe cm	Temperatur Grad C	Reihenabstand cm	Pflanzenabstand cm
1	15	0,5									

Fruchtwechsel

Vorjahreskultur	Vorkultur	Zwischenkultur	Nachkultur
Kohl, Gurken Tomaten	Ackersalat Spinat	Radieschen Rettiche	–

Nährwert in 100 g eßbarem Anteil

Hauptstoffe			Mineralstoffe					Vitamine				Energie	
Eiweiß g	Fett g	Kohlehyd. g	Natrium mg	Kalium mg	Calcium mg	Phosphor mg	Eisen mg	A mg	B_1 mg	B_2 mg	C mg	Joule KJ	Calorien Kcal.

Gesundheitswert (Nach Dr. med. Th. Graether, Atem-Sanatorium, Dornhan-Fürnsal)

Für den Schnittsalat liegen noch keine genauen Angaben über Nährwerte und Gesundheitswerte vor. Die Werte dürften jedoch in der Nähe des Kopfsalates liegen.

Bodenbeschaffenheit, Düngung, Bewässerung
und ergänzende Hinweise für Aussaat, Pflanzung, Schädlingsbekämpfung

Der Schnittsalat gedeiht auf jedem guten Gartenboden, der humos, feucht und locker ist.
Zur Düngung darf man keinen frischen Kompost oder Mist verwenden, weil dies die gefürchtete Schwarzbeinigkeit (Umfallkrankheit) fördert. Auch sollten keine salzhaltigen Dünger (Kalidünger) verwendet werden. Diese wirken wachstumhemmend.

Vor der Aussaat kann das Freilandbeet mit alter 2- bis 3jähriger Komposterde oder mit gut verrottetem Kuh-, Pferde- oder sonstigem Mist verbessert werden. Eine Schicht von 2 bis 3 cm Stärke wird etwa 3 bis 5 cm tief eingeharkt. Ist schon ein humoser Boden vorhanden, genügt eine Düngung mit Hornspänen, 20 bis 30 g je qm. Dieser Dünger wird leicht eingeharkt.

Schnittsalat ist auch eine typische Zwischenfruchtpflanze. Er wird gerne zwischen Radieschen, Rettichen, Kohlrabi und Chinakohl kultiviert, weil er den Erdfloh fernhält.
Auch zwischen Buschbohnen, Möhren und Zwiebeln gedeiht dieser Salat gut.

Die Aussaat erfolgt dünn und gleichmäßig in Reihen mit 15 cm Reihenabstand. Der Samen wird mit feiner Erde abgedeckt und angegossen. Bis zur Ernte ist der Boden immer feucht zu halten.
Die einzelnen Salatpflänzchen sollten nicht enger als 0,5 cm stehen.
Ist eine Höhe von 10 bis 12 cm erreicht, können die feinen, zarten Blätter ähnlich wie Spinat geschnitten werden.

Pflanzenschutz. Auftretende Krankheit: Falscher Mehltau.
Schadbild: Weißlich-gelbe Flecken auf der Blattoberseite, auf der Unterseite ein mehlig-weißer bis dunkelgrauer Belag. Die Blätter welken. Bei starkem Befall geht die Pflanze ein.
Vorbeugende Bekämpfung: Nicht zu eng säen. Warme, windgeschützte Lagen meiden.
Direkte Bekämpfung: Befallene Pflanzen entfernen. Des öfteren mit Schachtelhalmtee oder „Bio-S" spritzen.

Saat- und Pflanzplan für Freiland-Gemüsebau

Gemüseart

Schwarzwurzel

1 g Samen enthält	Keimfähigkeit	Keimzeit
etwa 75–100 Korn	1 Jahr	12–16 Tage

Sortenvorschlag Siehe auch "Aussaat-Übersicht" für Folgesaaten, Früh- und Spätsorten, Seite 142	Aussaatzeit	Erntezeit
– Spezialzucht	März – April	Ende Oktober – November

Direktsaat aufs Beet			Setzling-Anzucht (siehe auch gleichlautenden Artikel)							Auspflanzen aufs Beet	
			Anzucht I im Frühbeet	Anzucht II in Saatschale			Anzucht III im Pflanztopf				
Tiefe cm	Reihenabstand cm	Pflanzenabstand cm	Tiefe cm	Tiefe cm	Temperatur Grad C	Pikieren in Topf ∅ in cm	Topf ∅ in cm	Tiefe cm	Temperatur Grad C	Reihenabstand cm	Pflanzenabstand cm
1,5	25	4–7									

Fruchtwechsel

Vorjahreskultur	Vorkultur	Zwischenkultur	Nachkultur
Lauch Rosenkohl	–	Spinat Radieschen	–

Nährwert in 100 g eßbarem Anteil

Hauptstoffe			Mineralstoffe					Vitamine				Energie	
Eiweiß g	Fett g	Kohlehyd. g	Natrium mg	Kalium mg	Calcium mg	Phosphor mg	Eisen mg	A mg	B_1 mg	B_2 mg	C mg	Joule KJ	Calorien Kcal.
1	–	9	3	180	30	40	1,9	0,002	0,05	0,02	2	170	41

Gesundheitswert (Nach Dr. med. Th. Graether, Atem-Sanatorium, Dornhan-Fürnsal)

Schwarzwurzeln wirken auf die Leber entlastend, auf Darm und Nieren beruhigend. Das Sudwasser aus den gekochten Wurzeln hat eine ausgezeichnete Wirkung bei Haut-, Gicht- und Rheumakrankheiten.

Bodenbeschaffenheit, Düngung, Bewässerung
und ergänzende Hinweise für Aussaat, Pflanzung, Schädlingsbekämpfung

Gute und schöne Schwarzwurzeln sind nur auf tiefgründigem, nährstoffreichem, humosem und vor allem feuchtem und lockerem Boden erreichbar. Trockene, sandige Böden eignen sich nicht.
Bei tiefgründigen, schweren Böden bereitet die Ernte einige Schwierigkeiten, weil die zarten Wurzeln bei stärkerem Druck sehr leicht brechen. Der Boden sollte bis zu 40 cm Tiefe locker sein.

Auf keinen Fall dürfen Schwarzwurzelbeete mit frischem Dünger, wie Stallmist, gedüngt werden. Wird die Schwarzwurzel auf Beete gesät, auf denen im Vorjahr Kohl oder Lauch gewachsen sind, kann auf jegliche Düngung verzichtet werden. Ist dies nicht der Fall, wird vor der Aussaat 40 g organischer Volldünger je qm auf das Beet gestreut und dieser etwa 5 cm tief untergeharkt. Es ist darauf zu achten, daß der Boden während der ganzen Wachstumsperiode immer gut feucht bleibt.

Ausgesät wird in 1 bis 1½ cm tief gezogene Reihen, gleichmäßig und nicht zu dicht. Anschließend wird der Samen mit Erde abgedeckt und gut angedrückt.
Sind die Pflänzchen 6 bis 8 cm hoch, werden sie in der Reihe auf 4 bis 7 cm Abstand verzogen.

Für den Anbau möglichst nur 1jährige Kultur wählen, weil dann die Wurzeln am zartesten und feinsten sind. Wenn es die Witterung zuläßt, möglichst schon im März säen. Späteste Aussaat ist im April. Für 1½jährige Kultur erfolgt die Aussaat im August bis Oktober. Das ist aber weniger empfehlenswert.
Schießende Schwarzwurzelpflanzen büßen nichts an Wohlgeschmack und Nährwert ein, wenn der Blütenstengel, sobald er erkennbar ist, abgeschnitten wird.
Die Wurzel erreicht eine Länge von etwa 30 cm und wird 3 bis 4 cm dick.

Zum Ernten wird entlang der Pflanzenreihe mit dem Spaten vorsichtig ein spatentiefer Graben so ausgehoben, daß die Wurzeln nach einer Seite hin frei zu liegen kommen. Sie können dann mit dem Spaten leicht angehoben und daraufhin gut herausgezogen werden.

Saat- und Pflanzplan für Freiland-Gemüsebau

Gemüseart

Sellerie

1 g Samen enthält	Keimfähigkeit	Keimzeit
etwa 2000 Korn	4 –5 Jahre	14–20 Tage

Sortenvorschlag Siehe auch "Aussaat-Übersicht" für Folgesaaten, Früh- und Spätsorten, Seite 142	Aussaatzeit	Erntezeit
– Monarch – Neckarland – Alba	Anfang März – Mitte März	Ende September – Ende Oktober

Direktsaat aufs Beet			Setzling-Anzucht (siehe auch gleichlautenden Artikel)							Auspflanzen aufs Beet	
			Anzucht I im Frühbeet	Anzucht II in Saatschale			Anzucht III im Pflanztopf				
Tiefe cm	Reihenabstand cm	Pflanzenabstand cm	Tiefe cm	Tiefe cm	Temperatur Grad C	Pikieren in Topf ∅ in cm	Topf ∅ in cm	Tiefe cm	Temperatur Grad C	Reihenabstand cm	Pflanzenabstand cm
				0,3	16–18	6				45	40

Fruchtwechsel

Vorjahreskultur	Vorkultur	Zwischenkultur	Nachkultur
Blumenkohl Tomaten	Kopfsalat Rettiche, Radieschen	Spinat Kohlrabi	–

Nährwert in 100 g eßbarem Anteil

Hauptstoffe			Mineralstoffe					Vitamine				Energie	
Eiweiß g	Fett g	Kohlehyd. g	Natrium mg	Kalium mg	Calcium mg	Phosphor mg	Eisen mg	A mg	B_1 mg	B_2 mg	C mg	Joule KJ	Calorien Kcal.
1	–	5	55	235	50	60	0,4	0,002	0,05	0,05	6	115	28

Gesundheitswert (Nach Dr. med. Th. Graether, Atem-Sanatorium, Dornhan-Fürnsal)

Hilfreich bei Leber-, Nieren- und Blasenerkrankungen. Sellerie wirkt appetitanregend und ist eine äußerst wertvolle Kost für Geistesarbeiter. Gekocht ist sie leicht verdaulich. Roh und als Rohsaft ist sie am wertvollsten, auch bei Rheumabeschwerden.

Bodenbeschaffenheit, Düngung, Bewässerung
und ergänzende Hinweise für Aussaat, Pflanzung, Schädlingsbekämpfung

In humushaltigen, mittelschweren, feuchten, aber nicht wasserhaltenden Böden wächst Sellerie am besten. In sandigen, trockenen Böden gedeiht keine Sellerie.
Sie ist nicht selbstverträglich und darf erst nach 4 Jahren wieder auf dasselbe Beet gepflanzt werden. Sellerie sollte man auch nicht auf vorjährige Möhren-, Fenchel- oder Petersilienbeete pflanzen.
Gute Gemeinschaften mit Sellerie bilden Blumenkohl, Kohlrabi und Lauch. Sie können gemeinsam in Mischkultur angepflanzt werden.

Auf das vorgesehene Selleriebeet wird schon im Spätherbst auf den gelockerten Boden eine 3 bis 5 cm hohe Schicht 1½-jährigen Schweine- oder anderen Mist gegeben und diese im Frühjahr 5 bis 6 cm tief mit der Gartenerde vermischt.
Vor dem Pflanzen streut man 80 g organischen Volldünger je qm auf das Beet und harkt ihn etwa 5 cm tief ein. Eine zusätzliche Stickstoffdüngung ist zu vermeiden, weil sonst die Haltbarkeit der Knolle nachläßt und ein schlechter Geschmack zu erwarten ist. Während der Kultur wird des öfteren 2 bis 3 cm tief durchgehackt, und vor allem ist darauf zu achten, daß der Boden immer feucht ist.

Die Aussaat darf nicht vor dem 10. März erfolgen, weil sonst Schossergefahr besteht.
Große Temperaturschwankungen müssen vermieden werden. Dünn aussäen!
Vom vierten oder fünften Blatt an wird in 6 cm große Töpfe pikiert.
Mitte bis Ende Mai, wenn keine Nachtfrostgefahr mehr besteht, werden die Pflänzchen flach ins Freiland gepflanzt.

Im Juli, wenn die Pflanzen gut angewachsen sind, streut man eine leichte Kochsalzgabe von 5 bis 10 g je qm zwischen die Reihen und hackt sie 1 bis 2 cm flach ein. Dies fördert die gesunde, weiße Knollenbildung. Anfang August und danach werden etwa alle 14 Tage die auf dem Boden liegenden Blätter entfernt.

Pflanzenschutz. Krankheit: Blattfleckenkrankheit.
Schadbild: Auf den Blättern der befallenen Pflanze bilden sich verschieden große helle bis braune Flecken. Später wird das Blatt dürr. Die Sellerie bleibt klein.
Vorbeugende Bekämpfung: Bei feuchtwarmer Witterung des öfteren mit Schachtelhalmtee oder „Bio-S“ den Boden und die Pflanze spritzen. Mischkultur mit Lauch. Weiter Pflanzenabstand.
Direkte Bekämpfung: Kranke Pflanzen entfernen.

Saat- und Pflanzplan für Freiland-Gemüsebau

Gemüseart

Spinat

1 g Samen enthält	Keimfähigkeit	Keimzeit
etwa 100 Korn	4 Jahre	8–15 Tage

Sortenvorschlag	Aussaatzeit	Erntezeit
Siehe auch "Aussaat-Übersicht" für Folgesaaten, Früh- und Spätsorten, Seite 142 – Matador, dunkelgrüner Typ – Vital – Butterfly	Anf. März – Mitte April und Anfang August – Ende September	Anf. Mai – Anf. Juni und Oktober – Frühjahr

Direktsaat aufs Beet			Setzling-Anzucht (siehe auch gleichlautenden Artikel)							Auspflanzen aufs Beet	
			Anzucht I im Frühbeet	Anzucht II in Saatschale			Anzucht III im Pflanztopf				
Tiefe cm	Reihenabstand cm	Pflanzenabstand cm	Tiefe cm	Tiefe cm	Temperatur Grad C	Pikieren in Topf ∅ in cm	Topf ∅ in cm	Tiefe cm	Temperatur Grad C	Reihenabstand cm	Pflanzenabstand cm
2	20	1–2									

Fruchtwechsel

Vorjahreskultur	Vorkultur	Zwischenkultur	Nachkultur
Möhren Bohnen	–	–	Buschbohnen

Nährwert in 100 g eßbarem Anteil

Hauptstoffe			Mineralstoffe					Vitamine				Energie	
Eiweiß g	Fett g	Kohlehyd. g	Natrium mg	Kalium mg	Calcium mg	Phosphor mg	Eisen mg	A mg	B_1 mg	B_2 mg	C mg	Joule KJ	Calorien Kcal.
2	–	2	50	540	85	35	5,2	0,6	0,05	0,23	37	75	18

Gesundheitswert (Nach Dr. med. Th. Graether, Atem-Sanatorium, Dornhan-Fürnsal)

Spinat ist vor allem im Winter sehr wertvoll. Er enthält viel Eisen, Provitamin A, Vitamin B 1, B 2, B 12, Vitamin C, E und K. Außerdem Magnesium, Jod und Kobalt. Das Vitamin B 12 ist für die Bildung der roten Blutkörperchen sehr wichtig.

Bodenbeschaffenheit, Düngung, Bewässerung
und ergänzende Hinweise für Aussaat, Pflanzung, Schädlingsbekämpfung

Spinat ist in bezug auf Bodenbeschaffenheit eine anspruchsvolle Pflanze. Er bevorzugt humose, gelockerte Lehmböden mit alter Dungkraft. Auf keinen Fall darf man mit frischem Stallmist düngen. Trockene, sandige und saure Böden, unter pH-Wert 6, sagen dem Spinat nicht zu.

Vor der Aussaat gibt man eine Schicht von 2 bis 3 cm alter Komposterde auf das Beet sowie je qm 60 g organischen Volldünger und harkt beides etwa 10 cm tief ein. Während der Kultur muß man oft wässern. Die Pflanze benötigt viel Wasser zur Aufnahme der im Boden vorhandenen Salze.

Man darf nicht auf Beete säen, auf denen im Vorjahr Mangold oder Rote Bete standen. Zu bevorzugen sind windgeschützte Beete, weil Spinat windempfindlich ist.
Wenn zu eng gesät wird, besteht Fäulnisgefahr. Der Reihenabstand kann jedoch auf 10 cm verringert werden, wenn schon frühzeitig jede zweite Reihe mit der Wurzel geerntet wird. Die verbleibende Reihe kann sich danach zur vollen Größe auswachsen.

Bei einer Tageslänge von über 14 Stunden, ab Ende April bis Juli, ist die Aussaat von Spinat nicht zu empfehlen, weil dieser gleich in Samen geht – außer man verkürzt den Tag mit Hilfe einer schwarzen Folie künstlich auf 12 Stunden.

Bei Märzaussaat sind zwei bis drei Ernten möglich, ab April nur noch eine Ernte. Danach kommt die Pflanze zum Blühen.
Während der Wachstumsperiode wird das Beet ein- bis zweimal leicht durchgehackt. Es ist immer auf gute Bodenfeuchtigkeit zu achten.

Spinatbeete hinterlassen gute Böden, wenn die Wurzeln im Boden verbleiben. Die Wurzeln enthalten Saponine, die dem Boden pflanzenverfügbare Mineralstoffe zuführen.

Schädlingsbekämpfung. Bei normaler Kultur und nicht zu engem Stand kommen keine Krankheiten und Schädlinge auf.

Gemüseart

Stangenbohne

1 g Samen enthält	Keimfähigkeit	Keimzeit
1–2 Korn	4 Jahre	7–14 Tage

Sortenvorschlag	Aussaatzeit	Erntezeit
Siehe auch "Aussaat-Übersicht" für Folgesaaten, Früh- und Spätsorten, Seite 142		
– Neckarkönigin – Goldhilde, gelbe Wachsbohne – Preisgewinner, Feuerbohne	Anfang Mai – Ende Juni	Mitte Juli – September

Direktsaat aufs Beet			Setzling-Anzucht (siehe auch gleichlautenden Artikel)							Auspflanzen aufs Beet	
			Anzucht I im Frühbeet	Anzucht II in Saatschale			Anzucht III im Pflanztopf				
Tiefe cm	Reihenabstand cm	Pflanzenabstand cm	Tiefe cm	Tiefe cm	Temperatur Grad C	Pikieren in Topf Ø in cm	Topf Ø in cm	Tiefe cm	Temperatur Grad C	Reihenabstand cm	Pflanzenabstand cm
1	90	70									

Fruchtwechsel

Vorjahreskultur	Vorkultur	Zwischenkultur	Nachkultur
Tomaten Kartoffeln	Radieschen Spinat	–	Ackersalat

Nährwert in 100 g eßbarem Anteil

Hauptstoffe			Mineralstoffe					Vitamine				Energie	
Eiweiß g	Fett g	Kohlehyd. g	Natrium mg	Kalium mg	Calcium mg	Phosphor mg	Eisen mg	A mg	B_1 mg	B_2 mg	C mg	Joule KJ	Calorien Kcal.
2	–	5	2	240	45	35	0,7	0,05	0,05	0,15	18	130	31

Gesundheitswert (Nach Dr. med. Th. Graether, Atem-Sanatorium, Dornhan-Fürnsal)

Grüne Bohnen enthalten Karotin, alle Vitamine der Gruppe B und viel Vitamin C. Sie wirken harntreibend. Vorsicht bei Arthritis und Gicht wegen Oxalsäure. Getrocknete Bohnenkerne haben kein Vitamin C, dafür Karotin, Vitamin B, Eisen, Kupfer und Kalium.

Bodenbeschaffenheit, Düngung, Bewässerung
und ergänzende Hinweise für Aussaat, Pflanzung, Schädlingsbekämpfung

Warmer und vor allem lockerer Boden ist die Voraussetzung für die erfolgreiche Kultur der Stangenbohne. Der Standort sollte außerdem windgeschützt sein.
Für rauhere und höhere Lagen sind rotblühende Feuerbohnen zu empfehlen.

Vor dem Ausheben der Mulde zum Auslegen der Bohnenkerne deckt man das Beet möglichst mit 3jährigem Kompost, etwa 2 cm hoch, und mit Torf, etwa 1 cm hoch, ab. Darüber streut man je qm 30 g Algomin und 50 g organischen Volldünger und vermischt das ganze etwa 8 cm tief mit der Gartenerde. Im Juni wird etwa 2 bis 3 cm tief durchgehackt und anschließend mit 1jährigem Kuhmist gemulcht. Neben der Düngewirkung erreicht man damit eine gleichmäßige Bodenfeuchtigkeit. Die Bodenfeuchte ist erforderlich, um einen guten Fruchtbehang zu erhalten. Während der Kultur, hauptsächlich ab Beginn der Blüte bis hin zur Ernte, hält man den Boden immer gleichmäßig feucht und gießt nur in den Abendstunden.

Die Aussaat darf nicht zu früh erfolgen. Die Bodentemperatur muß über 10 °C liegen.

Etwa 2,50 m lange Holzstangen werden 30 bis 40 cm tief in die Erde gesteckt. Um die Stange wird eine kreisförmige, 3 bis 5 cm tiefe Mulde ausgehoben, in der 8 bis 10 Kerne im Kreis gleichmäßig verteilt werden, mit einem Abstand von etwa 3 bis 6 cm zur Stange. Die Bohnenkerne werden dann nur etwa 1 cm hoch mit feiner, lockerer Erde abgedeckt und anschließend begossen. Die Pflanzen ranken sich an den Stangen von selbst hoch.
Als Bohnenstangen kann man auch gewellte Stangen aus Stahl nehmen, die in Gartenbedarfsfachgeschäften erhältlich sind.

Schädlingsbekämpfung. Schädling: Schwarze Bohnenlaus.
Die Schwarze Bohnenlaus tritt häufig in trockenen Jahren auf.
Vorbeugende Abwehr: Mulchen und regelmäßig gießen.
Direkte Bekämpfung: Stäuben mit „Spruzit-Staub“.

Gemüseart

Tomate

1 g Samen enthält	Keimfähigkeit	Keimzeit
etwa 300 Korn	2 Jahre	6–8 Tage

Sortenvorschlag	Aussaatzeit	Erntezeit
Siehe auch "Aussaat-Übersicht" für Folgesaaten, Früh- und Spätsorten, Seite 142 – Matina – Hellfrucht Frühstamm – Moneymaker	Anfang – Ende März	Mitte Juli – bis Oktober

Direktsaat aufs Beet			Setzling-Anzucht (siehe auch gleichlautenden Artikel)							Auspflanzen aufs Beet	
			Anzucht I im Frühbeet	Anzucht II in Saatschale			Anzucht III im Pflanztopf				
Tiefe cm	Reihenabstand cm	Pflanzenabstand cm	Tiefe cm	Tiefe cm	Temperatur Grad C	Pikieren in Topf ∅ in cm	Topf ∅ in cm	Tiefe cm	Temperatur Grad C	Reihenabstand cm	Pflanzenabstand cm
				0,5	20	8	8	0,5	20	60	50

Fruchtwechsel

Vorjahreskultur	Vorkultur	Zwischenkultur	Nachkultur
Tomaten, Kohl Kartoffeln	Spinat	Kohlrabi Rettiche	–

Nährwert in 100 g eßbarem Anteil

Hauptstoffe			Mineralstoffe					Vitamine				Energie	
Eiweiß g	Fett g	Kohlehyd. g	Natrium mg	Kalium mg	Calcium mg	Phosphor mg	Eisen mg	A mg	B_1 mg	B_2 mg	C mg	Joule KJ	Calorien Kcal.
1	–	3	6	285	13	25	0,5	0,13	0,05	0,03	23	75	18

Gesundheitswert (Nach Dr. med. Th. Graether, Atem-Sanatorium, Dornhan-Fürnsal)

Die Tomate enthält zahlreiche Mineralsalze, Vitamine der Gruppe B, C und K, außerdem Karotin. Ausgezeichnet für die Gesunderhaltung der Haut und ihre schöne Bräunung. Ausgepreßter Tomatensaft hat erfrischende und belebende Wirkung.

Bodenbeschaffenheit, Düngung, Bewässerung

und ergänzende Hinweise für Aussaat, Pflanzung, Schädlingsbekämpfung

Die Tomate benötigt einen warmen, sonnigen, aber luftigen Standort.
In ungünstigen Lagen ist ein Foliendach von Vorteil. Hier werden die Blätter bei Regen nicht naß, und die Pflanzen bleiben länger gesund.
Das Freilandbeet soll humos, tiefgründig und nährstoffreich sein. Am besten eignen sich sandige Lehmböden oder humose, lehmige Sandböden. Die Tomate kann mehrere Jahre nacheinander auf dasselbe Beet gepflanzt werden.

Vor dem Pflanzen wird das Beet mit 80 g organischem Volldünger und 50 g Urgesteinsmehl je qm gedüngt, oder es wird eine Schicht von 3 bis 5 cm 1jährigem Kompost aufgelegt. Man harkt jeweils etwa 10 cm tief ein. Sobald die Pflanzen angewachsen sind, nach etwa 3 Wochen, hackt man einmal 3 cm tief durch und mulcht mit 1jährigem Kuhmist, etwa 5 bis 10 cm hoch. Mangels Kuhmist kann auch mit Stroh gemulcht werden, das mit Hornspänen, 30 g je qm, angereichert wurde. Die dadurch entstehende feuchtwarme Kohlensäure-Atmosphäre ist für das Wachstum der Tomatenpflanzen sehr günstig und verhindert zudem das Austrocknen der obersten Bodenschicht. Die Tomate benötigt für zügiges Wachstum gleichmäßige Bodenfeuchtigkeit. Deshalb muß man sie immer feucht halten. Dunggüsse mit Brennesseljauche fördern das Bodenleben und ein gesundes Pflanzenwachstum. Ab Juli kann man ein bis zwei Gaben Kalimagnesia, etwa 30 g je qm, um die Pflanzen streuen, um das Platzen der Früchte zu verhindern. Bei vorausgegangener Kompostdüngung kann darauf verzichtet werden.

Die Tomatensetzlinge können nach Anzucht II oder III gezogen werden. Sie werden erst ab Mitte Mai ausgepflanzt, weil sie sehr wärmebedürftig sind. Wenn man die Pflanze mit dem Topfballen etwa 3 bis 5 cm tiefer pflanzt, bilden sich an den Stengeln noch zusätzliche Seitenwurzeln. Die Pflanze wird eintriebig gehalten und an Pfählen aufgezogen. Alle Seitentriebe werden bei Sonnenschein in einer Länge von 6 bis 8 cm ausgebrochen. Nicht schneiden! Es werden sonst leicht Krankheiten übertragen.

Pflanzenschutz. Krankheit: Blattfleckenkrankheit.
Schadbild: Blätter und Stengel der befallenen Pflanzen zeigen verschieden große helle bis braune Flecken. Blätter und Stengel werden dürr, und die Pflanze stirbt ab.
Vorbeugende Bekämpfung: Vor Nässe (Regen) schützen. Luftige, warme Lagen bevorzugen. Wöchentlich mit Schachtelhalm, Magermilch oder „Bio-S“ spritzen.
Direkte Bekämpfung: Kranke Pflanzen entfernen.

Saat- und Pflanzplan für Freiland-Gemüsebau

Gemüseart

Weißkohl

1 g Samen enthält	Keimfähigkeit	Keimzeit
etwa 250 Korn	4 Jahre	5–8 Tage

Sortenvorschlag Siehe auch "Aussaat-Übersicht" für Folgesaaten, Früh- und Spätsorten, Seite 142	Aussaatzeit	Erntezeit
– Marner Allfrüh – Wiam – Filderkraut	Ende Feb.–Mitte März Mitte April– Mitte Mai	Ende Juni–Juli Ende Juli– Oktober

Direktsaat aufs Beet			Setzling-Anzucht (siehe auch gleichlautenden Artikel)							Auspflanzen aufs Beet	
			Anzucht I im Frühbeet	Anzucht II in Saatschale			Anzucht III im Pflanztopf				
Tiefe cm	Reihenabstand cm	Pflanzenabstand cm	Tiefe cm	Tiefe cm	Temperatur Grad C	Pikieren in Topf Ø in cm	Topf Ø in cm	Tiefe cm	Temperatur Grad C	Reihenabstand cm	Pflanzenabstand cm
			1	0,5	10–14	8	8	0,5	10–14	50	50

Fruchtwechsel

Vorjahreskultur	Vorkultur	Zwischenkultur	Nachkultur
Bohnen, Möhren Zwiebeln	Ackersalat (Aussaat Oktober)	Rettiche	bei Frühsorten: Spinat, Ackersalat

Nährwert in 100 g eßbarem Anteil

Hauptstoffe			Mineralstoffe					Vitamine				Energie	
Eiweiß g	Fett g	Kohlehyd. g	Natrium mg	Kalium mg	Calcium mg	Phosphor mg	Eisen mg	A mg	B_1 mg	B_2 mg	C mg	Joule KJ	Calorien Kcal.
1	–	3	10	175	35	20	0,4	0,006	0,05	0,03	36	80	19

Gesundheitswert (Nach Dr. med. Th. Graether, Atem-Sanatorium, Dornhan-Fürnsal)

Gutes Mittel gegen Erkrankungen der Atmungsorgane und bei Heiserkeit. Regt die Darmtätigkeit an, desinfiziert den Verdauungstrakt, bekämpft Bauchwassersucht und bei Kindern Spul- und Madenwürmer.

Bodenbeschaffenheit, Düngung, Bewässerung
und ergänzende Hinweise für Aussaat, Pflanzung, Schädlingsbekämpfung

Weißkohl gedeiht am besten in mittelschweren, humosen Lehmböden. Bevorzugt werden feuchte Lagen, die windstill sind. Sandige und trockene, durchlässige Böden können mit Torf und Kompost verbessert werden.

Auf das vorgesehene Beet wird schon im Spätherbst eine 3 bis 5 cm starke Mulchschicht, Kuhmist oder auch anderer Stallmist, auf den aufgelockerten Boden gegeben. Vor dem Auspflanzen streut man je qm 80 g organischen Volldünger und 10 g Holzasche auf das Beet und vermischt dies zusammen mit der Mistauflage vom Herbst etwa 10 cm tief mit der Gartenerde.

Nach dem Auspflanzen muß man die Setzlinge gut angießen.
Auch während der Wachstumsperiode ist immer auf gute Bodenfeuchtigkeit zu achten.

Nachdem die Jungpflanzen gut angewachsen sind und die Zwischenfrucht abgeerntet ist, wird einmal flach 2 bis 3 cm tief durchgehackt und anschließend mit verrottetem Stallmist etwa 3 bis 5 cm stark gemulcht. Es kann auch mit Stroh, 6 bis 8 cm hoch, gemulcht werden, das mit 30 g Hornspänen je qm überstreut wird. Das Mulchen schafft ein ideales, feuchtes und kohlensäurereiches Kleinklima, in dem die Kohlpflanze besonders gut und gesund gedeiht.
Gute Gemeinschaften mit Weißkohl bilden die Gemüsearten Buschbohne, Gurke, Rettich, Sellerie und Endivie. Diese können neben oder zwischen Weißkohl kultiviert werden.

Bei Weißkohl, der für die Einwinterung vorgesehen ist, werden die äußeren freistehenden Blätter etwa 5 bis 7 Tage vor dem Einschlag entfernt. An einem trockenen Tag werden die Köpfe mit der Wurzel ausgegraben und anschließend eingeschlagen. Die Sorte „Filderkraut“ eignet sich vorzüglich für die Sauerkrautherstellung.

Schädlingsbekämpfung. Schädling: Kohlweißling.
Schadbild: Die Raupen fressen an den Blättern, wobei die Blattrippen meist stehen bleiben.
Verschmutzung mit Kot.
Vorbeugende Bekämpfung: Mit Algenkalk (Algomin) stäuben. Mischkultur mit Sellerie.
Nicht mit Brennesseljauche gießen oder spritzen. Dies zieht den Kohlweißling an.
Direkte Bekämpfung: Jungraupen, Eier und Puppen vernichten.
Spritzen mit Bakterienpräparat „Bazillus thuringiensis“ oder „Spruzit-flüssig“.

Gemüseart

Winterkopfsalat

1 g Samen enthält	Keimfähigkeit	Keimzeit
etwa 800 Korn	2 Jahre	6–10 Tage

Sortenvorschlag Siehe auch "Aussaat-Übersicht" für Folgesaaten, Früh- und Spätsorten, Seite 142	Aussaatzeit	Erntezeit
– Maiwunder	Ende August– Anfang September	April–Mai

Direktsaat aufs Beet			Setzling-Anzucht (siehe auch gleichlautenden Artikel)							Auspflanzen aufs Beet	
			Anzucht I im Frühbeet	Anzucht II in Saatschale			Anzucht III im Pflanztopf				
Tiefe cm	Reihenabstand cm	Pflanzenabstand cm	Tiefe cm	Tiefe cm	Temperatur Grad C	Pikieren in Topf ∅ in cm	Topf ∅ in cm	Tiefe cm	Temperatur Grad C	Reihenabstand cm	Pflanzenabstand cm
1	25	12	1							25	12

Fruchtwechsel

Vorjahreskultur	Vorkultur	Zwischenkultur	Nachkultur
Chinakohl	Buschbohnen Blumenkohl	–	–

Nährwert in 100 g eßbarem Anteil

Hauptstoffe			Mineralstoffe					Vitamine				Energie	
Eiweiß g	Fett g	Kohlehyd. g	Natrium mg	Kalium mg	Calcium mg	Phosphor mg	Eisen mg	A mg	B_1 mg	B_2 mg	C mg	Joule KJ	Calorien Kcal.
1	–	1	5	150	15	25	0,4	0,09	0,05	0,05	7	40	10

Gesundheitswert (Nach Dr. med. Th. Graether, Atem-Sanatorium, Dornhan-Fürnsal)

Winterkopfsalat besitzt ähnliche gesundheitsfördernde Wirkungen wie Kresse. Die Konzentration ist jedoch geringer. Gut für Leber, Gallenfluß und Blasentätigkeit. Auch für reinen Teint nützlich und als Schlafmittel wohltuend.

Bodenbeschaffenheit, Düngung, Bewässerung
und ergänzende Hinweise für Aussaat, Pflanzung, Schädlingsbekämpfung

Der Winterkopfsalat ist der früheste Kopfsalat, der im Frühjahr im Garten geerntet werden kann.
Hier ist die Bodenbeschaffenheit für eine optimale Kultur ausschlaggebend.
Ist der Boden nicht wasserhaltend, zu durchlässig und zu trocken, kann der Salat den Winter nicht überstehen.
Günstig sind humose, sandige Lehmböden.
Zusätzliche Düngung ist nicht erforderlich.

Nach Abernten der Vorkultur, zum Beispiel Buschbohnen, wird das Beet 8 bis 10 cm tief aufgelockert, und im Abstand von 25 cm werden etwa 6 cm tiefe Gräben gezogen. In diese sät man den Samen dünn aus und deckt ihn mit lockerer Erde ab.

Sind die Pflänzchen etwa 5 cm hoch, werden sie auf 12 cm Abstand verzogen. Der enge Abstand von 12 cm sollte eingehalten werden, weil über Winter mit einigen Ausfällen zu rechnen ist.
Der Salat wird in Gräben gesetzt, um ihn vor der Wintersonne zu schützen. Ein häufiges Antauen und Gefrieren, vor allem bei Kahlfrösten, schadet dem Salat sehr. In schneearmen Wintern ist der Salat zusätzlich noch mit Fichtenreisig abzudecken.

Schädlingsbekämpfung. Vögel, vor allem Spatzen, fressen gern das frische Grün.
Abwehrmaßnahme: Salatbeet mit Lochfolie, Netzen oder Maschendraht überspannen.

Pflanzenschutz. Krankheit: Falscher Mehltau.
Schadbild: Auf der Blattoberseite entstehen weißlich-gelbe Flecken, auf der Blattunterseite ein weiß-grauer Pilzbelag, der sich bei feuchter Witterung schnell ausbreitet. Die Pflanze wird im Wachstum geschwächt und geht bei starkem Befall ein.
Vorbeugende Bekämpfung: Obere Bodenschicht locker halten, mit Schachtelhalmtee oder „Bio-S“ spritzen.
Direkte Bekämpfung: Befallene Pflanzen sofort entfernen.

Saat- und Pflanzplan für Freiland-Gemüsebau

Gemüseart

Winterrettich

1 g Samen enthält	Keimfähigkeit	Keimzeit
etwa 120 Korn	4 Jahre	5–8 Tage

Sortenvorschlag Siehe auch "Aussaat-Übersicht" für Folgesaaten, Früh- und Spätsorten, Seite 142	Aussaatzeit	Erntezeit
– Blauer Herbst und Winter	Juni–August	Mitte August–Oktober
– Runder schwarzer Winter	Ende Juni– Mitte Juli	Ende September– Oktober
– Langer schwarzer Winter		

Direktsaat aufs Beet			Setzling-Anzucht (siehe auch gleichlautenden Artikel)							Auspflanzen aufs Beet	
			Anzucht I im Frühbeet	Anzucht II in Saatschale			Anzucht III im Pflanztopf				
Tiefe cm	Reihenabstand cm	Pflanzenabstand cm	Tiefe cm	Tiefe cm	Temperatur Grad C	Pikieren in Topf ∅ in cm	Topf ∅ in cm	Tiefe cm	Temperatur Grad C	Reihenabstand cm	Pflanzenabstand cm
1,5	25	25									

Fruchtwechsel

Vorjahreskultur	Vorkultur	Zwischenkultur	Nachkultur
Fenchel, Endivien Zwiebeln	Kopfsalat Spinat	Radieschen Schnittsalat	–

Nährwert in 100 g eßbarem Anteil

Hauptstoffe			Mineralstoffe					Vitamine				Energie	
Eiweiß g	Fett g	Kohlehyd. g	Natrium mg	Kalium mg	Calcium mg	Phosphor mg	Eisen mg	A mg	B_1 mg	B_2 mg	C mg	Joule KJ	Calorien Kcal.
1	–	3	15	245	25	20	0,6	0,001	0,05	0,02	22	65	15

Gesundheitswert (Nach Dr. med. Th. Graether, Atem-Sanatorium, Dornhan-Fürnsal)

Alle Retticharten, besonders aber der Schwarze Rettich, sind reich an Vitamin B und C. Sehr gut bei Erkrankung der Atemwege, bei chronischer Bronchitis und Diabetes. Harntreibend. Heilend bei Blasenkrankheiten.

Bodenbeschaffenheit, Düngung, Bewässerung
und ergänzende Hinweise für Aussaat, Pflanzung, Schädlingsbekämpfung

Der Winterrettich wächst am besten in sandigen, humosen und feuchten Lehmböden.
Ist der Gartenboden fest und schwer (Mergel- oder Lehmboden), muß unbedingt eine 2 bis 3 cm starke Schicht Flußsand etwa 5 bis 6 cm tief eingeharkt werden. Trockene Sandböden werden mit alter Komposterde, vermischt mit Torf, im Verhältnis 3 : 1, verbessert. Auf keinen Fall frischen Stallmist oder Kompost, jünger als ein Jahr, verwenden.
Vor der Aussaat düngt man noch je qm mit 20 g organischem Volldünger und 10 g Holzasche.
Beides wird etwa 3 bis 5 cm tief untergemischt.

Hitze und Trockenheit sagen dem Rettich nicht zu. Deshalb muß er immer feucht gehalten werden!
Andernfalls treten Wachstumsstockungen auf. Die Rettiche werden holzig, platzen, und es besteht Schossergefahr.
Rettiche sind nicht selbstverträglich. Daher nicht nacheinander auf dasselbe Beet säen.

Die Aussaat erfolgt in Reihen. Entweder Einzelkornsaat, das heißt, ein, besser zwei Körner werden im Abstand von 25 cm ausgelegt (gestupft), oder es wird gleichmäßig dünn ausgesät und nach der Keimung, wenn das dritte Blatt entwickelt ist, auf 25 cm Abstand verzogen. In beiden Fällen läßt man immer nur den kräftigsten Sämling stehen.
Während der Kultur wird der Boden zwischen den Reihen immer locker gehalten und des öfteren flach durchgehackt – besonders nach Regenfällen.
Zwischen den Reihen darf nicht gemulcht werden. Rettich muß vor Trockenheit geschützt werden.
14 Tage vor der Ernte wird nicht mehr gegossen.
Die Ernte soll bei trockenem Wetter erfolgen. Dies gilt vor allem, wenn der Winterrettich in der Miete gelagert wird. In diesem Fall wäscht man den Rettich nicht, sondern entfernt nur die gröbste Erde und schneidet die Blätter bündig mit dem Rettich ab.

Schädlingsbekämpfung. Schädling: Erdfloh.
Schadbild: Die Erdflöhe fressen schon in die Keimblätter und später auch in die Blätter Löcher.
Bei starkem Befall verkümmert das Pflänzchen.
Vorbeugende Bekämpfung: Boden feucht halten. Mischkultur mit Schnittsalat oder Spinat.
Taunasse Pflanzen mit Gesteinsmehl bestäuben.
Direkte Bekämpfung: Stäuben mit „Spruzit-Staub“.

Saat- und Pflanzplan für Freiland-Gemüsebau

Gemüseart

Wirsing

1 g Samen enthält	Keimfähigkeit	Keimzeit
etwa 250 Korn	4 Jahre	5–8 Tage

Sortenvorschlag Siehe auch "Aussaat-Übersicht" für Folgesaaten, Früh- und Spätsorten, Seite 142	Aussaatzeit	Erntezeit
– Marner Grünkopf – Wirosa – Winterfürst	Mitte März–Ende April Mai– Anfang Juni	Ende Juli–August Oktober– Dezember

Direktsaat aufs Beet			Setzling-Anzucht (siehe auch gleichlautenden Artikel)							Auspflanzen aufs Beet	
			Anzucht I im Frühbeet	Anzucht II in Saatschale			Anzucht III im Pflanztopf				
Tiefe cm	Reihenabstand cm	Pflanzenabstand cm	Tiefe cm	Tiefe cm	Temperatur Grad C	Pikieren in Topf Ø in cm	Topf Ø in cm	Tiefe cm	Temperatur Grad C	Reihenabstand cm	Pflanzenabstand cm
			1	0,5	16	8	8	0,5	16	50	50

Fruchtwechsel

Vorjahreskultur	Vorkultur	Zwischenkultur	Nachkultur
Bohnen, Mangold Zwiebeln	Rettiche Spinat	Radieschen	–

Nährwert in 100 g eßbarem Anteil

Hauptstoffe			Mineralstoffe					Vitamine				Energie	
Eiweiß g	Fett g	Kohlehyd. g	Natrium mg	Kalium mg	Calcium mg	Phosphor mg	Eisen mg	A mg	B_1 mg	B_2 mg	C mg	Joule KJ	Calorien Kcal.
2	–	3	7	205	35	40	–	0,005	0,05	0,05	32	100	24

Gesundheitswert (Nach Dr. med. Th. Graether, Atem-Sanatorium, Dornhan-Fürnsal)

Gute Wirkung bei Heiserkeit und Erkrankung der Atmungsorgane. Appetitfördernd. Regt die Darmtätigkeit an und desinfiziert den Verdauungstrakt. Hilft bei Schuppenbildung, aufgesprungenen Lippen und Milchschorf bei Kleinkindern.

Bodenbeschaffenheit, Düngung, Bewässerung
und ergänzende Hinweise für Aussaat, Pflanzung, Schädlingsbekämpfung

Wie alle Kohlarten liebt auch der Wirsing mittelschweren, humosen Lehmboden, der jedoch immer gut feucht sein muß, um eine sichere und gute Kopfbildung zu gewährleisten.
Durchlässige, trockene und sandige Böden müssen zur Feuchthaltung mit Torf und Kompost verbessert werden. Windgeschützter Platz ist von Vorteil.

Vor dem Auspflanzen düngt man das Beet entweder mit einer 2 bis 3 cm starken Schicht 1jähriger Komposterde, je qm 30 g organischem Volldünger, 10 g Holzasche oder 20 g Algomin oder mit einer 2 cm starken Schicht Torf-Sand-Gemisch, im Verhältnis 2 : 1, 80 g organischem Volldünger, 20 g Holzasche und 30 g Algomin und vermischt dies alles jeweils etwa 5 bis 8 cm tief mit der Gartenerde.

Die Setzlinge werden etwa 2 bis 3 cm tiefer gesetzt. Dadurch entstehen zusätzliche Seitenwurzeln, die der Pflanze zugute kommen.
Nach etwa 4 bis 6 Wochen, wenn die Pflanzen gut angewachsen sind, wird einmal flach, 2 bis 3 cm tief, durchgehackt und anschließend mit 1- bis 2jährigem Stallmist, 3 cm hoch, gemulcht. Bei Strohmulch, der 6 bis 8 cm hoch sein kann, streut man zur Stickstoffdüngung je qm 30 g Hornspäne darüber. Während der Kulturperiode ist immer auf gute Bodenfeuchtigkeit zu achten. Die günstigste Zeit zum Gießen ist in den Abendstunden.

Wirsing wächst gut in Gemeinschaft mit Gurken. Diese können zwischen oder nebeneinander angepflanzt werden.
Die Sorten „Wirosa“ und „Winterfürst“ sind für den Wintereinschlag gut geeignet.

Schädlingsbekämpfung. Schädling: Erdraupe.
Schadbild: Die Raupen fressen nachts Blätter, Stengel und Wurzeln der Pflanze. Tagsüber liegen sie etwa 1 bis 3 cm tief eingerollt im Boden.
Vorbeugende Bekämpfung: Farnkraut zwischen die Reihen legen. Vögel, vor allem Amseln, fressen gerne diese Raupen.
Direkte Bekämpfung: Abends mit Bakterienpräparat „Bazillus thuringiensis“ spritzen.

Gemüseart

Zichoriensalat Radicchio

1 g Samen enthält	Keimfähigkeit	Keimzeit
etwa 700 Korn	5 Jahre	10–15 Tage

Sortenvorschlag Siehe auch "Aussaat-Übersicht" für Folgesaaten, Früh- und Spätsorten, Seite 142	Aussaatzeit	Erntezeit
– Roter von Verona	Mitte Juli– Anfang August	Ende März– April
– Radicchio	Mitte Juli	Oktober–November

Direktsaat aufs Beet			Setzling-Anzucht (siehe auch gleichlautenden Artikel)							Auspflanzen aufs Beet	
			Anzucht I im Frühbeet	Anzucht II in Saatschale			Anzucht III im Pflanztopf				
Tiefe cm	Reihenabstand cm	Pflanzenabstand cm	Tiefe cm	Tiefe cm	Temperatur Grad C	Pikieren in Topf ∅ in cm	Topf ∅ in cm	Tiefe cm	Temperatur Grad C	Reihenabstand cm	Pflanzenabstand cm
1,5	20	15									

Fruchtwechsel

Vorjahreskultur	Vorkultur	Zwischenkultur	Nachkultur
Sellerie Rosenkohl	Blumenkohl Kopfsalat		

Nährwert in 100 g eßbarem Anteil

Hauptstoffe			Mineralstoffe					Vitamine				Energie	
Eiweiß g	Fett g	Kohlehyd. g	Natrium mg	Kalium mg	Calcium mg	Phosphor mg	Eisen mg	A mg	B_1 mg	B_2 mg	C mg	Joule KJ	Calorien Kcal.

Gesundheitswert (Nach Dr. med. Th. Graether, Atem-Sanatorium, Dornhan-Fürnsal)

Für den Zichoriensalat Radicchio liegen noch keine genauen Nähr- und Gesundheitswerte vor.

Bodenbeschaffenheit, Düngung, Bewässerung
und ergänzende Hinweise für Aussaat, Pflanzung, Schädlingsbekämpfung

Es gibt zwei Sorten von Zichoriensalat, die beide rote Köpfe bilden.
Die bekanntere Sorte „Radicchio" bildet schon im Herbst lockere bis leicht feste, weinrote Köpfe.
Die Sorte „Roter von Verona" bildet erst im kommenden Frühjahr kleine, dunkelrote Köpfe.
In bezug auf Klima und Bodenbeschaffenheit sind beide Zichoriensalate anspruchslos. In lockerem und vor allem durchlässigem Boden wachsen sie am besten.

Ist die Vorkultur abgeerntet, wird das Beet 5 cm tief gelockert und eine 1 cm starke Schicht gesiebte 1½jährige Komposterde aufgebracht. Zusätzliche Düngung ist nicht erforderlich.
Während der Keimzeit ist darauf zu achten, daß der Boden gut feucht bleibt. Nach der Keimung ist das nicht mehr so entscheidend. Im August wird zwischen den Reihen ein- bis zweimal flach durchgehackt.

Die Aussaat beider Sorten darf nicht vor Mitte Juli erfolgen, weil sie sonst gleich in Samen gehen und keine Köpfe bilden. Der Samen wird gleichmäßig und vor allem dünn in die Reihen gesät.
Nach etwa 3 Wochen sind die kleinen Pflänzchen in den Reihen auf etwa 15 cm zu verziehen. Die stärksten Pflanzen werden stehen gelassen. Die verzogenen Pflänzchen können wieder gepflanzt werden.

„Roter von Verona" hat anfangs grüne Blätter, die im Spätherbst absterben. Die Wurzel verbleibt im Boden und benötigt etwas Winterschutz. Im zeitigen Frühjahr, Anfang März, ist es günstig, ein Folienzelt über den Pflanzen aufzustellen. Die Pflanzen sind dadurch etwas geschützt und treiben kräftiger durch. Der Salat kann so schon früh geerntet werden. Die Sorte „Radicchio" überwintert nicht. Erntezeit ab Oktober.

Schädlingsbekämpfung. Schädling: Erdraupe.
Schadbild: Diese Raupen fressen die jungen Blätter der Pflanze und die Wurzeln.
Vorbeugende Bekämpfung: Farnkraut zwischen die Reihen legen.
Direkte Bekämpfung: Aufsuchen der Raupen in unmittelbarer Nähe der befallenen Pflanze, etwa 1 bis 3 cm tief im Boden. Bei starkem Befall am späten Abend Pflanze und Wurzelhals mit „Bacillus thuringiensis" spritzen.

Gemüseart

Zichoriensalat Zuckerhut

1 g Samen enthält	Keimfähigkeit	Keimzeit
etwa 700 Korn	5 Jahre	10–15 Tage

Sortenvorschlag Siehe auch "Aussaat-Übersicht" für Folgesaaten, Früh- und Spätsorten, Seite 142	Aussaatzeit	Erntezeit
– Zuckerhut	Anfang Juni– Anfang Juli	Mitte September– Anfang November

Direktsaat aufs Beet			Setzling-Anzucht (siehe auch gleichlautenden Artikel)							Auspflanzen aufs Beet	
			Anzucht I im Frühbeet	Anzucht II in Saatschale			Anzucht III im Pflanztopf				
Tiefe cm	Reihenabstand cm	Pflanzenabstand cm	Tiefe cm	Tiefe cm	Temperatur Grad C	Pikieren in Topf ∅ in cm	Topf ∅ in cm	Tiefe cm	Temperatur Grad C	Reihenabstand cm	Pflanzenabstand cm
1,5	30	25									

Fruchtwechsel

Vorjahreskultur	Vorkultur	Zwischenkultur	Nachkultur
Sellerie, Lauch Rote Bete	Kohlrabi, Rettiche, Radieschen	–	–

Nährwert in 100 g eßbarem Anteil

Hauptstoffe			Mineralstoffe					Vitamine				Energie	
Eiweiß g	Fett g	Kohlehyd. g	Natrium mg	Kalium mg	Calcium mg	Phosphor mg	Eisen mg	A mg	B_1 mg	B_2 mg	C mg	Joule KJ	Calorien Kcal.

Gesundheitswert (Nach Dr. med. Th. Graether, Atem-Sanatorium, Dornhan-Fürnsal)

Für den Zichoriensalat Zuckerhut liegen noch keine genauen Nähr- und Gesundheitswerte vor.

Bodenbeschaffenheit, Düngung, Bewässerung
und ergänzende Hinweise für Aussaat, Pflanzung, Schädlingsbekämpfung

Auf mittelschweren, humosen Lehmböden, die nicht zu naß sind, gedeiht der Zichoriensalat am besten. Die Ansprüche an das Klima sind gering. Er kann deshalb überall kultiviert werden.

Nachdem die Vorkultur abgeerntet ist, wird je qm 10 bis 20 g Holzasche oder 40%iges Kali auf das Beet gestreut und etwa 5 cm tief mit der Gartenerde vermischt. Bei durchlässigen Böden bringt man zusätzlich noch eine 1 bis 2 cm starke Schicht gesiebte Komposterde, 2 bis 3jährig, auf und harkt diese ebenfalls ein.

Man darf nicht vor Juni säen. Bei Maiaussaat besteht die Gefahr, daß der Salat keine Köpfe bildet, sondern gleich in Samen geht. Es wird dünn in 1½ bis 2 cm tiefe Reihen ausgesät, abgedeckt und angegossen.
Wenn die Pflanzen 8 bis 10 cm hoch sind, werden sie auf etwa 25 bis 30 cm Abstand verzogen.
Die verzogenen Pflanzen können wieder gepflanzt werden.
Während der Kultur, hauptsächlich nach starken Regenfällen, wird zwischen den Reihen flach durchgehackt.

Im großen und ganzen sind Zichorienpflanzen sehr anspruchslos.
„Zuckerhut“, im November geerntet, kann bis Januar/Februar des nächsten Jahres aufbewahrt werden, indem man die Pflanzen mit der Wurzel total in die Erde eingräbt. Bei strengem Frost muß er mit Stroh oder Laub abgedeckt werden.
Man kann die Pflanzen auch samt Wurzel in Zeitungspapier einwickeln und im kühlen Keller in feuchten Sand einschlagen.

Schädlingsbekämpfung. Schädling: Erdraupe.
Schadbild: Diese Raupen fressen die jungen Blätter der Pflanze und die Wurzeln.
Vorbeugende Bekämpfung: Farnkraut zwischen die Reihen legen.
Direkte Bekämpfung: Aufsuchen der Raupen in unmittelbarer Nähe der befallenen Pflanze, etwa 1 bis 3 cm tief im Boden. Bei starkem Befall am späten Abend Pflanze und Wurzelhals mit „Bacillus thuringiensis“ spritzen.

Gemüseart

Zucchini

1 g Samen enthält	Keimfähigkeit	Keimzeit
3–5 Korn	4 Jahre	10 Tage

Sortenvorschlag	Aussaatzeit	Erntezeit
Siehe auch "Aussaat-Übersicht" für Folgesaaten, Früh- und Spätsorten, Seite 142 – Cocozelle von Tripolis – Diamant F 1 Hybride	Ende Mai–Anfang Juni Bei Anzucht in Töpfen: Anfang–Mitte Mai	Ende Juli– Oktober

Direktsaat aufs Beet			Setzling-Anzucht (siehe auch gleichlautenden Artikel)							Auspflanzen aufs Beet	
			Anzucht I im Frühbeet	Anzucht II in Saatschale			Anzucht III im Pflanztopf				
Tiefe cm	Reihenabstand cm	Pflanzenabstand cm	Tiefe cm	Tiefe cm	Temperatur Grad C	Pikieren in Topf ⌀ in cm	Topf ⌀ in cm	Tiefe cm	Temperatur Grad C	Reihenabstand cm	Pflanzenabstand cm
1,5	150	100					8	1,5	18	150	100

Fruchtwechsel

Vorjahreskultur	Vorkultur	Zwischenkultur	Nachkultur
Zwiebeln Möhren	Kohlrabi Spinat	Rettiche	–

Nährwert in 100 g eßbarem Anteil

Hauptstoffe			Mineralstoffe					Vitamine				Energie	
Eiweiß g	Fett g	Kohlehyd. g	Natrium mg	Kalium mg	Calcium mg	Phosphor mg	Eisen mg	A mg	B_1 mg	B_2 mg	C mg	Joule KJ	Calorien Kcal.
1,1	0,1	5,5	1	383	22	44	0,8	1,960	0,05	0,07	9	117	28

Gesundheitswert (Nach Dr. med. Th. Graether, Atem-Sanatorium, Dornhan-Fürnsal)

Wirksames harntreibendes Mittel bei Nieren- und Herzerkrankungen, die mit Wasseransammlung verbunden sind. Auch stuhlfördernd und darmentgiftend. Bei Verstopfungs- und Hämorrhoiden-Neigung können Zucchini gute Dienste leisten.

Bodenbeschaffenheit, Düngung, Bewässerung
und ergänzende Hinweise für Aussaat, Pflanzung, Schädlingsbekämpfung

Für die Zucchinikultur eignet sich ein warmer, windgeschützter Platz am besten. Ist dieser nicht vorhanden, kann man ein Kleinklima schaffen, indem man höhere Pflanzen um das Beet pflanzt, wie zum Beispiel Stangenbohnen, Tomaten, Mais oder Rosenkohl.
Am besten wachsen Zucchini in humosen, lockeren und durchlässigen Gartenböden. Wasserhaltende, schwere Böden sind nicht geeignet.
Zucchini sind nicht selbstverträglich. Das heißt, sie dürfen nicht mehrmals nacheinander auf das gleiche Beet gepflanzt werden. Dies gilt auch für Beete, auf denen im Vorjahr Gurken oder Kürbisse standen.

Alle Kürbisgewächse, so auch Zucchini, sind gewaltige Zehrer. Sie benötigen viel Nährstoffe, ausreichend Feuchtigkeit und Wärme.
Vor der Aussaat bzw. vor dem Pflanzen ins Freiland harkt man je qm 80 g organischen Volldünger, 30 g Hornspäne und 30 g Algomin sowie eine Schicht von 3 bis 5 cm 1jährigem Kompost etwa 5 cm tief ein. Nicht tiefer, denn Zucchini sind Flachwurzler und entnehmen ihre Nährstoffe vor allem aus der obersten Bodenschicht. Man darf sie nicht zu früh ins Freiland aussäen, weil der Samen unter 12 °C Bodentemperatur nicht keimt.
Nach Abernten der Zwischenkultur, sonst schon etwas früher, wird mit 1jährigem Kuhmist gemulcht. Die dadurch entstehende Kohlensäure-Atmosphäre bekommt der Pflanze mit ihren großen Blättern sehr gut.

Die Aussaat erfolgt im Freiland in Reihen, alle 25 cm ein Korn.
Die Pflanzen werden später auf 1 m verzogen. Es ist darauf zu achten, daß die stärksten Pflanzen stehen bleiben.

Schädlingsbekämpfung. Schädling: Rote Spinne.
Schadbild: Die winzig kleinen Spinnmilben leben auf der Blattunterseite und bilden ein dichtes Netz. Durch ihre Saugtätigkeit schwächen sie die Pflanzen. Bei starkem Befall stirbt das Blatt bzw. die Pflanze ab.
Vorbeugende Bekämpfung: Gute Bodenabdeckung, damit eine günstige Bodenfeuchtigkeit erhalten bleibt (Trockenheit fördert den Befall). Befallene Blätter sofort entfernen.
Direkte Bekämpfung: Spritzen oder Stäuben, vor allem die Blattunterseite, mit „Spruzit-flüssig" oder „Spruzit-Staub". Nicht bei Sonne spritzen.

Gemüseart

Zuckermais

1 g Samen enthält	Keimfähigkeit	Keimzeit
4 Korn	2–3 Jahre	7–14 Tage

Sortenvorschlag Siehe auch "Aussaat-Übersicht" für Folgesaaten, Früh- und Spätsorten, Seite 142	Aussaatzeit	Erntezeit
– Aztek Hybride	Anfang–Ende Mai	Mitte August–September

Direktsaat aufs Beet			Setzling-Anzucht (siehe auch gleichlautenden Artikel)							Auspflanzen aufs Beet	
			Anzucht I im Frühbeet	Anzucht II in Saatschale			Anzucht III im Pflanztopf				
Tiefe cm	Reihenabstand cm	Pflanzenabstand cm	Tiefe cm	Tiefe cm	Temperatur Grad C	Pikieren in Topf ∅ in cm	Topf ∅ in cm	Tiefe cm	Temperatur Grad C	Reihenabstand cm	Pflanzenabstand cm
3	60	30									

Fruchtwechsel

Vorjahreskultur	Vorkultur	Zwischenkultur	Nachkultur
Bohnen Gurken	Spinat	Rettiche, Radieschen Kohlrabi	Ackersalat

Nährwert in 100 g eßbarem Anteil

Hauptstoffe			Mineralstoffe					Vitamine				Energie	
Eiweiß g	Fett g	Kohlehyd. g	Natrium mg	Kalium mg	Calcium mg	Phosphor mg	Eisen mg	A mg	B_1 mg	B_2 mg	C mg	Joule KJ	Calorien Kcal.
3,3	1,2	19,2	0,3	300	6	114	0,6	–	0,1	0,1	0,01	448	107

Gesundheitswert (Nach Dr. med. Th. Graether, Atem-Sanatorium, Dornhan-Fürnsal)

Zuckermais ist reich an Linolsäure. Seine günstige Wirkung auf die regulierende Tätigkeit der Schilddrüse wird immer wieder hervorgehoben. Maisblüten als Tee sind günstig bei Herzerkrankungen und zur erhöhten Harnabsonderung.

Bodenbeschaffenheit, Düngung, Bewässerung
und ergänzende Hinweise für Aussaat, Pflanzung, Schädlingsbekämpfung

Zuckermais benötigt zum zügigen Wachstum einen sonnigen Standort und nährstoffreichen, humushaltigen Boden.
Eine gute Pflanzengemeinschaft zusammen mit Zuckermais geben Kartoffeln, Bohnen, Gurken und Dill.

Vor der Aussaat streut man je qm 80 g organischen Volldünger auf das Beet und harkt ihn etwa 5 cm tief ein.
Sind die Pflanzen etwa 30 cm hoch und die Zwischenkultur abgeerntet, wird mit 1jährigem Kuhmist, 3 bis 5 cm hoch, gemulcht. Mangels Kuhmist kann auch mit Stroh gemulcht werden, wenn über dieses je qm 30 g Rizinusschrot oder Hornspäne gestreut werden.
Bis zur Keimung muß der Boden feucht gehalten werden. Danach darf nur bei anhaltender Trockenheit gegossen werden.

Zuckermais wird durch den Wind befruchtet. Nur befruchtete Maiskolben setzen Körner an.
Deshalb baut man Zuckermais in Blockform an oder in drei oder mehr Reihen in die Hauptwindrichtung.
Man sät ihn in Reihen aus, alle 8 bis 10 cm ein Korn, das nach dem Abdecken leicht angedrückt und angegossen wird.
Sind die Pflanzen etwa 15 cm hoch, verzieht man sie auf 30 bis 40 cm Abstand. Die stärksten Pflanzen bleiben dabei stehen.

Die Kolben werden in milchreifem Zustand geerntet und verzehrt. Diesen Zustand erkennt man daran, daß die an der Kolbenspitze erscheinenden Fadenbüschel an der Spitze zu trocknen beginnen.

Saat- und Pflanzplan für Freiland-Gemüsebau

Gemüseart

Zwiebel zum Säen

1 g Samen enthält	Keimfähigkeit	Keimzeit
etwa 250 Korn	1–2 Jahre	12–15 Tage

Sortenvorschlag Siehe auch "Aussaat-Übersicht" für Folgesaaten, Früh- und Spätsorten, Seite 142	Aussaatzeit	Erntezeit
– Stuttgarter Riesen – Hygro F 1 – Weiße Frühlingszwiebel	Anfang–Mitte März Ende Aug–Anf. Sep	August–September Mitte Juni–Juli

Direktsaat aufs Beet			Setzling-Anzucht (siehe auch gleichlautenden Artikel)							Auspflanzen aufs Beet	
			Anzucht I im Frühbeet	Anzucht II in Saatschale			Anzucht III im Pflanztopf				
Tiefe cm	Reihenabstand cm	Pflanzenabstand cm	Tiefe cm	Tiefe cm	Temperatur Grad C	Pikieren in Topf ∅ in cm	Topf ∅ in cm	Tiefe cm	Temperatur Grad C	Reihenabstand cm	Pflanzenabstand cm
1	20	5									

Fruchtwechsel

Vorjahreskultur	Vorkultur	Zwischenkultur	Nachkultur
Weißkohl, Rotkohl Rosenkohl	–	Radieschen	Spinat Ackersalat

Nährwert in 100 g eßbarem Anteil

Hauptstoffe			Mineralstoffe					Vitamine				Energie	
Eiweiß g	Fett g	Kohlehyd. g	Natrium mg	Kalium mg	Calcium mg	Phosphor mg	Eisen mg	A mg	B_1 mg	B_2 mg	C mg	Joule KJ	Calorien Kcal.
1	–	9	8	160	30	40	0,5	0,005	0,03	0,03	8	175	42

Gesundheitswert (Nach Dr. med. Th. Graether, Atem-Sanatorium, Dornhan-Fürnsal)

Als harntreibendes Mittel gut gegen Wassersucht und Gelenkrheumatismus. Gute Wirkungen gegen Erkrankungen der Atemwege, Grippe, Bronchitis, Heiserkeit und Asthma. Verdauungsfördernd und verhilft zu gutem Schlaf.

Bodenbeschaffenheit, Düngung, Bewässerung
und ergänzende Hinweise für Aussaat, Pflanzung, Schädlingsbekämpfung

Sonniger und trockener Standort sagt der Zwiebel am besten zu. Sie gedeiht auf jedem durchlässigen Boden. Ideal sind sandige Lehmböden. Ungeeignet sind feuchte und wasserhaltende Böden.
Zwiebelbeete dürfen nicht neben Bohnen- und Erbsenbeeten angelegt werden. Dies wirkt sich wachstumshemmend auf die Zwiebel aus. Günstig wirkende Nachbarn sind Petersilie, Rettiche und Rote Bete.

Im Spätherbst oder kurz vor der Aussaat streut man je qm 30 g Holzasche zur Förderung der Zwiebelbildung und deren Reife.
Das vorgesehene Beet sollte vor der Aussaat trocken und feinkrümelig sein. Die Aussaat erfolgt gleichmäßig und dünn in Reihen mit 20 cm Reihenabstand. Der Samen wird mit feiner Erde abgedeckt und gut angedrückt. Der Zwiebelsamen muß fest im Boden liegen. Bis zur Keimung muß er feucht gehalten werden. Sind die Sämlinge 12 bis 15 cm hoch, werden sie in der Reihe auf 5 cm verzogen. Die verzogenen Pflänzchen können auch wieder gepflanzt werden.
Es ist darauf zu achten, daß das Zwiebelbeet unkrautfrei bleibt. Während der Kultur wird zweimal leicht durchgehackt. Sind die Pflanzen gut entwickelt, ist auf zusätzliches Gießen zu verzichten.

Die weiße Frühlingszwiebel ist eine Überwinterungszwiebel, die zwischen 20. August und Anfang September gesät wird. Für rauhe Klimagebiete ist sie weniger geeignet. Sie darf nicht vor Mitte August gesät werden, weil die Zwiebeln sonst zu groß in den Winter kommen und im Frühjahr gleich in Samen gehen. Sie werden ab Mitte Juni bis Juli mit den Schlotten geerntet und in Büscheln oder Zöpfen zum Trocknen aufgehängt.

Schädlingsbekämpfung. Schädling: Zwiebelfliege.
Schadbild: Die Fliege legt ihre Eier an den Grund der jungen Triebe. Daraus schlüpfen Maden und fressen sich in die Zwiebel ein. Durch ihren Fraß im Herz der Zwiebel verursachen sie eine Bakterienkrankheit. Dadurch wird die Zwiebel weich und fault.
Vorbeugende Bekämpfung: Auf keinen Fall frischen Mist oder Jauche verwenden. Zwiebeln laufend mit Algenkalk oder Gesteinsmehl bestäuben.
Direkte Bekämpfung: Alle befallenen Pflanzen sofort herausnehmen und verbrennen.
Ab April bis Mai die Pflanzen mit „Biogemüse-Streumittel“ überstreuen. Des öfteren mit „Spruzit-Staub“ überstäuben.

Saat- und Pflanzplan für Freiland-Gemüsebau

Gemüseart

Zwiebel zum Stecken

1 g Samen enthält	Keimfähigkeit	Keimzeit
Für 1 qm werden etwa 60–80 Steckzwiebeln benötigt	1 Jahr	5–10 Tage

Sortenvorschlag Siehe auch "Aussaat-Übersicht" für Folgesaaten, Früh- und Spätsorten, Seite 142	Aussaatzeit	Erntezeit
– Stuttgarter Riesen	Ende April Anfang Mai	August

Direktsaat aufs Beet			Setzling-Anzucht (siehe auch gleichlautenden Artikel)							Auspflanzen aufs Beet	
			Anzucht I im Frühbeet	Anzucht II in Saatschale			Anzucht III im Pflanztopf				
Tiefe cm	Reihenabstand cm	Pflanzenabstand cm	Tiefe cm	Tiefe cm	Temperatur Grad C	Pikieren in Topf ∅ in cm	Topf ∅ in cm	Tiefe cm	Temperatur Grad C	Reihenabstand cm	Pflanzenabstand cm
3	20	6									

Fruchtwechsel

Vorjahreskultur	Vorkultur	Zwischenkultur	Nachkultur
Wirsing Rosenkohl	Ackersalat	Kopfsalat Radieschen	Chinakohl

Nährwert in 100 g eßbarem Anteil

Hauptstoffe			Mineralstoffe					Vitamine				Energie	
Eiweiß g	Fett g	Kohlehyd. g	Natrium mg	Kalium mg	Calcium mg	Phosphor mg	Eisen mg	A mg	B_1 mg	B_2 mg	C mg	Joule KJ	Calorien Kcal.
1	–	9	8	160	30	40	0,5	0,005	0,03	0.03	8	175	42

Gesundheitswert (Nach Dr. med. Th. Graether, Atem-Sanatorium, Dornhan-Fürnsal)

Als harntreibendes Mittel gut gegen Wassersucht und Gelenkrheumatismus. Gute Wirkungen werden erzielt bei Erkrankungen der Atemwege, Grippe, Bronchitis, Heiserkeit und Asthma. Verdauungsfördernd und wirksame Hilfe zu gutem Schlaf.

Bodenbeschaffenheit, Düngung, Bewässerung
und ergänzende Hinweise für Aussaat, Pflanzung, Schädlingsbekämpfung

Die Zwiebel benötigt zum gesunden Wachstum viel Sonne, durchlässigen Boden und freie Lage. Am besten gedeiht sie auf humosen, sandigen Lehmböden. Bei schweren Böden, wie Lehm und Mergel, ist unbedingt Flußsand einzuarbeiten. In wasserhaltenden, sauren Böden wächst die Zwiebel nicht. Die Nähe von Buschbohnen, Stangenbohnen und Erbsen ist zu meiden, weil diese auf die Zwiebel wachstumshemmend wirken. Günstig ist die Nachbarschaft von Roten Beten, Rettichen und Petersilie.

Vor dem Stecken ist eine Gabe von 30 g Holzasche je qm zu empfehlen. Dadurch wird die Zwiebelbildung und deren Reife gefördert. Auf keinen Fall darf man stickstoffhaltigen Dünger verabreichen. Dieser hat zur Folge, daß die Zwiebel bei der Lagerung fault. Dasselbe trifft auch für die Bewässerung zu. Selbst in trockenen Sommermonaten sollte man nicht gießen.

Die Steckzwiebel darf man nicht zu früh stecken, weil bei stärkerer Frosteinwirkung Schosser entstehen. Das Herausschnellen der Steckzwiebel nach dem Stecken wird hauptsächlich durch das plötzliche Wurzelwachstum hervorgerufen und nicht, wie irrtümlich angenommen, durch Vögel oder Würmer verursacht. Während der Wachstumsperiode wird der Boden zwischen den Reihen, hauptsächlich nach Regen, aufgelockert.

Man muß die Zwiebel voll ausreifen lassen und darf nicht durch Umknicken der Schlotten eine Notreife erzwingen. Auch dies ergibt eine schlechte Lagerqualität.
In einem kühlen, luftigen Raum erzielt man die beste Lagerhaltbarkeit der Zwiebel.
Sie verträgt sogar Fröste bis zu minus 2 °C.

Pflanzenschutz. Krankheit: Falscher Mehltau.
Schadbild: Es entstehen weiße bis gelbliche Flecken an den Schlotten, die sich bei feuchtwarmer Witterung schnell ausbreiten. Die Schlotten sterben ab.
Vorbeugende Abwehr: Feuchte Lagen und Böden meiden. Boden locker halten. Nach starkem Befall mindestens 3 Jahre Fruchtwechsel vornehmen.
Direkte Bekämpfung: Kranke Pflanzen entfernen.
Mit Schachtelhalmtee, „Bio-S“ oder Algenextrakten spritzen.

Biogemüse möglichst für das ganze Jahr aus dem eigenen Garten

Für den Biogemüseheimgärtner ist es wichtig und sehr günstig, möglichst über das ganze Jahr über eine ausreichende Menge an Biogemüse verfügen zu können.

In den Saat- und Pflanzplänen ist für jede einzelne Gemüseart alles erschöpfend gesagt, was zur erfolgreichen Kultur von Bedeutung ist. Um jedoch immer rasch zu erkennen, was während der einzelnen Monate im Freiland gesät, gepflanzt und geerntet werden kann – welche Kulturen im kalten Gewächs- und Folienhaus möglich sind – welche Vorteile das warme Gewächshaus bietet – wie durch Früh- und Späternten die Kulturzeit wesentlich verlängert werden kann – welche Samensorten für die einzelnen Gemüse für Folgesaaten, Früh- und Späternten gewählt werden müssen – wurden die folgenden sechs Pläne ausgearbeitet, die auf alle diese Fragen eine rasche und zuverlässige Auskunft geben. Es ist für den Biogemüseheimgärtner wichtig, sich mit diesen wertvollen Übersichten etwas gründlicher zu beschäftigen.

Jahresterminplan für Biogemüsebau im Freiland

Von März bis September ist für jeden Monat ersichtlich, was gesät, gepflanzt und geerntet werden kann. Es ist auch gesagt, in welchen Fällen die Anzucht der Jungpflanzen entweder im Frühbeet, Gewächshaus oder Wohnhaus möglich ist.

Jahresterminplan für Biogemüsebau im kalten Gewächs- und Folienhaus

Dieser Plan ist nach den wichtigsten Hauptkulturen wie Gurke, Tomate, Paprika, Blumenkohl, Brokkoli, Rotkohl, Weißkohl und Wirsing aufgebaut. Die besten Vor-, Zwischen- und Nachkulturen sind angegeben sowie die Aussaat-, Pflanz- und Erntezeiten.

Jahresterminplan für Biogemüsebau im warmen Gewächshaus

Auch dieser Plan ist nach den wichtigsten Hauptkulturen wie Paprika, Tomate, Gurke, Buschbohne und Fenchel gegliedert, mit Angabe der besten Vor-, Zwischen- und Nachkulturen. Hinweise für die jeweils erforderlichen Wärmegrade im Gewächshaus sowie für die entsprechenden Aussaat-, Pflanz- und Erntezeiten sind vorhanden.

Terminpläne für Frühernten und Späternten

Die Angaben wurden jeweils für Kulturen im Freilandfolientunnel, Frühbeet mit Glas- oder Folienfenster, Kaltgewächshaus oder Folienhaus mit den für die einzelnen Gemüsesorten geeigneten Aussaat-, Pflanz- und Erntezeiten gemacht.

Aussaatübersicht für Folgesaaten, Früh- und Spätsorten

Es wird oft nicht genügend berücksichtigt, daß für Folgesaaten, Früh- und Spätaussaaten ganz verschiedene Samensorten erforderlich sind. Wenn das nicht beachtet wird, sind meist Mißernten die Folge davon. Um solchen Ärger zu vermeiden, ist hier in einer Übersicht gezeigt, welche Samensorten für die jeweiligen Aussaattermine die besten sind. Falls in Ihrem Fachgeschäft je kein Hild-Samen erhältlich sein sollte, ist es dennoch sinnvoll, die Hild-Sorte zu nennen. Jedes erfahrene Samenfachgeschäft kann Ihnen dann eine ähnliche Sorte eines anderen Samenzüchters empfehlen.

Aufstellen eines Gewächs- oder Folienhauses
Früher oder später wird bei dem einen oder anderen Biogemüseheimgärtner der Wunsch wachsen, ein Gewächs- oder Folienhaus zu besitzen. Um eine solche Entscheidung leichter treffen zu können, wird in den schon erwähnten Jahresterminplänen für das warme Gewächshaus, Freilandfolientunnel sowie Kaltgewächshaus und Kaltfolienhaus dargestellt, welche zusätzlichen Gemüsekulturen in diesen Häusern möglich sind.
Wenn die ernsthafte Absicht besteht, ein Gewächshaus, Folienhaus oder selbstlüftendes Frühbeetfenster anzuschaffen, sollte man vorher gründlich die verschiedenen Angebote überprüfen. Die günstigste Größe für ein Gewächshaus liegt bei 4 × 6 m. Dies ist am besten einteilbar und ausnutzbar. Auf gute Lüftungseinrichtung und Winterwärme-Isolierung ist zu achten.
Nachstehend einige Herstelleranschriften:

Beckmann KG, Foliengewächshäuser
Simoniusstr. 17, 7988 Wangen

Engel-Gewächshausbau
8069 Rohrbach

Hunecke-Gewächshausbau
Postfach 11/0259, 4800 Bielefeld 11

Karl Kräss KG, Gewächshausbau
Schulstr. 37, 7912 Weißenhorn

Kuno Krieger, Gewächshausbau
Gahlenfeldstr. 5, 5804 Herdecke-Ende

Rainer Messerschmidt KG, Gewächshausbau
Autenbachstr. 22, 7320 Göppingen

Karl Richter, Selbstlüftende Frühbeetfenster
Großhaderner Str. 24, 8000 München 70

Feddersen-Gewächshausbau
Bl.-Bahnhofstr. 60, 2000 Hamburg 55

Wilhelm Terlinden GmbH, Gewächshausbau
Bruchweg 1, 4232 Xanten 1/Birten

Alfred Vollmer, Gewächshausbau
Emil-Münz-Str. 10, 7050 Waiblingen

Jahresterminplan für Biogemüsebau im Freiland **Monat MÄRZ**

Bei Samenbezug für Märzaussaat auf frühe Sorten achten.

Gemüseart	**Aussaatzeit** A = Monatsanfang M = Monatsmitte E = Monatsende	Anzucht im Frühbeet Gewächshaus Wohnhaus	**Pflanzzeit** A = Monatsanfang M = Monatsmitte E = Monatsende	Reihen- abstand cm	Pflanzen- abstand cm	**Erntezeit** A = Monatsanfang M = Monatsmitte E = Monatsende
Blumenkohl	M Mrz–E Mrz	×	E Apr–A Mai	50	50	E Jun–E Jul
Brokkoli	A Mrz–E Mrz	×	M Apr–A Mai	50	50	E Jun–E Jul
Erbse	A Mrz–E Mrz			40	3	M Mai–A Jun
Kohlrabi	A Mrz–E Mrz	×	M Apr–A Mai	25	20	A Jun–M Jul
Kopfsalat	A Mrz–E Mrz	×	M Apr–E Apr	25	20	E Mai–E Jun
Lauch	A Mrz–M Mrz	×	M Mai–E Mai	30	15	E Jul–E Dez
Möhre	A Mrz–E Mrz			25	3	A Jul–E Aug
Neuseeländer Spinat	A Mrz–E Mrz	×	A Mai–M Mai	100	100	M Jun–A Okt
Paprika	A Mrz–E Mrz	×	E Mai–A Jun	60	40	E Jul–E Sep
Petersilie	M Mrz–E Mrz			20	1	E Mai–E Nov
Radieschen	M Mrz–E Mrz			12	8	E Apr–M Mai
Rettich	M Mrz–E Mrz			20	20	M Mai–E Jun
Rotkohl	A Mrz–E Mrz	×	E Apr–A Mai	60	50	E Jun–E Aug
Schnittlauch	A Mrz–E Mrz			20	0,2	E Jun–E Okt
Schwarzwurzel	M Mrz–E Mrz			25	7	E Okt–M Nov
Sellerie	A Mrz–E Mrz	×	E Mai–A Jun	45	40	M Sep–E Okt
Spinat	A Mrz–E Mrz			20	1	E Apr–E Mai
Tomate	A Mrz–E Mrz	×	M Mai–E Mai	60	50	M Jul–E Okt
Weißkohl/Wirsing	A Mrz–E Mrz	×	E Apr–A Mai	50	50	E Jun–E Jul
Zwiebel	A Mrz–E Mrz			20	6	A Aug–E Sep

Jahresterminplan für Biogemüsebau im Freiland **Monat APRIL**

Gemüseart	**Aussaat** A = Monatsanfang M = Monatsmitte E = Monatsende	Anzucht im Frühbeet Gewächshaus Wohnhaus	**Pflanzzeit** A = Monatsanfang M = Monatsmitte E = Monatsende	Reihen- abstand cm	Pflanzen- abstand cm	**Erntezeit** A = Monatsanfang M = Monatsmitte E = Monatsende
Blumenkohl	A Apr–E Apr	×	M Mai–M Jun	50	50	M Jul–E Aug
Brokkoli	A Apr–E Apr	×	M Mai–E Mai	50	50	M Jul–E Aug
Chicoree	M Apr–E Apr			30	6	Wurzeln im Okt/ Treiben ab Dez
Erbse (Markerbse)	A Apr–E Apr			40	3	M Jun–M Jul
Knoblauch	A Apr–E Apr			20	8	E Jul–M Aug
Kohlrabi	A Apr–E Apr	×	M Mai–E Mai	25	20	E Jun–E Jul
Kopfsalat	A Apr–E Apr	×	M Mai–E Mai	25	20	E Jun–E Jul
Mangold	A Apr–E Apr			30	5	M Jun–E Sep
Möhre	A Apr–E Apr			25	2–3	A Aug–E Sep
Neuseeländer Spinat	A Apr–E Apr	×	A Jun–M Jun	100	100	A Jul–A Okt
Petersilie	A Apr–E Apr			20	1	M Jun–E Okt
Radieschen	A Apr–E Apr			12	8	A Mai–E Mai
Rettich	A Apr–E Apr			20	20	M Mai–A Jun
Rosenkohl	A Apr–E Apr	×	M Mai–E Mai	80	60	E Sep–E Dez
Rotkohl	A Apr–E Apr	×	M Mai–A Jun	60	50	A Sep–E Okt
Schnittlauch	A Apr–E Apr			20	0,2	A Jul–E Okt
Schwarzwurzel	A Apr–E Apr			25	7	E Okt–M Nov
Spinat	A Apr–E Apr			20	1	M Mai–M Jun
Steckzwiebel	M Apr–E Apr			20	6	A Aug–M Sep
Weißkohl/Wirsing	A Apr–E Apr	×	M Mai–A Jun	50	50	E Aug–M Okt

Jahresterminplan für Biogemüsebau im Freiland

Monat MAI

Gemüseart	**Aussaatzeit** A = Monatsanfang M = Monatsmitte E = Monatsende	Anzucht im Frühbeet Gewächshaus Wohnhaus	**Pflanzzeit** A = Monatsanfang M = Monatsmitte E = Monatsende	Reihen-abstand cm	Pflanzen-abstand cm	**Erntezeit** A = Monatsanfang M = Monatsmitte E = Monatsende
Blumenkohl	A Mai–E Mai	×	A Jun–M Jun	50	50	A Aug–E Sep
Brokkoli	A Mai–E Mai	×	A Jun–M Jun	50	50	A Aug–E Sep
Buschbohne	M Mai–E Mai			50	5	M Jul–E Aug
Chicoree	A Mai–M Mai			30	6	Wurzeln im Okt/ Treiben ab Dez
Einlegegurke	E Mai			80	30	A Jul–E Sep
Gurke	M Mai–E Mai			100	40	E Jul–E Sep
Grünkohl	A Mai–M Mai	×	A Jun–M Jun	45	45	ab Oktober
Knollenfenchel	M Mai–E Mai			40	30	E Jul–A Aug
Kohlrabi	M Mai–E Mai	×	A Jun–E Jun	25	20	A Jul–M Aug
Kopfsalat	M Mai–E Mai			25	20	A Jul–M Aug
Kürbis	E Mai			150	100	M Aug–A Okt
Mangold	A Mai			30	5	E Jun–E Sep
Möhre	A Mai–E Mai			25	3	A Sep–E Nov
Petersilie	A Mai–E Mai			20	1	E Jul–E Okt
Radieschen	A Mai–E Mai			12	8	A Jun–M Jun
Rettich	A Mai–E Mai			20	20	M Jun–M Jul
Rote Bete	M Mai–E Mai			25	7	E Aug–M Sep
Rotkohl	A Mai–M Mai	×	A Jun–E Jun	60	50	E Sep–M Nov
Stangenbohne	A Mai–E Mai			90	70	M Jul–E Aug
Weißkohl/Wirsing	A Mai–E Mai	×	A Jun–E Jun	50	50	E Sep–E Nov
Zucchini	M Mai–E Mai			150	100	E Jul–E Okt

Jahresterminplan für Biogemüsebau im Freiland **Monat JUNI**

Gemüseart	**Aussaatzeit** A = Monatsanfang M = Monatsmitte E = Monatsende	Anzucht im Frühbeet Gewächshaus Wohnhaus	**Pflanzzeit** A = Monatsanfang M = Monatsmitte E = Monatsende	Reihen-abstand cm	Pflanzen-abstand cm	**Erntezeit** A = Monatsanfang M = Monatsmitte E = Monatsende
Blumenkohl	A Jun–M Jun	×	M Jul–E Jul	50	50	A Sep–M Okt
Brokkoli	A Jun–M Jun	×	M Jul–E Jul	50	50	A Sep–M Okt
Buschbohne	A Jun–E Jun			50	5	A Aug–M Sep
Einlegegurke	A Jun–M Jun			100	30	E Aug–E Sep
Eissalat	A Jun–E Jun	×	M Jul–E Jul	30	25	A Sep–E Sep
Endivie	A Jun–E Jun	×	M Jul–E Jul	30	25	A Sep–E Sep
Gurke	A Jun–E Jun			100	40	E Jul–E Sep
Knollenfenchel	A Jun–E Jun			40	30	E Aug–M Okt
Kohlrabi	A Jun–E Jun	×	M Jul–E Jul	25	20	M Sep–M Okt
Kopfsalat	A Jun–E Jun			25	20	A Aug–E Aug
Möhre	A Jun–E Jun			25	3	M Sep–E Okt
Petersilie	A Jun–E Jun			20	1	M Aug–E Okt
Radieschen	A Jun–E Jun			12	8	A Aug–E Aug
Rettich	A Jun–E Jun			20	20	A Aug–E Aug
Rote Bete	A Jun–E Jun			25	8	E Sep–A Okt
Stangenbohne	A Jun–E Jun			90	70	M Aug–E Sep
Wirsing	A Jun	×	A Jul–M Jul	50	50	M Okt–E Nov
Zichoriensalat Zuckerhut	A Jun–E Jun			30	25	M Jul–E Jul
Zucchini	A Jun			150	100	A Aug–E Okt

Jahresterminplan für Biogemüsebau im Freiland

Monat JULI

Gemüsebau	**Aussaatzeit** A = Monatsanfang M = Monatsmitte E = Monatsende	Anzucht im Frühbeet Gewächshaus Wohnhaus	**Pflanzzeit** A = Monatsanfang M = Monatsmitte E = Monatsende	Reihen- abstand cm	Pflanzen- abstand cm	**Erntezeit** A = Monatsanfang M = Monatsmitte E = Monatsende
Buschbohne	A Jul			50	5	E Aug–A Sep
Chinakohl	E Jul			30	30	M Okt–E Nov
Eissalat	A Jul–M Jul			30	25	E Sep–E Okt
Endivie	A Jul–M Jul	×	E Jul–A Aug	30	25	A Okt–M Nov
Knollenfenchel	A Jul–M Jul			40	30	A Okt–M Nov
Kohlrabi	A Jul–M Jul	×	A Aug–M Aug	25	20	M Okt–M Nov
Kopfsalat	A Jul–M Jul			20	20	M Sep–E Okt
Möhre	A Jul			25	3	A Sep–M Okt
Pflücksalat	A Jul–E Jul			15	15	E Aug–A Sep
Radieschen	A Jul–E Jul			12	8	A Aug–E Sep
Rettich	A Jul–E Jul			20	20	A Sep–E Sep
Spinat	A Jul–E Jul			20	2	A Aug–E Sep
Winterrettich	A Jul–M Jul			30	25	M Okt–E Okt
Zichoriensalat Radicchio	A Jul–M Jul			20	15	M Sep–M Okt
Zichoriensalat Zuckerhut	A Jul–M Jul			30	25	M Sep–A Nov

Jahresterminplan für Biogemüsebau im Freiland **Monat AUGUST/SEPTEMBER**

Gemüseart	**Aussaatzeit** A = Monatsanfang M = Monatsmitte E = Monatsende	Anzucht im Frühbeet Gewächshaus Wohnhaus	**Pflanzzeit** A = Monatsanfang M = Monatsmitte E = Monatsende	Reihen- abstand cm	Pflanzen- abstand cm	**Erntezeit** A = Monatsanfang M = Monatsmitte E = Monatsende
August Ackersalat	A Aug–E Aug			10	0,3	M Sep–E Okt
Chinakohl	A Aug–M Aug			30	50	E Okt–E Nov
Frühlingszwiebel	M Aug–E Aug			20	5	M Jun–E Jun
Pflücksalat	A Aug–E Aug			15	15	E Sep–E Okt
Radieschen	A Aug–E Aug			12	8	M Sep–E Sep
Rettich	A Aug			20	20	A Okt–M Okt
Spinat	A Aug–E Aug			20	2	E Sep–E Okt
Winterkopfsalat	M Aug–E Aug			30	15	E Apr–M Mai
Winterrettich	A Aug–E Aug			25	25	M Aug–E Okt
Zichoriensalat Radicchio	A Aug			30	25	A Apr–E Apr
September Ackersalat	A Sep–M Sep			10	0,3	M Okt–E Nov
Frühlingszwiebel	A Sep			25	5	E Jun–M Jul
Knoblauch	A Sep–M Sep			20	8	M Jul–E Aug
Radieschen	A Sep–M Sep			12	8	M Okt–E Okt
Spinat	A Sep–E Sep			20	2	E Okt–E Apr
Winterkopfsalat	A Sep–M Sep			30	15	E Apr–E Mai

Jahresterminplan für Kaltgewächshaus und Folienhaus
im zeitlichen Ablauf jeweils nach der Hauptkultur gegliedert.

Kultur	Gemüseart	**Aussaatzeit** A = Monatsanfang M = Monatsmitte E = Monatsende	**Pflanzzeit** A = Monatsanfang M = Monatsmitte E = Monatsende	**Erntezeit** A = Monatsanfang M = Monatsmitte E = Monatsende
Vorkultur	Ackersalat	M Mrz		M Mai–E Mai
	Kohlrabi	E Jan	A Mrz	M Mai–E Mai
	Kopfsalat	E Jan	A Mrz	M Mai–E Mai
	Möhre	M Jan		E Mai
	Radieschen	A Apr		M Mai–E Mai
	Rettich	A Mrz		M Mai–E Mai
Hauptkultur	**Gurke**	A Apr	E Mai	M Jul–E Sep
Zwischenkultur	Kohlrabi	M Apr	E Mai	A Jul–E Jul
Nachkultur	Ackersalat	A Sep		M Okt–E Okt
	Endivie	E Jul	A Sep	E Okt–Nov
	Kohlrabi	E Jul	A Sep	E Okt–Nov
	Kopfsalat	E Jul	A Sep	M Okt–Nov
	Radieschen	A Sep		M Okt–E Okt
	Rettich	A Sep		A Nov–M Nov
	Spinat	A Sep		E Okt–April

Jahresterminplan für Kaltgewächshaus und Folienhaus
im zeitlichen Ablauf jeweils nach der Hauptkultur gegliedert.

Kultur	Gemüseart	**Aussaatzeit** A = Monatsanfang M = Monatsmitte E = Monatsende	**Pflanzzeit** A = Monatsanfang M = Monatsmitte E = Monatsende	**Erntezeit** A = Monatsanfang M = Monatsmitte E = Monatsende
Vorkultur	Ackersalat	E Mrz		M Mai–E Mai
	Kohlrabi	M Feb	E Mrz	E Mai–A Jun
	Kopfsalat	A Feb	M Mrz	M Mai–E Mai
	Radieschen	E Mrz		A Mai
	Rettich	M Mrz		M Mai–E Mai
	Spinat	A Mrz		E Apr–E Mai
Hauptkultur	**Tomate**	M Mrz	E Mai	A Jul–M Nov
	Paprika	M Mrz	E Mai	A Aug–Nov
Zwischenkultur	Kohlrabi	M Apr	E Mai	E Jun
	Radieschen	M Mai–E Mai		E Jun
	Rettich	M Mai–E Mai		E Jun
Nachkultur	Ackersalat	M Nov–E Nov		E Mrz
	Spinat	M Nov–E Nov		M Mrz–E Mrz

Jahresterminplan für Kaltgewächshaus und Folienhaus
im zeitlichen Ablauf jeweils nach der Hauptkultur gegliedert.

Kultur	Gemüseart	**Aussaatzeit** A = Monatsanfang M = Monatsmitte E = Monatsende	**Pflanzzeit** A = Monatsanfang M = Monatsmitte E = Monatsende	**Erntezeit** A = Monatsanfang M = Monatsmitte E = Monatsende
Vorkultur	Ackersalat	M Nov–E Nov		E Mrz
	Spinat	M Nov–E Nov		M Mrz–E Mrz
Hauptkultur	**Blumenkohl**	M Feb	E Mrz	A Jun–E Jun
	Brokkoli	M Feb	E Mrz	A Jun–A Jul
	Rotkohl	M Feb	E Mrz	A Jun–A Jul
	Weißkohl	M Feb	E Mrz	A Jun–E Jul
	Wirsing	M Feb	E Mrz	A Jun–E Jul
Zwischenkultur	Radieschen	E Mrz		A Mai
Nachkultur	Buschbohne	M Jun		M Aug–M Sep
	Endivie	A Jun	A Jul	A Sep–M Sep
	Fenchel	M Jun		A Sep–M Sep
	Petersilie	M Jun		E Sep–Jun
	Winterrettich	A Jul		E Okt
	Zichoriensalat	E Jun		M Sep–Okt

Jahresterminplan für das Warmgewächshaus
im zeitlichen Ablauf jeweils nach der Hauptkultur gegliedert.

Kultur	Gemüseart	**Aussaatzeit** A = Monatsanfang M = Monatsmitte E = Monatsende	**Pflanzzeit** A = Monatsanfang M = Monatsmitte E = Monatsende	**Erntezeit** A = Monatsanfang M = Monatsmitte E = Monatsende	Wärmegrade im Gewächshaus
Vorkultur	Ackersalat	M Jan		E Mrz–A Apr	6–10°
	Kohlrabi	M Nov	E Dez	E Mrz–M Apr	10–15°
	Kopfsalat	A Nov	M Dez	E Mrz–A Apr	12–16°
	Radieschen	M Feb		E Mrz–A Apr	6–12°
	Rettich	M Jan		E Mrz–A Apr	8–12°
	Spinat	M Jan		E Mrz–Apr	10–15°
Hauptkultur	**Gurke**	A Feb	E Mrz	A Mai–E Jul	18–24°
Zwischenkultur	Kohlrabi	M Feb	E Mrz	M Mai–E Mai	10–15°
Nachkultur	Ackersalat	M Aug		E Sep–Okt	6–10°
	Endivie	A Jul	M Aug	M Sep–A Okt	10–15°
	Radieschen	A Aug		M Sep–A Okt	6–12°
	Rettich	A Aug		E Sep–A Okt	8–12°
	Spinat	M Aug		M Sep–Apr	10–15°

Jahresterminplan für das Warmgewächshaus
im zeitlichen Ablauf jeweils nach der Hauptkultur gegliedert.

Kultur	Gemüseart	**Aussaatzeit** A = Monatsanfang M = Monatsmitte E = Monatsende	**Pflanzzeit** A = Monatsanfang M = Monatsmitte E = Monatsende	**Erntezeit** A = Monatsanfang M = Monatsmitte E = Monatsende	Wärmegrade im Gewächshaus
Vorkultur	Kohlrabi	A Mrz	A Apr	M Mai–E Mai	10–15°
	Kopfsalat	E Jan	A Mrz	M Mai–E Mai	8–14°
	Möhre	A Feb		E Mai–Jun	12–15°
	Rettich	M Mrz		A Mai–M Mai	8–12°
	Rote Bete	E Feb		E Mai–Jun	12–15°
Hauptkultur	**Paprika**	E Feb	M Mai	A Jul–E Okt	16–24°
Zwischenkultur	Radieschen	M Mai		E Jun	6–12°
Nachkultur	Ackersalat	A Nov		M Jan–Feb	6–10°
	Kohlrabi	E Sep	A Nov	A Feb–E Feb	10–15°
	Kopfsalat	E Sep	A Nov	A Feb–M Feb	12–16°
	Radieschen	A Nov		M Jan	6–12°
	Rettich	A Nov		M Feb–E Feb	8–12°
	Spinat	A Nov		M Feb–Apr	8–12°

Jahresterminplan für das Warmgewächshaus
im zeitlichen Ablauf jeweils nach der Hauptkultur gegliedert.

Kultur	Gemüseart	**Aussaatzeit** A = Monatsanfang M = Monatsmitte E = Monatsende	**Pflanzzeit** A = Monatsanfang M = Monatsmitte E = Monatsende	**Erntezeit** A = Monatsanfang M = Monatsmitte E = Monatsende	Wärmegrade im Gewächshaus
Vorkultur	Ackersalat	A Jan		M Mrz–E Mrz	6–10°
	Kopfsalat	E Okt	A Dez	M Mrz–E Mrz	12–16°
	Radieschen	A Feb		M Mrz–E Mrz	6–12°
	Rettich	A Jan		M Mrz–E Apr	8–12°
	Spinat	E Dez		M Mrz–A Apr	10–15°
Hauptkultur	**Tomate**	M Jan	M Mrz	A Jun–Nov	12–16°
Zwischenkultur	Kohlrabi	M Feb	M Mrz	E Apr–Mai	10–15°
Nachkultur	Ackersalat	M Nov		E Jan–A Feb	6–10°
	Kopfsalat	A Okt	M Nov	M Feb–A Mrz	12–16°
	Radieschen	E Nov		E Jan–M Feb	6–12°
	Rettich	M Nov		E Feb–A Mrz	8–12°
	Spinat	E Nov		A Mrz–A Apr	8–12°

Frühernte im Folientunnel/Frühbeet

Terminplan Frühernte

Bei Samenbezug auf Frühsorten achten

Gemüseart	**Aussaatzeit** A = Monatsanfang M = Monatsmitte E = Monatsende	**Pflanzzeit** A = Monatsanfang M = Monatsmitte E = Monatsende	Reihen-abstand cm	Pflanzen-abstand cm	Folientunnel/ Fenster entfernen	**Erntezeit** A = Monatsanfang M = Monatsmitte E = Monatsende
Im Freilandfolientunnel						
Ackersalat	M Mrz		10	0,3	E Apr–M Mai je nach Gegend und Frostgefahr	M Mai–E Mai
Kohlrabi	E Feb	A Apr	25	20		E Mai–A Jun
Kopfsalat	A Feb	E Mrz	20	20		E Mai–A Jun
Kresse	laufend ab M März		8	–		nach ca. 18 Tagen
Möhre	E Feb		25	3		E Mai–A Jun
Radieschen	M Mrz		12	8		A Mai–M Mai
Rettich	M Mrz		20	20		M Mai–E Mai
Spinat	A Mrz		20	1		A Mai–E Mai
Im Frühbeet (mit Glas- oder Folienfenster)						
Möhre	M Feb		25	3	M Mai	M Jun–E Jun
Ackersalat	A Mrz		10	0,3	Bei allen Gemüsearten, außer Möhren, Fenster bis zur Ernte belassen – nur lüften	E Apr–A Mai
Kohlrabi	E Feb	A Apr	25	20		M Mai–E Mai
Kopfsalat	E Jan	A Mrz	20	20		A Mai–E Mai
Kresse	laufend ab M Mrz		8	–		nach ca. 18 Tagen
Radieschen	A Mrz		12	8		M Apr–E Apr
Rettich	A Mrz		20	20		E Apr–A Mai
Spinat	A Mrz		20	1		E Apr–A Mai

Terminplan Frühernte

Bei Samenbezug auf Frühsorten achten

Gemüseart	**Aussaatzeit** A = Monatsanfang M = Monatsmitte E = Monatsende	**Pflanzzeit** A = Monatsanfang M = Monatsmitte E = Monatsende	Reihen-abstand cm	Pflanzen-abstand cm	**Erntezeit** A = Monatsanfang M = Monatsmitte E = Monatsende
Im Kaltgewächshaus oder Kaltfolienhaus					
Ackersalat	M Feb		10	0,3	M Apr–E Mai
Blumenkohl	M Feb	E Mrz	50	50	E Mai–A Jun
Kohlrabi	M Feb	E Mrz	25	20	A Mai–E Mai
Kopfsalat	E Jan	A Mrz	20	20	E Apr–A Mai
Kresse	laufend ab A Feb		8	–	nach 16–18 Tagen
Möhre	E Jan		25	3	M Mai–M Jun
Radieschen	A Feb		12	8	A Apr–M Apr
Rettich	A Mrz		20	20	E Apr–A Mai
Rote Bete	A Feb		25	8	E Apr–E Mai
Rotkohl	M Mrz	E Mrz	60	60	M Jun–A Jul
Spinat	E Feb		20	1	M Apr–E Apr
Weißkohl	M Feb	E Mrz	50	50	A Jun–E Jun
Wirsing	M Feb	E Mrz	50	50	A Jun–E Jun

Späternte im Folientunnel/Frühbeet

Terminplan Späternte

Bei Samenbezug auf Spätsorten achten

Gemüseart	**Aussaatzeit** A = Monatsanfang M = Monatsmitte E = Monatsende	**Pflanzzeit** A = Monatsanfang M = Monatsmitte E = Monatsende	Reihen-abstand cm	Pflanzen-abstand cm	Tunnel aufstellen/ Fenster aufbringen	**Erntezeit** A = Monatsanfang M = Monatsmitte E = Monatsende
Im Freilandfolientunnel						
Ackersalat	A Sep–M Sep		10	0,3	A Okt	M Okt–E Nov
Endivie	M Jun–E Jun	M Jul–E Jul	30	25	M Sep	A Okt–E Nov
Kohlrabi	A Jul–M Jul	A Aug–M Aug	25	20	E Sep	M Okt–E Nov
Kopfsalat	A Jul–M Jul	A Aug–M Aug	20	20	M Sep	E Sep–E Okt
Radieschen	E Aug–E Sep		12	8	E Sep	A Okt–E Okt
Rettich	M Aug–E Aug		20	20	E Sep	A Okt–E Okt
Spinat	E Aug–A Sep		20	1	A Okt	M Okt–April
Im Frühbeet (mit Glas- oder Folienfenster)						
Ackersalat	M Sep–E Sep		10	0,3	M Sep	E Okt–E Nov
Endivie	E Jun–A Jul	A Aug–M Aug	30	25	M Sep	M Okt–E Nov
Kohlrabi	M Jul–E Jul	E Aug–A Sep	25	20	M Sep	M Okt–E Nov
Kopfsalat	M Jul–E Jul	E Aug–A Sep	20	20	A Sep	M Okt–M Nov
Kresse	laufend		8	–	M Sep	nach 14–18 Tagen
Radieschen	E Aug–A Sep		12	8	E Sep	M Okt–M Nov
Rettich	M Aug–E Aug		20	20	E Sep	M Okt–M Nov
Spinat	A Sep–M Sep		20	1	A Okt	M Okt–April
Zichoriensalat Zuckerhut	M Jul–E Jul		30	25	E Sep	A Okt–E Nov

Terminplan Späternte

Bei Samenbezug auf Spätsorten achten

Gemüseart	**Aussaatzeit** A = Monatsanfang M = Monatsmitte E = Monatsende	**Pflanzzeit** A = Monatsanfang M = Monatsmitte E = Monatsende	Reihen-abstand cm	Pflanzen-abstand cm	**Erntezeit** A = Monatsanfang M = Monatsmitte E = Monatsende
Im Kaltgewächshaus oder Kaltfolienhaus					
Ackersalat	E Sep–A Okt	E Jul–A Aug	10	0,3	A Nov–E Nov
Blumenkohl	M Jun–E Jun	E Jul–A Aug	50	50	M Okt–A Nov
Eissalat	M Jul–E Jul	M Aug–E Aug	30	30	M Okt–A Nov
Endivie	A Jul–M Jul	A Aug–M Aug	30	25	E Okt–E Nov
Knollenfenchel	M Jul–E Jul		40	30	M Okt–E Nov
Kohlrabi	M Jul–E Jul	M Aug–E Aug	25	20	M Okt–E Nov
Kopfsalat	M Jul–E Jul	M Aug–E Aug	20	20	M Okt–E Okt
Kresse	laufend		8	–	nach 14–18 Tagen
Radieschen	A Sep–E Sep		12	8	M Okt–M Nov
Rettich	E Aug–E Sep		20	20	M Okt–M Nov
Spinat	M Sep–E Sep		20	1	M Okt–M Nov
Zichoriensalat Radicchio	M Jul–E Jul		20	15	A Okt–M Dez
Zichoriensalat Zuckerhut	M Jul–E Jul		30	25	A Okt–M Dez

Freilandfolgesaaten, Früh- und Spätsorten

Aussaatübersicht für Folgesaaten, Früh- und Spätsorten

Gemüseart und Gemüsesorte	Aussaatmonat							
	Feb	Mrz	Apr	Mai	Jun	Jul	Aug	Sep
Ackersalat								
Dunkelgrüner vollherziger						×	×	×
Vit und Elan						×	×	×
Blumenkohl								
Hormade			×	×	×			
Flora Blanca				×	×			
Neckarperle	×	×	×		×	×		
Mechelnder Sonderselektion	×							
Brokkoli								
Premium Crop	×	×	×		×			
Atlantic	×	×	×	×				
Buschbohne								
Maja				×	×			
Marona				×	×	×		
Hildora-Wachsbuschbohne				×	×			
Chicoree								
Productiva			×	×				
Mitado			×	×				
Chinakohl								
Monument					×	×		
WR 55					×	×	×	

Gemüseart und Gemüsesorte	Aussaatmonat						
	Feb	Mrz	Apr	Mai	Jun	Jul	Aug	Sep
Einlegegurke								
Doplus Mix, mehltauresistent				×	×			
Delikateß				×	×			
Vorgebirgstrauben Stamm Guntruud				×	×			
Hok, mehltauresistent				×	×			
Eissalat								
Laibacher Eis	×	×	×			×		
Great Lakes, mehltauresistent		×	×	×	×	×		
Endivie								
Bubikopf				×	×			
Diva					×	×		
Rosabelle				×	×			
Escariol grüner					×	×		
Erbse								
Kleine Rheinländerin, Schalerbse		×	×					
Wunder von Kelvedon, Markerbse			×	×		×		
Zuga, Zuckererbse			×	×		×		
Grünkohl								
Halbhoher grüner krauser			×	×				
Niedrig grüner krauser			×	×				
Knollenfenchel								
Sirio					×	×		
Zefa Fino		×	×	×	×	×		

Freilandfolgesaaten, Früh- und Spätsorten

Gemüseart und Gemüsesorte	Aussaatmonat Feb	Mrz	Apr	Mai	Jun	Jul	Aug	Sep
Kohlrabi								
Blusta blau			×	×	×			
Azur Star blau	×	×				×		
Marko weiß		×	×			×		
Delikateß weiß			×	×	×			
Kopfsalat								
Benita			×	×	×	×		
Neckarriesen	×	×	×			×		
Savio	×	×	×			×		
Merkur, mehltauresistent		×	×	×		×	×	
Kürbis								
Grüner Zentner				×				
Gurke								
Marketmore				×	×			
Tanja				×				
Sensation Typ Neckarruhm				×				
Lauch								
Hilari	×	×						
Herbstriesen Hannibal	×	×	×					
Blaugrüner Winter, frosthart			×	×				
Mangold								
Lucullus			×	×	×			
Glatter Silber			×	×	×			

Gemüseart und Gemüsesorte	Aussaatmonat							
	Feb	Mrz	Apr	Mai	Jun	Jul	Aug	Sep
Möhre								
Gonsenheimer Treib	×	×	×					
Rothild			×	×				
Nantaise		×	×	×	×			
Neuseeländer Spinat								
Tetragonia			×	×	×			
Paprika								
Neusiedler Ideal		×	×					
Radieschen								
Hilmar	×	×					×	×
Sora			×	×	×	×		
Neckarperle	×	×	×	×		×	×	
Rettich								
Frühlingsgruß rosa		×	×	×			×	
Schifferstädter Mai weiß		×						
Roter Neckarruhm		×	×	×			×	
Neckarruhm weiß		×	×	×				
Minowase Summer Cross weiß					×	×	×	
Runder schwarzer Rettich					×	×		
Rosenkohl								
Citadel F 1 Hybride			×					
Ideal			×					
Perfect Line F 1 Hybride			×					

Freilandfolgesaaten, Früh- und Spätsorten

Gemüseart und Gemüsesorte	Aussaatmonat							
	Feb	Mrz	Apr	Mai	Jun	Jul	Aug	Sep
Rote Bete								
Forono, zylindrische Form			×	×	×			
Rote Kugel, kugelrund			×	×	×			
Ägyptische plattrunde			×	×	×			
Rotkohl								
Langendijker Allerfrühester	×	×	×					
Marner Septemberrot			×	×				
Autoro F 1 Hybride			×					
Langendijker Dauer			×					
Ruby Perfection			×					
Sellerie								
Monarch		×	×					
Neckarland		×	×					
Alba		×	×					
Spinat								
Matador, dunkelgrüner Typ		×	×				×	×
Vital, mehltauresistent	×	×	×			×	×	×
Butterfly, mehltauresistent		×	×			×	×	×
Stangenbohne								
Rapid, rundhülsig				×	×			
Hilda, breithülsig				×	×			
Neckarkönigin, rundhülsig				×	×			
Neckargold, gelbe Wachsbohne				×	×			

Gemüseart und Gemüsesorte	Aussaatmonat							
	Feb	Mrz	Apr	Mai	Jun	Jul	Aug	Sep
Tomate								
Matina		×						
Hellfrucht Frühstamm		×						
Hoffmanns Buschtomate		×						
Große Fleischtomate		×						
Hildares F 1 Hybride	×	×						
Weißkohl								
Marner Allfrüh	×	×	×					
Wiam		×	×	×				
Langendijker Dauer			×					
Marner September			×	×				
Wirsing								
Vorbote	×	×	×					
Marner Grünkopf			×	×				
Winterfürst			×					
Zichoriensalat Zuckerhut								
Zuckerhut					×	×		
Zichoriensalat Radicchio								
Roter von Verona						×	×	
Radicchio				×	×	×		
Zucchini								
Cocozelle von Tripolis				×	×			
Diamant F 1 Hybride				×	×			

Samenbeschaffung rechtzeitig vornehmen
Im November und Dezember ist die richtige Zeit, um ohne Hast und in aller Ruhe zu überlegen, was man im nächsten Jahr an Gemüse säen und pflanzen will. Von einigen Gemüsearten gibt es frühe und späte Sorten sowie Sorten, die sich auch für den Anbau in der heißen Jahreszeit eignen. Berücksichtigt man dies bei der Jahresplanung, dann ist es möglich, vom Frühjahr bis in den Winter hinein eigenes, gartenfrisches Gemüse zur Verfügung zu haben.
Am besten besorgt man sich den Samen für das ganze Jahr auf einmal. Ende Dezember, Anfang Januar hat man die beste Gewähr, Samen aus der letzten Ernte zu erhalten. Besonders günstig ist es, wenn man den Gemüsesamen direkt von einem guten Samenzüchter beziehen kann. Allerdings ist für den Direktbezug meistens eine Sammelbestellung mehrerer Heimgärtner erforderlich, um vorher von der Samenzüchterei den neuesten Samenkatalog zugeschickt zu bekommen. Wenn dies nicht möglich ist, sollte man für den Jahresbedarfsbezug ein gutes Samengeschäft wählen, das für die neueste Ernte des Samens Gewähr bietet.

Der einmalige Jahressamenbezug bietet viele Vorteile. Man muß sich nur einmal die Mühe machen, seinen Bedarf an Samen zusammenzustellen, ihn zu bestellen oder einzukaufen, und erspart so viel Zeit. Außerdem ist der benötigte Samen immer zur richtigen Zeit vorhanden. Bei einer guten, übersichtlichen Ordnung kann man noch vorhandenen, keimfähigen Samen aus dem Vorrat bei der Besorgung berücksichtigen.

Was ist zu tun, wenn man den Samen für das neue Gartenjahr erhalten hat? Zunächst sind alle Samentüten mit dem Jahresdatum zu versehen, wenn dies nicht schon von der Samenzüchterei aufgedruckt wurde. Dies ist notwendig, um jederzeit die Keimfähigkeit des Samens feststellen zu können. Aus dem gleichen Grund schreibt man auch die Zahl der Keimfähigkeitsjahre auf jede Samentüte, die aus der nebenstehenden Keimfähigkeitsübersicht und auch aus den Saat- und Pflanzplänen entnommen werden kann. Dies erleichtert die Samenbeschaffung im nächsten Jahr.

Übersichtliche und griffbereite alphabetische Ordnung. Um die Samentüten leichter zu finden und immer griffbereit zu haben, sollten sie alphabetisch geordnet werden. Hierfür eignen sich Karteikästen mit Leitkarten oder auch ein selbstgebasteltes Regal. Die Sämereien können in jedem trockenen Raum aufbewahrt werden. Die Temperatur spielt dabei keine wesentliche Rolle. Am besten ist jedoch eine gleichbleibende Temperatur.

Keimfähigkeitsübersicht für Gemüsesamen
mit Angabe der Mindesttemperatur für die Keimung

Gemüseart	Jahre	Keimtemperatur	Gemüseart	Jahre	Keimtemperatur
Ackersalat	3	4°	Neuseeländer Spinat	2	16°
Aubergine	3	12°	Paprika	3	12°
Blumenkohl	4	3°	Petersilie	2	6°
Brokkoli	4	3°	Pflücksalat	3	3°
Buschbohne	3	10°	Radieschen	4	5°
Chicoree	4	3°	Rettich	4	6°
Chinakohl	4	4°	Rosenkohl	4	3°
Eissalat	3	4°	Rotkohl	4	3°
Endivie	3	10°	Rote Bete	4	9°
Erbse	2	2°	Schnittlauch	1	8°
Grünkohl	4	3°	Schwarzwurzel	1	10°
Gurke	4	12°	Sellerie	3	12°
Knollenfenchel	3	8°	Spinat	3	8°
Kohlrabi	4	3°	Stangenbohne	3	10°
Kopfsalat	3	5°	Tomate	2	12°
Kresse	3	2°	Weißkohl	4	3°
Kürbis	5	12°	Wirsing	4	3°
Lauch	1	8°	Zichoriensalat	4	5°
Mangold	3	10°	Zucchini	5	12°
Melone	6	12°	Zuckermais	3	10°
Möhre	3	5°	Zwiebelsamen	2	8°

Setzlingsanzucht

Für den Biogemüseheimgärtner hat die Anzucht von Jungpflanzen eine besondere Bedeutung. Selbstgezogene Jungpflanzen bringen ihm folgende Vorteile: Er kann über den Samen die von ihm gewünschte Gemüsesorte bestimmen – die Setzlinge stehen ihm zur gewünschten Zeit zur Verfügung – es wird durch das Säen und Pikieren eine doppelte Pflanzenauswahl vorgenommen, und die in Töpfe pikierten Jungpflanzen sichern schnelleres und kräftigeres Wachstum.

Je nach Jahreszeit, Kultur und gegebenen Voraussetzungen gibt es für die Jungpflanzenanzucht drei Möglichkeiten

Anzucht I = Säen in das Frühbeet etwa ab Mitte März.
Folgende Gemüsearten kommen hier in Frage: Blumenkohl, Brokkoli, Rosenkohl, Rotkohl, Weißkohl, Wirsing, Kohlrabi, Lauch, Kopfsalat, Eissalat, Endivie. Bei der Aussaat ist zu beachten, daß diese Pflänzchen nicht pikiert werden. Sie werden vom Frühbeetkasten gleich ins Freiland gepflanzt. Deshalb dürfen sie nicht zu dicht gesät werden. Die Aussaat selbst erfolgt in etwa 1 cm tief gezogene Reihen. Es ist darauf zu achten, daß die Samenkörner nicht enger als 0,5 cm zu liegen kommen. Der Samen wird mit feiner Erde abgedeckt und angegossen. Reihenabstand etwa 6 cm. Bei dieser Methode können sich die Pflanzen gesund und kräftig entwickeln.

Anzucht II = Geeignet für frühe Aussaaten ab Mitte Februar in Saatschale und anschließendes Pikieren in Pflanztöpfe.
Die Saatschale und Pflanztöpfe können auch auf der Fensterbank aufgestellt werden. Hierfür eignen sich Fenster in Südost-, Süd- oder Südwestrichtung. Fenster in Nordrichtung sind ungeeignet. Zwischen Fensterbank und Saatschale bzw. Pflanztopf sollte etwa 3 bis 5 cm starkes Styropor angebracht werden. Das gilt besonders, wenn unter der Fensterbank Heizkörper installiert sind. Folgende Gemüsepflanzen kann man auf diese Weise kultivieren: Blumenkohl, Brokkoli, Weißkohl, Rotkohl, Wirsing, frühe Sorten von Kohlrabi, Sellerie, Kopfsalat und Tomaten. Die Saatschale (im Fachhandel für Gartenbedarf in den Maßen 17 × 22 × 5 cm oder 20 × 30 × 6 cm erhältlich) wird mit der hierfür vorgesehenen Erde aufgefüllt, die leicht angedrückt und mit einem dünnen Stock eben gestrichen wird. Anschließend wird der Samen dünn und gleichmäßig ausgestreut und mit einem kleinen Brettchen etwa 0,5 cm tief angedrückt. Danach deckt man den Samen mit feiner Erde ab und gießt ihn an.

Erdgemisch für die kleine Saatschale und die Pflanztöpfe

Für beides kann man das gleiche Erdgemisch nehmen:
Zwei Teile gesiebte 1- bis 2jährige Komposterde und ein Teil Torf-Sand-Gemisch im Verhältnis 2 : 1.
Auch gute Gartenerde vermischt mit Torf und Sand eignet sich hierfür.
Auf zusätzliche Düngergaben kann verzichtet werden.

Der richtige Zeitpunkt zum Pikieren bei Anzucht II

Sobald die Pflänzchen eine Höhe von etwa 1,5 cm erreicht haben, werden sie in Pflanztöpfe pikiert. Zu diesem Zeitpunkt sind die Keimblätter schon ausgebildet und die ersten Blätter sichtbar. Die Pflanzen dürfen zum Pikieren nicht zu groß werden.

Handhabung des Pikierens
Neben der kleinen Saatschale mit den Jungpflanzen wird eine größere Saatschale (in den Maßen 33 × 48,5 × 6 cm in allen Fachgeschäften für Gartenbedarf erhältlich) bis etwa zur Hälfte mit feuchtem Torf versehen. Die Pflanztöpfe werden mit feuchter Pikiererde 2 bis 3 cm über den Topfrand gefüllt und mit der Handfläche so angedrückt, daß die Erde mit dem Topfrand bündig ist. Dann werden die Pflanztöpfe nebeneinander in die große Saatschale in den feuchten Torf gesetzt. In die Mitte des Topfes wird mit dem Setzholz (Bleistiftstärke) ein Pflanzloch gestochen, in das nun das Pflänzchen bis zu den Keimblättern tief eingesetzt und mit Daumen und Zeigefinger leicht mit Erde angedrückt wird. Sollte die Hauptwurzel des Pflänzchens länger als 3 cm sein, knipst man sie vor dem Einsetzen auf diese Länge mit den Fingernägeln vorsichtig ab. Die Stammwurzel darf sich aber nicht umbiegen. Nach dem Pikieren müssen die Pflänzchen gut mit Gießwasser überbraust werden.

Ergänzend ist noch auf folgendes hinzuweisen:
Die Pflänzchen dürfen zum Pikieren nicht achtlos aus der Saatschale herausgerissen werden. Wenn man sie herausnehmen will, unterwühlt man mit den Fingern vorsichtig die Pflanzerde, um einen kleineren Erdballen mit mehreren Pflänzchen zu entnehmen. Der Ballen fällt in der Regel leicht auseinander, so daß das Wurzelwerk der Pflänzchen locker daliegt. Sollte das einmal nicht eintreffen, kann man mit lockerem Fingerspiel nachhelfen. Das Wurzelwerk wird kaum verletzt, und die einzelnen Pflänzchen können leichter abgenommen werden. Die Saatschale sollte 8 Stunden, bevor man die Pflanzen herausnehmen möchte, mit Wasser überbraust werden. Das erleichtert die Pflanzenentnahme, das gewünschte Auseinanderfallen der Pflänzchen wird gefördert und das Wurzelwerk geschont.
Die Saatschale und später auch die Schale mit den Pflanztöpfen wird einmal täglich gedreht. Die Temperatur sollte zwischen 12 und 16 °C liegen, bei Tomaten bei 18 bis 20 °C. Sind die Temperaturen höher, werden die Pflanzen zu lang. Das ist immer ungünstig, weil z. B. zu lange Salatpflänzchen in der Regel kaum richtige Köpfe bilden.

Anzucht III = Direktsaat in den Pflanztopf
Ein heller Standort ist für diese Anzucht ganz besonders wichtig, weil die Pflanzen sonst zu lang werden. Für die Direktsaat in den Pflanztopf, ab Anfang März, eignen sich folgende Gemüsearten: Paprika und Gurken (zwei Körner je Topf) sowie Tomaten, sämtliche Kohlarten und Kopfsalat (drei Körner je Topf). Sobald man sicher erkennen kann, welches das kräftigste Pflänzchen ist, entfernt man die schwächeren Nachbarn durch Abknipsen mit den Fingernägeln. Damit wird die gleiche Pflanzenauslese gesichert wie beim Pikieren, das man sich so aber sparen kann. Hinsichtlich der Temperatur ist zu beachten, daß Gurken, Paprika und Tomaten zur raschen Keimung 18 bis 22 °C benötigen. Danach genügen 18 °C. Kopfsalat und alle Kohlarten keimen schon bei 10 bis 12 °C und kommen danach mit 14 bis 16 °C aus. Auch hier wirken sich höhere Temperaturen nachteilig aus. Die Pflänzchen werden zu lang und zu weich.

Der benötigte Jungpflanzenbedarf
Nicht zu viel säen! Das wird meist zu wenig beachtet, und die Zahl der erhaltenen Setzlinge beträgt oft ein Mehrfaches der wirklich benötigten. Bei Anzucht III, Direktsaat in den Pflanztopf, wird man automatisch von Anfang an die Menge regulieren. Wenn man die in den Saat- und Pflanzplänen angegebenen Reihen- und Pflanzenabstände sowie die Größe des vorgesehenen Pflanzbeetes berücksichtigt, ist es einfach, den jeweiligen Bedarf an Jungpflanzen zu bestimmen. Der so ermittelten Menge schlägt man noch etwa 30% zu, um so später beim Setzen die Möglichkeit zu haben, die kräftigsten Pflanzen auszuwählen.

Die günstigsten Aussaatzeiten für die einzelnen Gemüsearten
Diese sind aus folgenden Übersichten rasch ersichtlich:
Jahresterminplan für Freilandbiogemüsebau, Seite 126 bis 131,
Jahresterminplan für kaltes und warmes Gewächshaus, Seite 132 bis 137,
Terminplan Frühernte und Terminplan Späternte, Seite 138 bis 141
sowie aus den Saat- und Pflanzplänen für die einzelnen Gemüsearten.

Setzlingsanzucht

Wie vorstehend ausführlich beschrieben, gibt es für die Setzlingsanzucht drei Möglichkeiten:

Gemüseart	**Anzucht I** Aussaat ins Frühbeet	**Anzucht II** Aussaat in Saatschale und Pikieren in Pflanztopf	Pflanztopf ∅ in cm	**Anzucht III** Aussaat direkt in Pflanztopf	Pflanztopf ∅ in cm
Blumenkohl	×	×	8 cm	×	8 cm
Brokkoli	×	×	8 cm	×	8 cm
Eissalat	×	×	6 cm	×	6 cm
Endivie	×	×	6 cm	×	6 cm
Grünkohl	×			×	8 cm
Gurke				×	8 cm
Knollenfenchel				×	6 cm
Kohlrabi	×	×	6 cm	×	6 cm
Kopfsalat	×	×	6 cm	×	6 cm
Lauch	×				
Neuseeländer Spinat				×	8 cm
Paprika				×	8 cm
Rosenkohl	×	×	8 cm	×	8 cm
Rotkohl	×	×	8 cm	×	8 cm
Sellerie		×	6 cm		
Tomate		×	8 cm	×	8 cm
Weißkohl	×	×	8 cm	×	8 cm
Wirsing	×	×	8 cm	×	8 cm
Zucchini				×	8 cm

Setzlingsanzucht im Bild

Es ist wichtig, hierzu auch die Ausführungen auf den Seiten 150 bis 152 zu lesen.

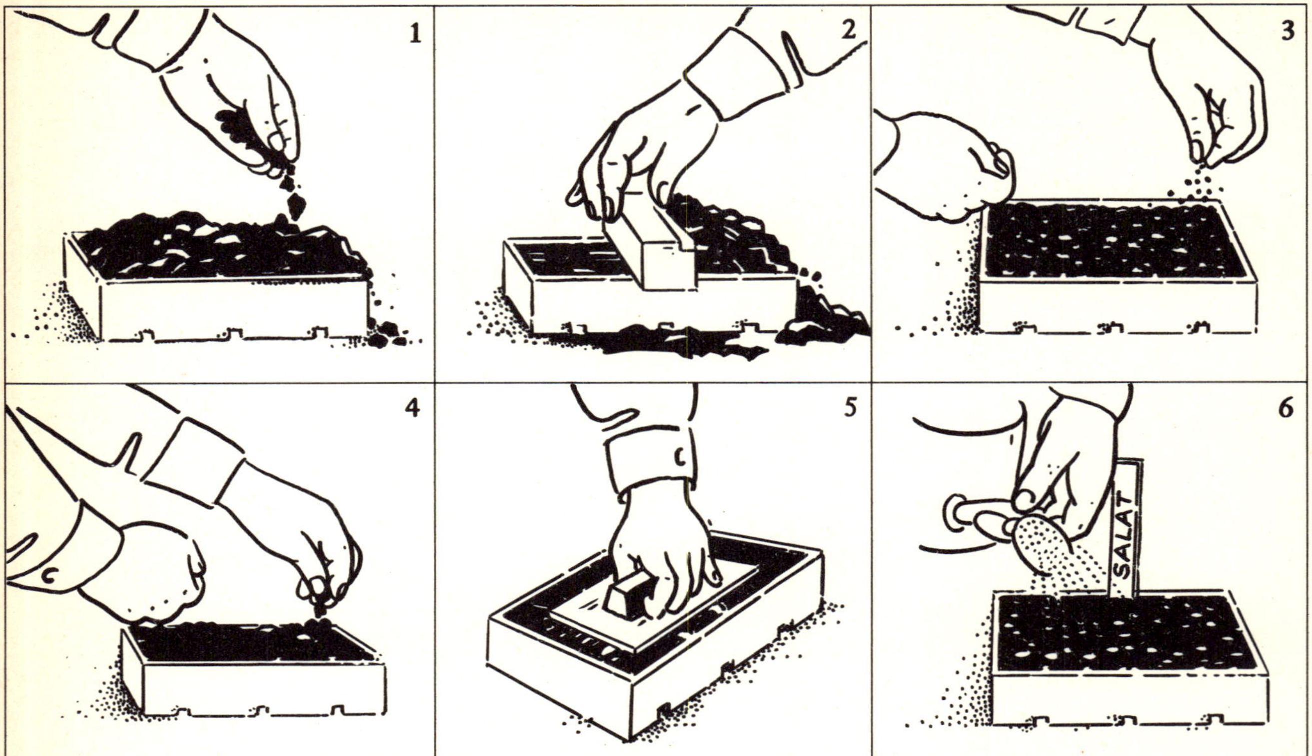

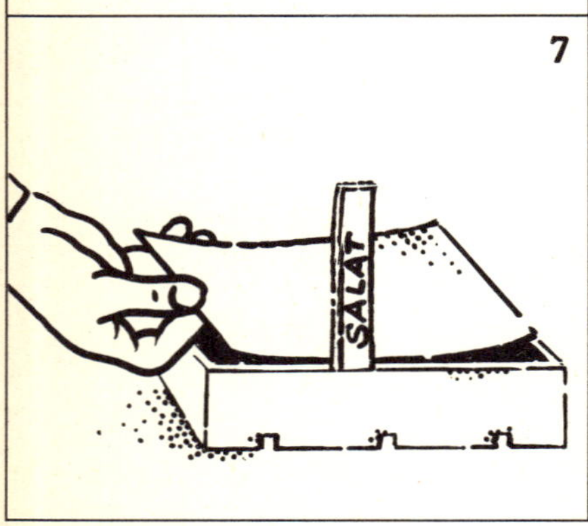

Abb. 11

1 Saatschale überhöht mit lockerer Erde füllen.
2 Mit Kantholz die Erde schaleneben abstreichen.
3 Kopfsalatsamen zum Beispiel dünn säen, nicht dicht.
4 Feine Erde gleichmäßig sehr dünn aufbringen.
5 Leichtes Andrücken mit Andrückbrettchen.
6 Gut überbrausen, mit Gemüseart beschildern.
7 Mit Glas oder Folie abdecken, bis Saat aufgeht.
8 Pflanzschale, 33 × 48,5 cm, zur Hälfte mit feuchtem Torf versehen und dahinein 24 mit Pikiererde gefüllte Pflanztöpfe mit 6 cm Durchmesser einsetzen.

Die hier gezeigten Zeichnungen 1 bis 14 behandeln die „Anzucht II“ auf den Seiten 150 und 151.

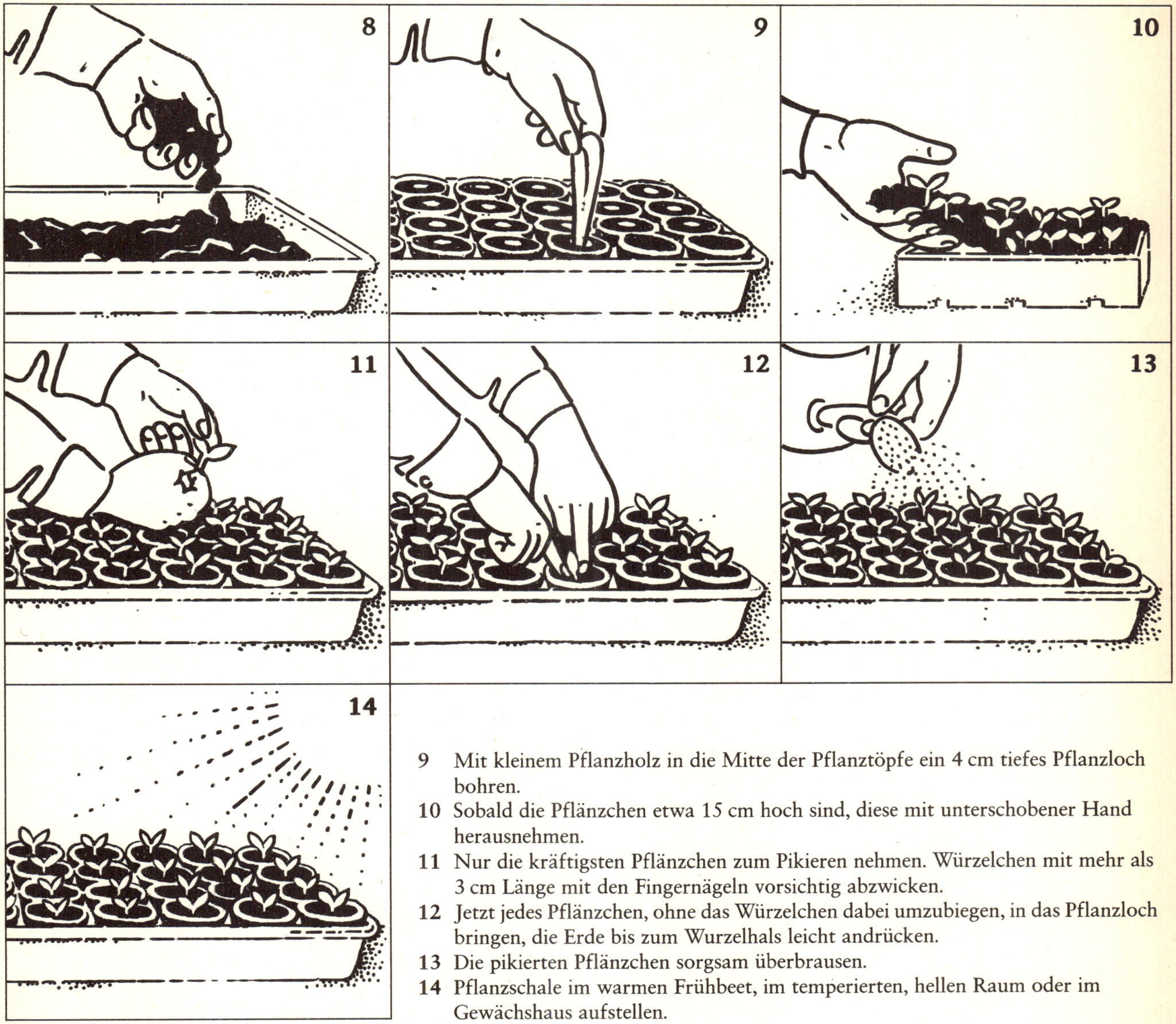

9 Mit kleinem Pflanzholz in die Mitte der Pflanztöpfe ein 4 cm tiefes Pflanzloch bohren.

10 Sobald die Pflänzchen etwa 15 cm hoch sind, diese mit unterschobener Hand herausnehmen.

11 Nur die kräftigsten Pflänzchen zum Pikieren nehmen. Würzelchen mit mehr als 3 cm Länge mit den Fingernägeln vorsichtig abzwicken.

12 Jetzt jedes Pflänzchen, ohne das Würzelchen dabei umzubiegen, in das Pflanzloch bringen, die Erde bis zum Wurzelhals leicht andrücken.

13 Die pikierten Pflänzchen sorgsam überbrausen.

14 Pflanzschale im warmen Frühbeet, im temperierten, hellen Raum oder im Gewächshaus aufstellen.

Abb. 12

Setzpläne erleichtern die Gartenarbeit
Die auf den nachfolgenden Seiten abgebildeten, verkleinerten Setzpläne sind zunächst nur für Normbeete mit einer Größe von 320 cm Länge und 150 cm Breite vorgesehen, bei denen zur Nutzung als Frühbeet bis zu vier Frühbeetfenster von 80 cm Breite aufgelegt werden können.
Mit den vier Abbildungen soll vor allem gezeigt werden, wie man solche Setzpläne für die im eigenen Garten vorhandenen Verhältnisse am sinnvollsten anlegen kann und wie man die nötigen Abstände mit Zahlenangaben am besten kennzeichnet. Die Angaben für die Pflanzenabstände finden Sie in den Saat- und Pflanzplänen für die einzelnen Gemüsearten.

Die Setzpläne auf Millimeterpapier. Die Normgröße der Beete von 320 × 150 cm eignet sich für eingefaßte und dadurch etwas höher liegende Beete, die zur Auflage von Frühbeetfenstern vorgesehen sind. Ebenerdig liegende Beete haben meist nur eine Breite von 100 bis 120 cm, weil man sie bei größerer Breite in gebückter Haltung nicht gut bearbeiten kann. Es ist daher ratsam, für bereits vorhandene Beete, die nicht dieser Normgröße entsprechen, auf Millimeterpapier individuelle Setzpläne anzufertigen.
Millimeterpapier erhält man in jedem guten Schreibwarengeschäft. Bei einer Beetgröße von weniger als 3 m Länge reicht Millimeterpapier in DIN-A4-Format aus. Mit dem Verkleinerungsmaßstab 1 : 10, das heißt, 1 m Beet entspricht 10 cm auf dem Papier, lassen sich die entsprechenden Pflanzabstände gut übertragen. Bei längerem Beetmaß benötigt man entweder größerformatiges Millimeterpapier (DIN A3), oder man verkleinert den Maßstab auf 1 : 20, das heißt, 1 m Beet entspricht dann 5 cm auf dem Papier. In der Regel kommt jeder Heimgärtner mit höchstens vier bis sechs verschiedenen Setzplänen aus. Empfehlenswert ist es, diese Pläne mehrmals zu fotokopieren und die dafür in Frage kommenden Gemüsearten mit den dazu geeigneten Zwischenkulturen, die man bevorzugt im eigenen Garten anbauen will, darauf zu notieren.
Wenn man sie in eine Klarsichthülle steckt, können die Pläne unbesorgt bei der Setzarbeit als Vorlage dienen, ohne durch Gartenerde beschmutzt zu werden.

Die Zahl der jeweils erforderlichen Setzlinge ist nach den Setzplänen sowohl für Hauptfrucht als auch Zwischenfrucht leicht und schnell zu bestimmen. Meist werden viel zu viele Setzlinge gezogen oder auch gekauft. Dies kann hiermit leicht vermieden werden.

Die rechtzeitige Bestimmung der Zwischenfrucht für jedes Pflanzbeet ist besonders wichtig, weil die Zwischenfrucht nicht nur eine bessere Gartennutzung, sondern auch die so wichtige Bodenbedeckung automatisch mit sich bringt. In den Saat- und Pflanzplänen der einzelnen Gemüsearten sind jeweils auch die als Zwischenfrucht geeigneten Gemüse angegeben. Diese Bodenbedeckung und zugleich beste Beetnutzung sollte man nie vergessen und deshalb immer schon bei der Planung berücksichtigen.

Eine gute Hilfe für den Jahresanbauplan. Wenn man schon bald nach der Räumung der Pflanzbeete im Spätherbst aufgrund der Setzpläne in den Wintermonaten die Nutzung der einzelnen Beete für die ganze kommende Kulturzeit bestimmt, ergibt sich daraus beinahe von selbst der so wichtige und nützliche Jahresanbauplan.

Eine wertvolle Grundlage für die Jahressamenbeschaffung. Auf Seite 148 ist schon beschrieben, wie vorteilhaft die rechtzeitig geplante Jahressamenbeschaffung ist. Auch hierfür bieten die Setzpläne eine günstige Grundlage.

Auch weniger erfahrene Hilfskräfte können nach den vorhandenen Setzplänen zuverlässig zur Setzarbeit herangezogen werden. Den Mithelfenden kann man durch solches Zutrauen oft viel Freude bereiten, und man wird dabei auch lernen, daß man nicht immer alles allein machen muß.

Aus diesen Hinweisen ist leicht zu erkennen, wie sich durch die richtige Anwendung der Setzpläne die Gartenarbeit gerade über die arbeitsintensivere Kulturzeit nicht nur vereinfachen läßt, sondern wie man ständig einen Überblick über eine gute Beetbelegung erhält und dabei auch an Sicherheit gewinnt. Erwähnt sei hier nochmals der geringere Zeit-, Arbeits- und Platzaufwand bei der Anzucht von nicht nötigen Setzlingen und damit auch die mögliche Einsparung bei der Samen- oder Setzlingsbeschaffung.

Setzplan 1 (Abb. 13)

● = **Hauptfrucht**
6 Längsreihen je 16 Pflanzen,
Pflanzenbedarf je Beet 96

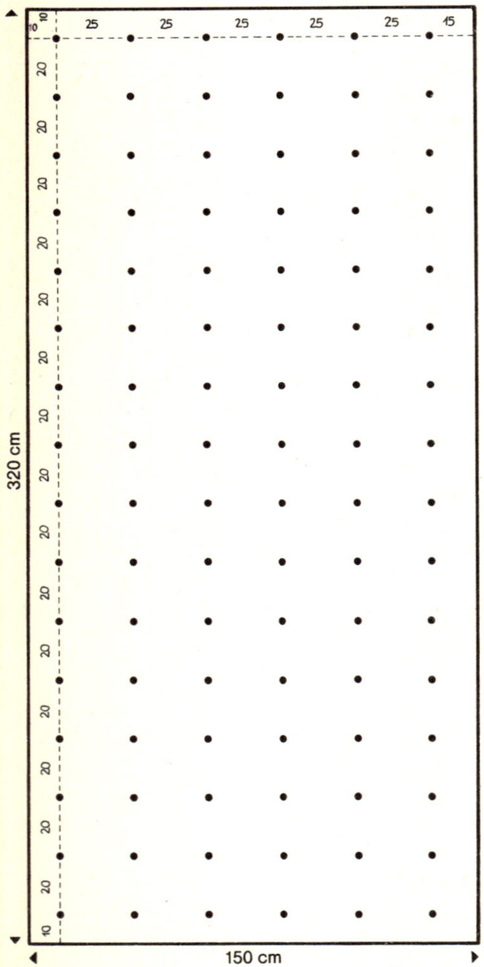

Setzplan 2 (Abb. 14)

● = **Hauptfrucht**
5 Längsreihen je 12 Pflanzen,
Pflanzenbedarf je Beet 60

+ = **Zwischenfrucht**
6 Längsreihen je 13 Pflanzen,
Pflanzenbedarf je Beet 78

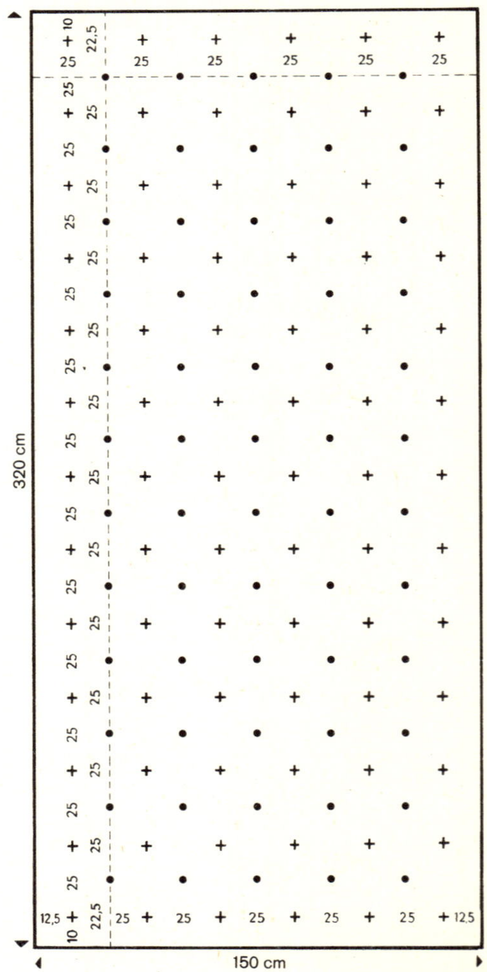

Setzplan 3 (Abb. 15)

● = **Hauptfrucht**
4 Längsreihen je 10 Pflanzen
Pflanzenbedarf je Beet 40

+ = **Zwischenfrucht**
5 Längsreihen je 15 Pflanzen
Pflanzenbedarf je Beet 75

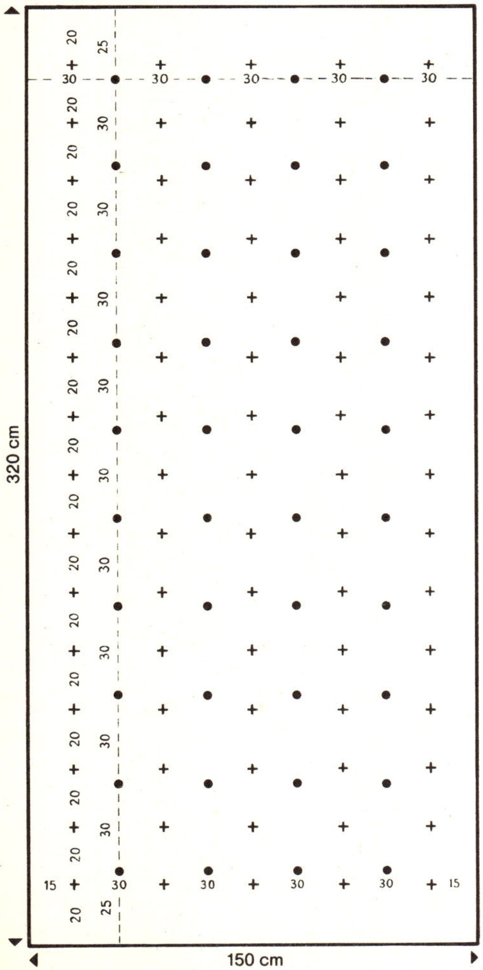

Setzplan 4 (Abb. 16)

● = **Hauptfrucht**
3 Längsreihen je 6 Pflanzen
Pflanzenbedarf je Beet 18

+ = **Zwischenfrucht**
6 Längsreihen je 16 Pflanzen
Pflanzenbedarf je Beet 96

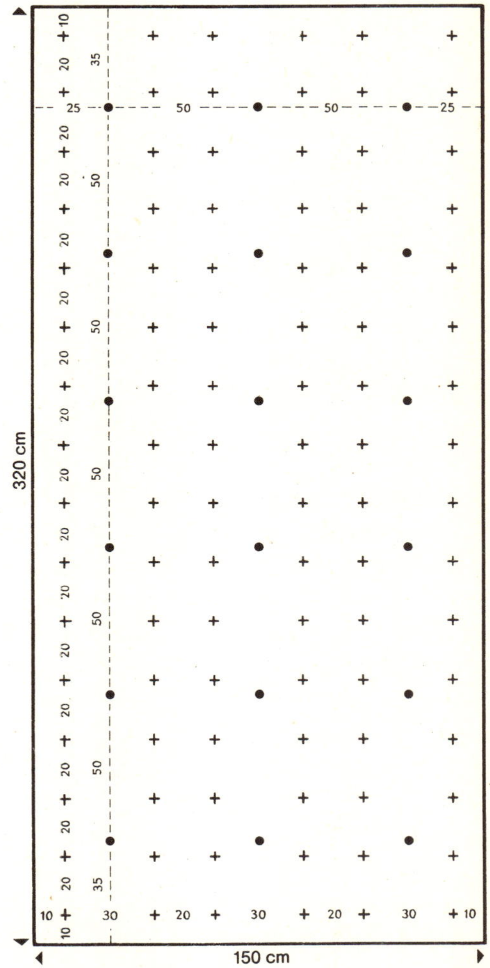

Humuskompost, Grundlage des biologischen Gemüsebaues
Es gibt verschiedene Kompostherstellverfahren, die hier nicht alle im Detail behandelt werden können. Um so ausführlicher sind die beiden wichtigsten, lang erprobten Vorgehensweisen, das Mietenkompost- und das Silokompostverfahren, beschrieben.

Das Mietenkompostverfahren
Dieses Verfahren soll an erster Stelle stehen, weil es in der Handhabung nicht nur einfach ist, sondern es bietet auch den größten Einblick in das Kompostgeschehen und die sicherste Kontrolle über den einwandfreien Werdegang und jeweiligen Reifegrad des Kompostes. Deshalb sollte man dieses Verfahren vorziehen, wenn die Platzverhältnisse im Garten und der Kompostmaterialanfall es zulassen.

Plazierung der Kompostanlage. Kompostarbeitsplatz und Kompostmieten sind möglichst in Nähe der Freilandbeete und in Nähe des Gewächshauses vorzusehen. Der Platz soll eben, möglichst schattig und leicht zugänglich und der Untergrund locker und durchlässig, also nicht plattenbelegt oder betoniert, sein. Das ist für das Bodenleben sehr wichtig.

Größe und Zahl der Kompostmieten. Eine Kompostmiete wird etwa 1,50 m breit, 2,00 m lang und 1,20 m hoch angelegt. Da für das Mietenkompostverfahren eine Gesamtreifezeit von etwa 12 Monaten erforderlich ist, muß man den Platz für vier Mieten vorsehen. Falls der Kompostanfall nicht sehr groß ist, können die Ausmaße der Miete entsprechend kleiner gehalten werden (1,00 m breit, 1,50 m lang, 1,00 m hoch). Diese Maße dürfen nicht unterschritten werden, weil sonst keine optimale Verrottung sichergestellt ist. Bei sehr wenig Kompostanfall kompostiert man zweckmäßigerweise in Kompostsilos. Das Silokompostverfahren wird im Anschluß genau beschrieben.

Kompostmaterial. Alle organischen Abfälle, die in Küche und Garten anfallen, eignen sich zum Kompostieren. Dazu gehören auch Eierschalen, Schalen von Zitrusfrüchten, Obsttrester, Lauchabfälle, Zwiebelschalen, Kaffee- und Teesatz. Die fünf letzteren fördern ganz besonders das Wurmleben. Ferner sind günstig: Rasenschnitt, locker aufgebracht und in nicht zu großen Mengen, samenfreies Unkraut, Stauden- und junger Baumschnitt, der vorher auf 5 bis 10 cm Länge zerkleinert wurde. Dieses Material, in der richtigen Mischung, ist für die Durchlüftung der Miete günstig und wichtig. Zwischenlagen aus Stroh und organischem Stickstoffdünger vermitteln den aeroben Bakterien den nötigen Sauerstoff und Stickstoff, den sie zum Leben benötigen.

Mischen des Kompostmaterials. Alle Küchen- und Gartenabfälle, zerkleinerte Stauden, Rasenschnitt, Rohmaterial von durchgesiebtem Fertigkompost usw. werden wahllos so lange auf dem Kompostarbeitsplatz gesammelt, bis sich das Aufsetzen der Kompostmiete lohnt. Je vielseitiger die organischen Abfälle sind, desto besser wird der Humuskompost. Vor dem Aufsetzen der Miete wird das Material tüchtig mit der Gabel durchmischt und, wenn nötig, mit Regenwasser angefeuchtet.

Aufsetzen der Kompostmiete. Die vorgesehene Grundfläche wird mit gehäckseltem Stroh, zerkleinertem Stauden- oder Baumschnitt oder sonstigem groben, organischen Material etwa 10 bis 15 cm ab-

gedeckt. Das macht den Kompostaufbau luftig, und es tritt keine stauende Nässe auf. Dann folgt die erste Lage des gesammelten, gut gemischten Kompostmaterials mit etwa 20 cm Stärke. Darüber pudert man etwas Algomin (Algenkalk). Zur Aktivierung des Bodenlebens gibt man darauf eine 2 bis 5 cm starke Zwischenschicht von zerkleinertem Brennessel-, Schafgarbe- oder Kamillenkraut.
Nun folgt wiederum eine Schicht gehäckseltes Getreidestroh, etwa 10 cm stark. Über das Stroh streut man einen organischen Stickstoffdünger, zum Beispiel Rizinusschrot oder Hornspäne (100 g je qm), und überbraust alles gut mit Regenwasser. Der weitere Aufbau wiederholt sich wie vorstehend aufgeführt, das heißt, man beginnt wieder mit einer Schicht von etwa 20 cm gemischtem Kompostmaterial, überpudert mit Algomin usw.
Nach dem Aufsetzen der Kompostmiete bis zu ungefähr 1,20 m Höhe empfiehlt sich das Abdecken mit gehäckseltem Getreidestroh, Rasenschnitt oder eventuell auch Laub. Dies verhindert das Austrocknen der obersten Kompostschicht und fördert dadurch den Verrottungsvorgang. Nach einigen Tagen sinkt die Miete in sich zusammen. Die Innentemperatur der Miete wird in der Anfangsphase bis zu 65 °C ansteigen. An kühlen Tagen bildet sich Dampf, ein sicheres Zeichen dafür, daß die aeroben Bakterien arbeiten. Die hohen Temperaturen gehen dann langsam wieder zurück. Jetzt ist es ratsam, einmal in die Kompostmiete zu schauen, denn durch zu hohe Temperaturen geht viel Feuchtigkeit verloren, und es kann zu Verbrennungserscheinungen kommen. Dies erkennt man an den weißen, schimmeligen Pilzverflechtungen. Man schafft hier Abhilfe, wenn man das Kompostmaterial gut mit Regenwasser begießt. Nach 10 bis 12 Wochen muß man die Miete umsetzen. Dies erkennt man daran, daß alle Pflanzenabfälle, auch die Strohzwischenlagen, halb verrottet und geruchlos sind. Sind noch nicht angerottete Pflanzenteile dabei, so war der Kompost zu trocken. Stinkt das Kompostmaterial, so war die Kompostmiete zu naß.

Das erste Umsetzen der Kompostmiete erfolgt nach 10 bis 12 Wochen. Mit der oberen Abdeckung der ersten Miete bedeckt man die Grundfläche der zweiten, neu aufzusetzenden Miete. Dann wird von der ersten Miete Stück für Stück mit der Gabel auf diese erste Schicht der zweiten Miete gebracht, etwa 20 cm hoch, und mit Algomin überpudert. Für die folgende Zwischenschicht von 2 bis 5 cm sollte im Gegensatz zur ersten Miete Kuhmist oder sonstiger tierischer Mist verwendet werden. Dünne Zwischenschichten von Lauch- und Zwiebelabfällen, Obsttrester sowie Kaffeesatz eignen sich auch sehr gut. Dadurch kann sich der Regenwurm stark vermehren. Auf diese Lage folgen 10 cm gehäckseltes Getreidestroh oder sonstige grobe, organische Abfälle. Über das Stroh streut man je qm 100 g Rizinusschrot oder Hornspäne und überbraust das ganze mit Regenwasser. Der Aufbau wiederholt sich jetzt wieder mit einer Schicht von etwa 20 cm der ersten Humuskompostmiete usw. Auch diese frisch aufgesetzte Kompostmiete wird mit Stroh, Rasenschnitt oder Laub abgedeckt.
Die zweite Miete fällt langsamer in sich zusammen als die erste. Die Temperaturen steigen in der Anfangsphase auf 35 °C und pendeln sich dann bei 16 bis 18 °C ein. Man muß immer auf die richtige Feuchtigkeit achten. Das Kompostgemisch soll die Feuchtigkeit eines gut ausgedrückten Schwammes haben. Die Regenwurmentwicklung ist zu beobach-

ten. Diese vermehren sich jetzt rasch. Nach weiteren 10 bis 12 Wochen ist der Kompost so weit verrottet, daß man ihn schon gut als Mulchdünger für starkzehrende Pflanzen verwenden kann. In dieser Entwicklungsphase ist alles weiche Kompostmaterial verrottet.

Das zweite Umsetzen der Kompostmiete erfolgt nach insgesamt 20 bis 24 Wochen. Man verfährt wie beim ersten Umsetzen. Die Zwischenschichten aus Kuhmist oder Obsttrester werden beibehalten. Auf Stroh kann man verzichten, wenn das Kompostmaterial die richtige Feuchte hat. Zu trockenes Kompostmaterial wird mit Regenwasser überbraust. Jede zweite Schicht überpudert man mit Algomin und die Schicht dazwischen mit Rizinusschrot. Die Miete wird wiederum gut mit Rasenschnitt oder ähnlichem 5 bis 10 cm hoch abgedeckt. Nach weiteren 10 bis 12 Wochen ergibt die zum zweiten Mal umgesetzte Miete einen guten Mulchkompost. Auffallendes Merkmal dafür ist ein dunkler, lockerer Boden, erdiger Geruch und viele Regenwürmer.

Das dritte Umsetzen der Kompostmiete erfolgt nach insgesamt 30 bis 36 Wochen. Der Vorgang ist jetzt bekannt. Auf die Zwischenschichten von Kuhmist, Obsttrester und die Strohschicht kann man verzichten. Beibehalten wird nur das Einpudern mit Algomin, abwechselnd mit Rizinusschrot. Auch jetzt ist immer auf die richtige Feuchtigkeit zu achten. Das Abdecken mit Rasenschnitt, Stroh oder Laub darf nicht vergessen werden. Die so aufgesetzte Kompostmiete muß etwa 10 bis 12 Wochen ruhen.
Vom Anlegen der Kompostmiete bis zu diesem Zeitpunkt sind unter Berücksichtigung der Ruhepause im Winter (etwa Dezember bis Februar) in der Regel 40 bis 48 Wochen vergangen. Der Humuskompost hat jetzt seine Reife erreicht. Er ist dunkelbraun, po-

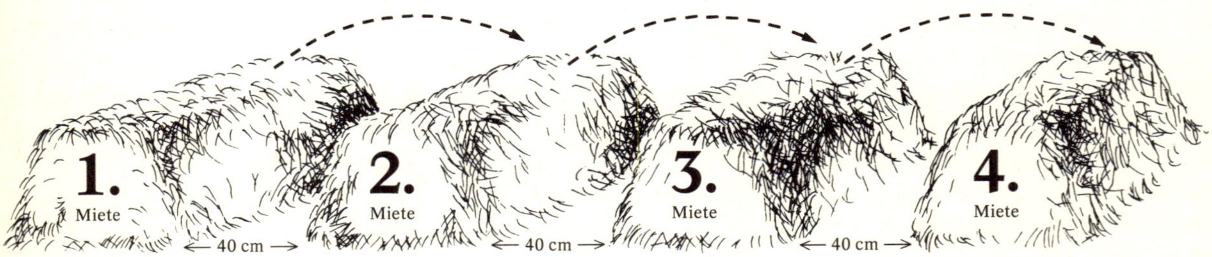

1.–12. Woche

1. Woche:
Miete aufsetzen

13.–24. Woche

Spätestens 13. Woche:
Erstes Umsetzen

25.–36. Woche

Spätestens 25. Woche:
Zweites Umsetzen

37.–48. Woche

Spätestens 37. Woche:
Drittes Umsetzen

Das Aufbauen der 1. Miete kann etwa ab Mitte März beginnen und endet etwa Mitte November.
Während der Winterzeit ist Ruhezeit.

Abb. 17

rös, locker und krümelig. Er enthält viel Kalium, Phosphor, Magnesium, etwas Stickstoff und sehr viele Spurenelemente. Regenwürmer sind nicht mehr so reichlich vorhanden. Dafür enthält dieser Kompost noch viele Regenwurmeier und Kleinstwürmchen.
Der Humuskompost wird vor Gebrauch durch ein Wurfgitter mit einer Maschenweite von 15 mm gesiebt. Die Rückstände werden zur Belebung weiterer Mieten verwendet. Man sollte immer nur so viel sieben, wie man benötigt. Der Kompost verliert durch längere Lagerzeit nicht an Wert. Muß der Platz für die nächste Kompostmiete frei werden, setzt man den Fertigkompost an eine andere Stelle um und deckt ihn wieder mit Stroh oder Rasenschnitt ab. Den Fertigkompost bringt man zweckmäßig im Herbst, sobald abgeerntet ist, etwa 1 cm hoch auf die Beete und harkt ihn 5 cm tief ein. Natürlich kann man auch zu allen anderen Zeiten den Kompost ausbringen.
Wie schon für das Umsetzen beschrieben, können die Wartezeiten jeweils 10 bis 12 Wochen betragen. Die kürzere oder längere Zeit ist abhängig vom Klima, der Jahreszeit, der Witterung, der Zusammensetzung des Kompostmaterials und von der Kompostpflege. Die Kennzeichen des jeweiligen Reifegrades sind vorstehend beschrieben, so daß man ziemlich sicher den richtigen Zeitpunkt für das nächste Umsetzen bestimmen kann.

„Man nehme, so man hat.“ Wie es schon in alten Kochbüchern zu lesen ist, so kann man auch beim Aufsetzen und Umsetzen der Kompostmieten verfahren. Man braucht sich nicht streng an die angegebenen Materialien zu halten. Wichtig ist es jedoch, darauf zu achten, daß sich nach den gegebenen Richtlinien Trockenmasse und Feuchtmasse sowie Düngermasse und Magermasse sinnvoll abwechseln.

Sonstige Zusätze für das Kompostgemisch
Als Zusätze, die man immer nur in kleinen Mengen einstreut, sind zu nennen:

Gesteinsmehle, als wertvolle Ergänzung des Kompostes. Dazu gehören neben anderen:
Hegauer Basaltsteinmehl = kalkreiches Urgesteinsmehl
Zimmerli Steinmehl = aus 20 verschiedenen Naturgesteinen
Wunsiedel Steinmehl = Dolomit und Feldspat

Rizinusschrot bereichert ganz besonders das Bodenleben.

Algomin, aus Meeresalgen, enthält Magnesium im günstigen Verhältnis zu Kalk. Fördert das Bodenleben (Bakterien), ist geruchsbindend.

Holzasche, Brikettasche, siehe auch Seite 221.

Brennessel, Beinwell und Schafgarbe, klein zerhackt, tragen zu einem gesunden und aktiven Verrottungsvorgang bei.

Kompoststarter
Man kann den Rotteprozeß fördern, indem man dem Kompostgemisch einen Kompoststarter beigibt. Dafür empfehlen sich:
Biorott-Schnellkomposter, Eco-Kompoststarter, Edafil-Kompostimpfstoff, Humofix-Kräuterpulver, Oscorna und Symbioflos, siehe auch Seite 166.

Den einzelnen Kompoststartern sind von den jeweiligen Herstellern Anweisungen für die zweckmäßige Anwendung beigefügt.

Wenn der Mietenkompost so weit verrottet ist, daß sich nur noch halbverrottete, holzige Teile darin befinden, haben wir Humusfertigkompost oder Humusreifekompost. Der Reifeprozeß ist auf neuen Kompostplätzen langsamer als bei älteren Mieten. Wenn man sich daher für den Anfang von einem erfahrenen Gärtner oder auch Heimgärtner einen Sack Humusfertigkompost zur ersten Beimischung besorgen kann, kommt man entsprechend schneller zu guten und befriedigenden Ergebnissen.

Auch Humusfertigkompost wird mit Stroh oder 5 bis 10 cm Rasenschnitt oder Laub abgedeckt. Dadurch werden die Regenwürmer gut gefüttert und sind außerdem gegen Kälte, starken Regen und Sonnenhitze geschützt. Man erzielt auf diese Weise innerhalb des Humusfertigkompostes eine Teilwirkung von dem, was sonst nur durch das Regenwurmzuchtkompostverfahren in noch größerem Maße erreichbar ist.

Zu viel Regen schadet der Kompostverrottung und dem Bodenleben. Die vorstehend geschilderte Mietenabdeckung bietet daher den einfachsten Schutz. Um organischen Mietenkompost zu erzielen, muß man keine Kompoststarter verwenden. Es ist wesentlich besser, dem Humuskompost etwas mehr Zeit für die Kompostreife zu geben. Wenn es möglich ist, sollte man dem Kompostmaterial vor dem Aufsetzen der Kompostmiete etwas halbfertigen Kompost beimischen. Man kann damit weit mehr erreichen als mit dem Einsatz von Kompoststartern.

Die erforderlichen Kompostgaben betragen je Ar Gartenland und Jahr etwa einen halben Kubikmeter. Bei humusarmen Böden ist allerdings die doppelte Menge notwendig. Damit wird man schon nach 2 bis 3 Jahren eine befriedigende Verbesserung, selbst bei bisher mangelhaften Böden, erreichen. Humusfertigkompost, der eine weit höhere Düngekraft als Stallmist besitzt, verbessert vor allem den Humusgehalt des Bodens, steigert das Bodenleben, erhöht die Speicherfähigkeit von Regen- und Gießwasser, fördert das gesunde Wachstum der Pflanzen und erfüllt wichtige Funktionen bei der Bekämpfung von Pflanzenschädlingen und zur Gesunderhaltung der Gemüse.

Bei richtigem Aufbau ist jede Kompostmiete für den Regenwurm die ideale Heimstätte zur schnellen Vermehrung. Er findet sich dort von selbst ein, weil er die Wärme und Nahrung des werdenden Humuskompostes bevorzugt. 1 g trockene Regenwurmerde enthält bis zu 50 Millionen lebende Bakterien, die für die dauernde Regeneration des Gartenbodens so bedeutungsvoll sind. Humuskompost mit einem reichen Bodenleben sichert jedem Gartenboden bei entsprechenden Gaben schon nach verhältnismäßig kurzer Zeit Dauerfruchtbarkeit und gesundes, schmackhaftes Gemüse.

Zusammengefaßte Grundsätze zur Humuskompostgewinnung

Nachdem die wichtigsten Vorgänge der Humuskompostbereitung für die Mietenform behandelt wurden, nur noch einige weitere wichtige Grundsätze zur Humuskompostgewinnung in kurzer Zusammenfassung:

In warmem und mildem Klima soll die Kompoststätte möglichst im Schatten oder Halbschatten von Bäumen, Hecken, Holzgeflechtzäunen oder Gebäuden erstellt werden. In rauhen Klimalagen ist es dagegen zweckmäßiger, einen warmen und sonnigen Platz zu wählen. Dies auch mit Rücksicht auf das so wichtige Bodenleben.

Als Bodenfläche muß sich unter den Humuskompostmieten eine etwa 30 cm starke Schicht Mutter- oder Lehmboden befinden, damit sich die Regenwürmer bei Kompostreife, starkem Frost oder Trokkenheit in diese Zone zurückziehen können.

Zerkleinertes, sperriges, grünes Kompostgut, wie junger Baumschnitt, Heckenschnitt, Blütenstauden, Sonnenblumen, Tomaten-, Gurken-, Paprika- und Kartoffelkraut, Strünke von Blumenkohl, Rosenkohl, Rotkohl, Weißkohl und Wirsing sind für die Durchlüftung der Humuskompostmieten sehr wertvoll. Dieses Kompostmaterial braucht jedoch zur völligen Verrottung etwas mehr Zeit als das übrige Material. Das teilweise noch unverrottete, etwas sperrige Kompostmaterial bleibt beim Sieben im Wurfsieb hängen und kann für die nächste Kompostmiete wiederverwendet werden.

Das gründliche Mischen des anfallenden Kompostmaterials vor dem Aufsetzen der Kompostmiete ist von großer Wichtigkeit. Je besser und vielseitiger die Materialmischung ist, desto besser und gehaltvoller ist der Humuskompost.
Die Kompostmieten müssen immer mit Stroh oder 5 bis 10 cm Rasenschnitt oder Laub abgedeckt werden. Beim Rasenschnitt muß man darauf achten, daß er nur vor der Blüte zum Abdecken verwandt wird. Das gilt auch für die Rasenschnittkompostierung. Rasenschnitt verfilzt sehr schnell zum schützenden Teppich und begünstigt so das Regenwurm- und allgemeine Bodenleben.
In der Kompostmiete soll während der Reife- bzw. Verrottungszeit immer eine feuchte Wärme herrschen, die anfangs etwa 40 bis 65 °C beträgt und später bis zur Vollreife nicht unter etwa 15 °C im Innern der Kompostmiete absinken sollte. Darum muß besonders während der Trockenzeit stets rechtzeitig befeuchtet werden. Aus diesem Grund ist auch eine Wasserstelle in Nähe der Kompostmieten sehr günstig.

Das Silokompostverfahren
Es soll nun dargelegt werden, in welchen Fällen das Silokompostverfahren dem sonst überlegenen Mietenkompostverfahren vorgezogen werden kann oder vorgezogen werden muß. Es gibt dafür im wesentlichen nur zwei Gründe:
Entweder ist der Anfall an Kompostmaterial für die Mietenform zu gering, oder es ist im Garten nicht genügend oder kein geeigneter Platz für die Mieten vorhanden.

Wann ist der Anfall an Kompostmaterial für die Mietenform zu gering?
Für die Mietenform sollten je Kompostsaison, etwa ab Mitte März bis Mitte November, immerhin etwa 4 cbm loses Kompostmaterial anfallen. Diese Menge ist rascher zusammen, als man glaubt. Denken wir nur an Rasenschnitt, Unkraut, Laubanfall im Herbst, an Baum-, Sträucher- und Heckenschnitt und sonstige Garten- und Küchenabfälle. Dazu kommen noch Kuhmist, Obsttrester, Stroh und Abdeckerde nach jeder Kompostlage.
Es darf dabei aber nicht übersehen werden, daß

4 cbm loses Kompostmaterial, je nach Zusammensetzung, nur etwa 1 cbm ausgereiften Humuskompost ergeben, weil das Material während des Reifeprozesses stark zusammensinkt. Will man den Gartenboden auf Dauer verbessern und gesund erhalten, so muß jedes Jahr ausreichender Humuskompost für den biologischen Gemüsebau zur Verfügung stehen.

Wenn im Garten zur Nutzung der Mietenform nicht genügend Platz ist

Ungenügender oder nicht günstiger Gartenplatz für den Aufbau der Kompostmieten kann die Bevorzugung des Silokompostverfahrens bestimmen. Je nach Wahl der Siloart, Silogröße und Siloausführung kann man auf der gleichen Gartenfläche mit dem Silokompostverfahren gegenüber dem Mietenkompostverfahren etwa das Dreifache an Humuskompost erzeugen, und das auch noch in kürzerer Zeit.

Beim Silokompostverfahren ist bei gründlicher Kompostpflege das Umsetzen des Kompostmaterials normalerweise nicht erforderlich. Wenn aber aus irgendeinem Grund etwas Wichtiges versäumt wurde und das Material zu naß (sauer) oder zu trocken und leblos geworden ist, läßt sich das notwendige Umsetzen nicht vermeiden.

Für fast alle Silokompostverfahren werden zur schnelleren Reife sogenannte Kompoststarter verwendet. Dies sind unter anderem: Biorott-Schnellkomposter, Biotrissol, Eco, Edafil, Eokomit, Humofox-Kräuterpulver.

Die Anschriften dieser Hersteller und Lieferanten:

Biorott:	Joachim & Co., Postfach 106, 6800 Mannheim 34
Biotrissol:	Heinrich Propfe, Postfach 106, 6800 Mannheim 34
Eco-Starter:	E. O. Cohrs, Postfach, 2130 Rotenburg
Edafil:	Hilena GmbH, Bio-Erzeugnisse, 4812 Brackwede
Eokomit:	Dr. L. Holzinger & Co., Postfach, 8210 Prien
Humofix:	Abtei Fulda, Postfach 126, Nonnengasse, 6400 Fulda

Bei allen Firmen können kostenlos ausführliche Hinweise über ihre Verfahrensweisen angefordert werden. Die kleine Schrift der Abtei Fulda ist sehr aufschlußreich. Das Humofix-Verfahren hat sich für den Biogemüseheimgärtner bestens bewährt.

Die nötigen Zeitabläufe für den Kompostreifeprozeß werden bei den verschiedenen Kompoststarterverfahren sehr abweichend angegeben. Auch die Aufsetzarbeit und Mischung der Kompostmateriallagen weichen oft von den hier aufgeführten Angaben ab. Man wird trotzdem gut damit fahren, wenn man sich an folgende Grundsätze hält:

Aufbau des Silokompostes

Für das Silokompostverfahren muß man die gleichen Richtlinien berücksichtigen, wie sie auf den Seiten 160 bis 165 für das Mietenkompostverfahren beschrieben wurden. Der einzige Unterschied beim Einbringen der Materiallagen besteht darin, daß die einzelnen Lagen beim Mietenkompostverfahren in Hügelform aufzusetzen sind, während sie beim Silokompostverfahren immer ganz flach eingebracht werden. Letzteres ist zweifelsfrei müheloser.

Reifezeit für Silohumuskompost

Wird für die Herstellung von Silohumuskompost einer der genannten Kompoststarter verwendet, so muß während der Hauptkompostierungszeit (April bis Oktober) mit einer Reifezeit von etwa 3 bis 6 Monaten gerechnet werden. Diese Zeit ist abhängig von der Zusammensetzung des Kompostmaterials, der Witterung und der Kompostpflege. Wurde mit dem Aufbau des Silos erst im Spätsommer begonnen, muß für den Reifeprozeß, einschließlich der Wintermonate, mit 8 Monaten gerechnet werden. Alle kürzeren Zeitangaben entsprechen nicht der Wirklichkeit.

Nachteile des Silokompostverfahrens

Bei allen Silokompostverfahren, die Kompoststarter verwenden, entwickelt sich während des Reifeprozesses eine Hitze bis zu etwa 60 °C, je nach Kompostmaterial, Feuchte und Jahreszeit. Unter solcher Hitze leidet und verschwindet das Bodenleben. Auch der Regenwurm. Deshalb müssen Bodenleben und Regenwürmer zu einem späteren Zeitpunkt durch besondere Mittel wieder aufgebaut und angelockt werden. Dadurch verliert man aber einen Teil der eingesparten Zeit, die man mit dem Silokompostverfahren gewinnen wollte. Man kann die unbelebte Kompostmasse im vollen Kompostsilo, nach Abklingen der Wärme auf etwa 20 bis 25 °C, wieder zur Regenwurmeinkehr und zur Aktivierung des allgemeinen Bodenlebens bringen, wenn man den Siloinhalt mit etwa 15 bis 20 cm Kuhmist abdeckt. Das gleiche kann man auch beim Fertigkompost tun. Das ergibt reiches Wurm- und Bodenleben und damit einen wertvollen Humuskompost. An Zeit und Arbeitsaufwand wird hier gegenüber dem Mietenkompostverfahren jedoch kaum etwas eingespart. Das alles sollte man für die richtige Wahl des zweckmäßigsten Kompostverfahrens berücksichtigen, um sich vor Enttäuschungen zu schützen.

Falls außer dem Silokompostverfahren auch noch das Regenwurmzuchtkompostverfahren angewendet wird, so ist es sehr nützlich, wenn neben der schon erwähnten Kuhmistabdeckung dem vollgefüllten Silo noch etwa 3 Liter halbreifer Regenwurmzuchtkompost beigegeben wird. Zu diesem Zweck hebt man in der Mitte der Kuhmistabdekkung ein etwa 40 cm breites und etwa 30 cm tiefes Loch aus. In diese Mulde bringt man zunächst etwa 3 cm hoch feuchte Gartenerde. Darauf kommt der halbreife Regenwurmzuchtkompost, der wiederum mit etwa 3 cm feuchter Gartenerde abgedeckt wird. Das Ganze wird dann mit dem ausgehobenen Kuhmist wieder überdeckt. Jetzt wird reiches Wurmleben im Silo Einzug halten.

Welches sind die bekanntesten käuflichen Kompostsilos?

Blechringsilo zum Aufbauen – System Schneider
Drahtgeflechtsilo – System Hitschler
Wachsendes Stahlblechsilo – System Mücke
Holzbausilo – verschiedene Hersteller und Systeme
Eternit-Lamellen-Silo – System Luweco

Kompostsilo zum Selbstbau

Will man für das Silokompostverfahren auf die Dauer eine gute Lösung haben, so ist der Selbstbau mit gelochten Ziegelsteinen zu bevorzugen. Diese

Lösung erscheint zunächst etwas kostspielig, ist aber auf Dauer die billigste und beste.
Man kann auch mit Holzbrettern gute Kompostsilos selbst bauen. Diese halten in der Regel etwa 10 Jahre. Die Bretter dürfen auf keinen Fall imprägniert sein, weil sonst der Regenwurm verschwindet und das übrige Bodenleben darunter leidet. Die für den Holzsilobau zu beschaffenden Bretter, Halbdielen, Leisten und Pfosten sollen ungehobelt sein, weil ungehobelte Hölzer für das Bodenleben günstiger sind. Sie sind darüber hinaus billiger und halten länger. Man kann diese Hölzer vom örtlichen Holzgroßhandel oder von Sägewerken beziehen. Es ist ratsam, nach Hölzern zweiter Wahl oder nach Restposten zu fragen.

Mindestens zwei Kompostsilos sind von Anfang an erforderlich

Ob man sich nun für das Silokompostverfahren Silos kauft oder sich für den Eigenbau entscheidet, man braucht immer mindestens zwei Silos, damit man eines für den reifen Humuskompost zur Verfügung hat, während das andere Silo neu gefüllt werden kann. Werden zwei oder mehrere Silos nebeneinander aufgestellt, so ist ein Abstand zwischen den Silos von etwa 42 cm zur Sicherung guter Luftzufuhr günstig. Dieser Abstand hat den Vorteil, daß man ihn mit Waschbetonplatten in der Größe 40 × 40 cm oder 40 × 60 cm auslegen kann.

Wahl der zweckmäßigen Silogröße

Bei den nachstehend abgebildeten Silogrößen wurden Maße berücksichtigt, die in vielfacher Hinsicht praktisch und vor allem auch wirtschaftlich sind. Es kann jedoch verschiedene Gründe dafür geben, andere Ausmaße zu wählen. Man sollte sich aber nicht zu größeren Abmessungen verleiten lassen als in den drei nachfolgenden Beispielen angegeben. Will man die Silos kleiner halten, sollten jedoch die Maße 100 × 100 × 110 cm nicht unterschritten werden.

Plazierung von Kompostsilos

Es ist egal, ob man für den Eigenbau Ziegelsteine oder Holz wählt, auf jeden Fall müssen die Silos ebenerdig aufgebaut werden. Eine Stelle im Halbschatten ist vorteilhaft. Die Erde innerhalb der Silos muß mindestens 10 cm tief aufgelockert werden. Das ist sehr wichtig für die Durchlüftung und für die Entwicklung des Bodenlebens.

Kompostsilo aus gelochten Ziegelsteinen nach Abb. 18 a

Diese Darstellung mit allen Maßangaben und technischen Hinweisen ist so genau, übersichtlich und leicht auffaßbar, daß keine umfangreichen schriftlichen Ergänzungen mehr nötig sind. Das trifft auch für die beiden weiteren Siloausführungen zu. Trotzdem sollen noch einige Punkte erwähnt werden, die wichtig und hilfreich erscheinen.
Für die Beschaffung der Ziegelsteine ist es am einfachsten, dem Baustoffgroßhändler zur leichteren Verständigung die Abb. 18 a zu zeigen. Man sollte sich für diese Ausführung entscheiden, weil sich die größeren Steine leichter und schneller aufmauern lassen und weil sie gegenüber der Ausführung Abb. 19 a auf Seite 170 infolge des vorhandenen größeren Mittenloches beim Aufmauern keine zusätzlichen größeren Luftfugen erfordert.
Auf einer Mörtelschicht, 5 cm hoch und etwa 11 cm breit (Steinbreite), wird die erste Steinlage im Verbund mit allen vier Mauerseiten aufgesetzt. So ergibt sich auf der Kompostbedienseite automatisch eine

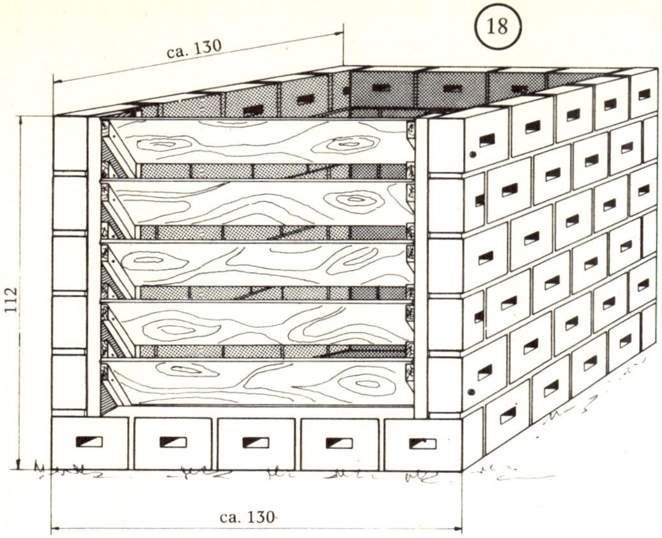

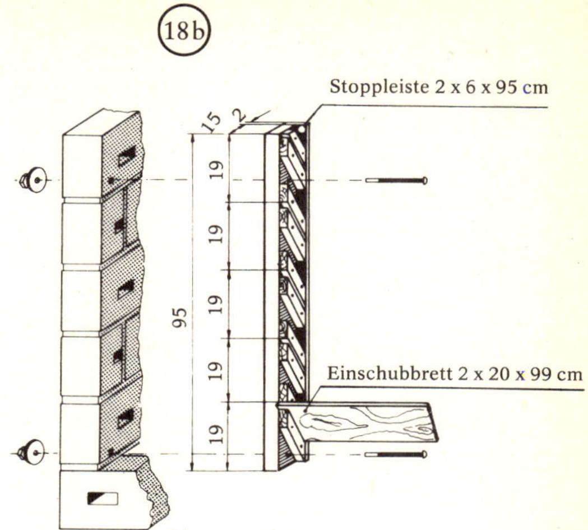

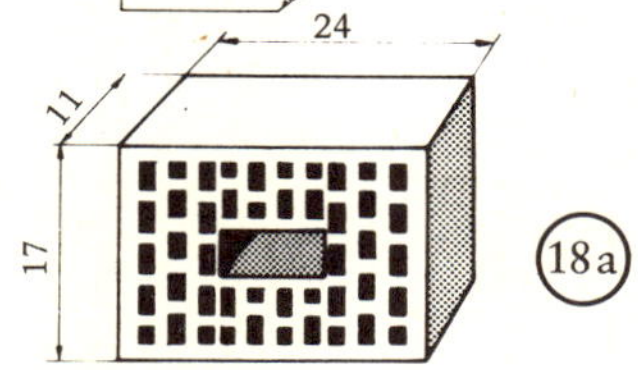

Abb. 18 Maßangaben in cm

ziegelsteinhohe Begrenzungskante, die nicht nur die unterste Lage des Kompostmaterials zurückhält, sondern neben anderem auch den Feuchtigkeitsspeicher begünstigt. Die Steine werden so aufgemauert, daß sich eine Mauerstärke von 11 cm ergibt und die Lüftungslöcher auf den drei Mauerseiten nach außen kommen. Sämtliche Mauerfugen sind etwa 2 cm stark.

Wenn das Mauerwerk fertiggestellt ist, wird nach den beiden Abb. 18 und 18 b links und rechts der Mauer jeweils eine Halbdiele, Abmessungen 95 × 20 × 5 cm, angebracht. Dies geschieht jeweils mit zwei Schlüsselschrauben von je 16 cm Länge, und zwar jeweils durch ein Loch der Ziegelsteine. Diese sind in jedem guten Eisenwarengeschäft erhältlich.

Für die abgebildeten Führungsleisten zum Einführen der Einschubbretter verwendet man am besten Dachlatten, die man auf der Einschubfläche etwas glatthobeln oder glattschmirgeln muß. Die Dachlatten sind 2,5 cm stark und 5 cm breit. Sie werden nach Zeichnung 18 b angeschraubt und an beiden Endkanten entsprechend schräg abgesägt.

Materialbedarf

Etwa 90 Ziegelsteine, 24 × 17 × 11 cm, je nach Materialverlust durch Behauen der erforderlichen Halbsteine für den Mauereckenverbund.

3/4	cbm Maurersand (kein Flußsand)	Diese Gesamtmenge ergibt die richtige Mörtelmischung.
1 1/2	Sack Zement	
1	Sack Maurerkalk	

2 Halbdielen, 95 × 20 × 5 cm
5 Einschubbretter, 99 × 20 × 2 cm
2 Stoppleisten, 95 × 6 × 2 cm
Dachlatten in entsprechender Menge für die Führungsleisten
4 Schlüsselschrauben, 16 cm lang
50 Schrauben oder Nägel, 45 mm lang, zum Anbringen der Führungsleisten

Kompostsilo aus gelochten Ziegelsteinen nach Abb. 19 a

Diese Ausführung sollte man nur dann wählen, wenn man bei den ortsansässigen Baustoffgroßhändlern die Ziegelsteine für die Siloausführung 18 a, Seite 169, nicht bekommt. Man erreicht mit diesen Steinen ein gleich gutes Kompostsilo, aber der Arbeitsaufwand ist gegenüber den Steinen nach Abb. 18 a größer, weil auf drei Mauerseiten die 5 cm breiten offenen Lüftungsfugen vorgesehen werden müssen.

Materialbedarf

Etwa 125 Ziegelsteine, 24 × 11,5 × 11 cm, je nach Materialverlust durch Behauen der erforderlichen Halbsteine für den Mauereckenverbund.
1 cbm Maurersand (kein Flußsand)
2 Sack Zement
1 Sack Maurerkalk
Der weitere Materialbedarf entspricht dem der Siloausführung 18.

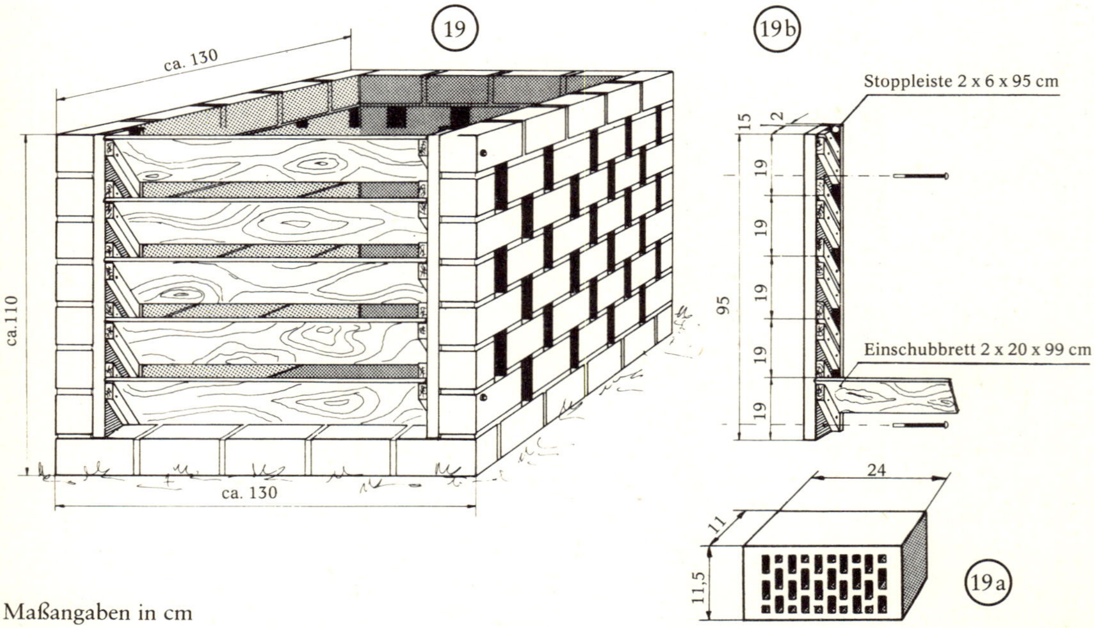

Abb. 19 Maßangaben in cm

Kompostsilo aus Holz
Die Abbildungen 20 und 20a sind für den Aufbau des Silos so klar, daß es nur noch weniger Ergänzungen bedarf.
Die vier Eckpfosten werden mit je einer Gehwegplatte 40 × 40 cm nach außenhin bündig unterlegt, damit die unterste Bretterverschalung nicht auf der Erde aufliegt. Alle aufgeschraubten Bretter haben eine Höhe von 10 cm. Sie werden jeweils mit einem Zwischenraum von 5 cm montiert und zwar auf allen drei Seiten. Damit die seitlichen Halbdielen zum Anbringen der Führungsleisten einwandfrei montiert werden können, muß man die vorderen Eckpfosten doppelt nehmen (siehe Abb. 20 und 20a) und miteinander verschrauben.

Man erleichtert sich die Montagearbeit ganz wesentlich, wenn man zuerst die untersten und obersten vier Verbindungsbretter auf allen vier Seiten auf die Eckpfosten (vorne ergeben sich zwei Doppelpfosten) mit jeweils vier Schrauben befestigt. So erhält man einen festgefügten Grundaufbau, den man im Lot auf die schon erwähnten Eckgehwegplatten aufsetzen kann. Alles weitere geht dann viel schneller und sicherer.
Es stört in keiner Weise, wenn die Führungsleisten bündig mit den Eckpfosten abschließen, während die Einschubbretter etwas über die Eckpfosten hinausragen.

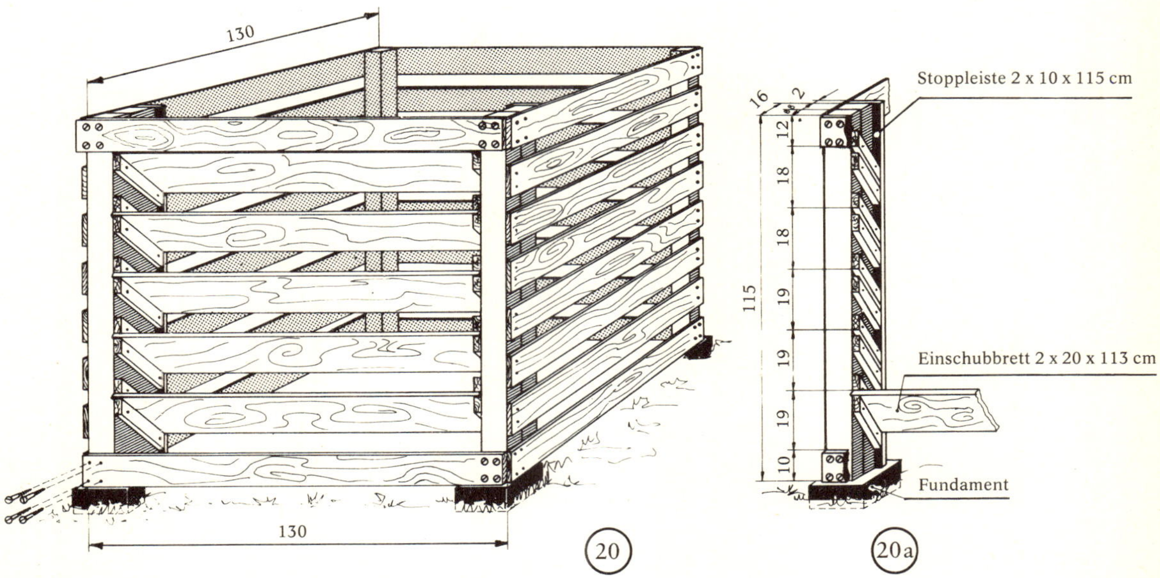

Abb. 20 Maßangaben in cm

Materialbedarf

6 Eckpfosten, 8 × 8 × 115 cm,
davon zwei vorne als aufgeschraubte Doppelpfosten

26 Bretter zum Festschrauben, 130 × 10 × 2 cm
Die acht Verbindungsbretter sind in dieser Menge eingeschlossen

5 Einschubbretter, 113 × 20 × 2 cm

2 Stoppleisten, 115 × 10 × 2 cm
Dachlatten in entsprechender Menge für die Führungsleisten

70 Holzschrauben, 50 × 5,5 mm,
zum Anschrauben der acht Verbindungsbretter

150 Holzschrauben mit 45 mm Länge
zum Anschrauben der anderen Bretter, der Führungsleisten und der Stoppleisten

10 Holzschrauben, 12 cm lang,
zum Verbinden der beiden vorderen Pfosten

Nach diesen Angaben wird der Siloselbstbau erfolgreich gelingen.

Der Regenwurm als zuverlässiger und hilfsbereiter Mitarbeiter für den biologischen Heimgärtnergemüsebau

Die Regenwurmzuchtkompostierung ist für den biologischen Gemüsebau die wertvollste, düngekräftigste und dabei billigste und arbeitszeitsparendste Kompostbereitung. Einmal organisiert und aufgebaut, sind die Regenwurmzuchtkompostierung und die Regenwurmvermehrung eine leichte und freudebringende Arbeit, durch welche man ständig neuen Regenwurmhumus gewinnt. Die Aufbaukosten und die Mühe des ersten Regenwurmzuchtkompostjahres machen sich schon in kürzester Zeit reichlich bezahlt. Lesen Sie darum in Ruhe und prüfend die folgenden Darlegungen. Sie werden dann selbst zu der Überzeugung kommen, daß für den Heimgärtner die Regenwurmzuchtkompostierung den zweifelsfrei höchsten Stellenwert besitzt. Alles, was Sie nachfolgend lesen, entspringt der Praxis und ist aus dieser erfolgsbelegt.

Ein Biogemüseheimgärtner, der seinen Gemüsegarten biologisch bearbeiten will, muß die Humusschicht seines Gartens pflegen und ihr gute Bodenbedeckung geben. Dadurch wird das ganze Bodenleben wie Regenwürmer, Mikroben, Algen, Pilze usw. gefördert. Überall da, wo der Regenwurm Einkehr hält, ist auch das übrige Bodenleben in Ordnung. Wenn man sich erst einmal mit dem Regenwurm und dem gesamten Kleintierbodenleben etwas vertraut gemacht und angefreundet hat, gewinnt die biologische Gartenarbeit an Freude und Befriedigung.

Normalkompost oder Regenwurmzuchtkompost?

Die Regenwurmzuchtkompostierung ist die beste aller nur denkbaren Kompostierungsmethoden. Ob sich zur Regenwurmzuchtkompostierung auch noch ein Normalkompostverfahren gesellen soll, hängt ganz von der anfallenden Jahresmenge des Kompostmaterials ab. Solange 6 Kubikmeter lose Kompostmasse nicht überschritten werden, empfiehlt sich ausschließlich die Regenwurmzuchtkompostierung.

Bei dieser Mengenbetrachtung muß man auch berücksichtigen, daß ein großer Teil der anfallenden Rohkompostmasse zum Mulchen und als Futter für die Regenwürmer in den Pflanzbeeten benötigt wird. Sollte jedoch die jährlich anfallende, lose Rohkompostmasse erheblich mehr als 6 Kubikmeter betragen und muß deshalb auch noch ein Normalkompostverfahren angewendet werden, so kann der Normalkompost während seines Werdegangs zur Vermehrung des Regenwurms und des Kleintierlebens mit Regenwurmzuchtkompost geimpft werden.

Der Regenwurmzuchtkompost ist in der Düngenährkraft nicht nur weit wertvoller als alle anderen Komposte, sondern er vermehrt auch das gesamte Kleintierleben in den Pflanzbeeten des Freilandes, der Frühbeete und des Gewächs- und Folienhauses. Mit keinem anderen Kompostverfahren kann man das in diesem Umfang erreichen. Darüber hinaus erfordert die Regenwurmzuchtkompostierung gegenüber anderen Methoden den geringsten Platzbedarf, was in vielen Fällen von großer Bedeutung ist.

Bei der Regenwurmzuchtkompostierung gibt es kein Umsetzen des Kompostmaterials. Dies macht der Regenwurm in unermüdlicher Arbeit – Futterschicht für Futterschicht – in erstaunlicher, zuverlässiger Präzision, wie das durch Menschenhand oder mit Hilfe von Maschinen auch nicht annähernd möglich ist. Der Regenwurm garantiert mit seiner fleißigen Arbeit in der Wurmzuchtkompostierung für vollreifen Kompost, den man an seiner feinen Krümeligkeit und Geruchlosigkeit sicher erkennt. Es gibt kein anderes Kompostierungsverfahren mit einer so zuverlässigen Reifegarantie. Für den Biogemüseheimgärtner ist es das wirksamste Kompostverfahren im Hinblick auf Bodenlockerung, Sauerstoffzufuhr, Bodendüngung, Bodenfruchtbarkeit, Pflanzengesundheit, Schädlingsabwehr, Gemüsequalität und Gemüsemehrertrag.

Der „Tennessee-Wiggler“ – der König der Regenwürmer

Es gibt in Europa mehr als 100 Regenwurmarten. In unserem Klima kommen jedoch für die Regenwurmzuchtkompostierung nur zwei Arten in Betracht – nämlich der Mistwurm „Eisenia Foedita“ und der echte „Tennessee-Wiggler“. Beide Wurmarten sind schlank, von roter Farbe und haben eine Länge von etwa 6 bis 8 cm. Sie ähneln sich so sehr, daß selbst erfahrene Fachleute sie nicht immer mit letzter Sicherheit unterscheiden können. In ihrer Eignung für die Kompostbereitung und für ihre Vermehrung im Gartenboden ergeben sich jedoch tiefgreifende Unterschiede. Der Mistwurm „Eisenia Foedita“ ist nur für die Kompostierung von Stallmist geeignet. Er läßt sich über den von ihm bereiteten Stallmistkompost, aber nicht im Gartenboden, zur Regenwurmvermehrung nutzen. Im Gartenboden geht er zugrunde und scheidet darum für die hier besprochene Regenwurmzuchtkompostierung aus.

Die Heimat des echten „Tennessee-Wigglers“ sind die amerikanischen Täler von Tennessee. Er ist in unserem Klima der einzige Regenwurm, der sich über den Regenwurmkompost im Gartenboden zuverlässig und reichlich vermehren läßt. Gegenüber anderen Regenwürmern hat er auch noch eine Reihe weiterer Vorzüge. Er ist in vieler Hinsicht anspruchsloser. Als gieriger Fresser frißt er alle organischen Stoffe – auch Sägemehl, Papier, Karton und anderes mehr. Er ist anpassungsfähiger, arbeitsintensiver und standorttreuer.

Die gefütterten Kompostmassen werden vom „Tennessee-Wiggler“ in etwa 4 bis 6 Monaten zu ausgereiftem Regenwurmkompost verarbeitet, der gegenüber dem Normalkompost etwa den fünffachen Düngewert besitzt. Die Ausscheidungen des „Tennessee-Wigglers“ garantieren über die Regenwurmzuchtkompostierung für allerbesten Dauerhumus.

Weil die Verwechslungsgefahr zwischen den beiden Wurmarten „Eisenia Foedita“ und dem echten „Tennessee-Wiggler“ sehr groß ist, muß man die Zuchtwürmer von einer zuverlässigen Bezugsquelle beziehen. Der Verfasser dieser Darlegungen ist schon seit langer Zeit ein erfahrener und erfolgreicher Biogemüseheimgärtner. Mit gleicher Gründlichkeit und gleichem Erfolg befaßt er sich schon seit vielen Jahren mit der Regenwurmzuchtkompostierung. Er bezog den „Tennessee-Wiggler“ ursprünglich als Zuchtstamm von dem bekannten und sehr erfahrenen Regenwurmzüchter Oskar Angst, Gryphiusweg 15, 6800 Mannheim 31 – Schönau.

Oskar Angst verdanken wir es nicht nur, daß er den echten „Tennessee-Wiggler“ aus Amerika vor mehr als 25 Jahren nach Europa einführte – er hat ihn auch bei uns akklimatisiert und zur Vermehrung in den Pflanzbeeten weiterentwickelt – und was besonders wichtig ist, hochgradig standorttreu gemacht.

Über den echten „Tennessee-Wiggler“ ist noch viel Gutes zu sagen: Er verträgt ziemlich hohe Temperaturen und ist bei niedrigen Temperaturen auch nicht zimperlich. Bei allzu großer Hitze oder Kälte und bei Futtermangel geht er automatisch in tiefere Erdschichten. Er lockert auch diese auf, um als Beigabe feinste Mineralteilchen zum Nutzen der Pflanzen in die obere Bodenschicht zu bringen. Sobald sich aber die Futterverhältnisse und die Temperaturen in den Pflanzbeeten – ob Freiland, Frühbeet, Gewächshaus oder Folienhaus – an der Oberfläche wieder gebessert haben, wird das sofort von ihm gewittert, und er kehrt rasch in die oberste Bodenschicht zurück.

Wenn nun nachstehend im Zusammenhang mit der Regenwurmzuchtkompostierung der Einfachheit und kurzen Schreibweise wegen nur noch vom Regenwurm die Rede ist, so ist damit immer nur der echte „Tennessee-Wiggler" gemeint.

Der Regenwurm ist ein Zwitter

In jedem Regenwurm sind männliche und weibliche Geschlechtsorgane vorhanden. Die Regenwürmer vermehren sich jedoch nicht durch Selbstbefruchtung, sondern sie befruchten gegenseitig die von ihnen abgelegten Eier. Bei günstigen Bodentemperaturverhältnissen (ungefähr 16 bis 20 °C) vermehrt sich der Regenwurm sehr schnell.

Man kann wöchentlich je geschlechtsreifem Regenwurm mit einem Eikokon rechnen. Ein Eikokon kann 2 bis 6 Würmchen enthalten. Die Eikokons sind leicht zu erkennen. Sie sind hellgelb oder auch leicht mittelbraun und haben die Größe eines Hirsekornes. Aus den Wurmeiern schlüpfen nach 2 bis 4 Wochen zwirnfadendünne, rosafarbige Kleinwürmchen, die innerhalb von 3 Monaten ausgewachsen und geschlechtsreif sind.

Wie alt wird im Durchschnitt ein Regenwurm?

Die vielfachen Angaben darüber gehen weit auseinander. Zuverlässige Laborversuche haben ein nachweisbares Alter von bis zu 10 Jahren ergeben. Beim „Tennessee-Wiggler", der von robuster Art ist, kann man im Freiland mit einer durchschnittlichen Lebensdauer von 2 bis 3 Jahren rechnen. Unter sehr günstigen Bedingungen können es auch mehr sein.

Regenwürmer sind höchst lichtempfindlich

Sind die Regenwürmer nur verhältnismäßig kurze Zeit dem Licht oder gar der Sonne ausgesetzt, kann das ihren Tod bedeuten. Bei starker Sonneneinwirkung gehen sie sofort durch Blutzersetzung zugrunde. Wenn der Regen zu stark in die Regenwurmkanäle eindringt, flüchten die Regenwürmer vor der großen Nässe nach oben. Bleiben sie nun auf Beton, Asphalt, Steinplatten usw. liegen, die ihnen kaum eine Rückkehr in das Erdreich ermöglichen, sind sie durch die längere Lichteinwirkung unweigerlich dem sicheren Tod ausgeliefert. Darum muß man den Regenwurm vor längerer Lichteinwirkung schützen. Wie das am einfachsten geschieht, wird noch an anderer Stelle geschildert.

Den Regenwurm gegen chemische Einflüsse schützen

Der Regenwurm ist stark empfindlich gegenüber chemischen Stoffen, wie Säuren, Salze, Pflanzenschutz- und Unkrautbekämpfungsmittel und chemische Dünger. Diese müssen unbedingt vermieden werden, wenn man den Regenwurm nicht töten oder vertreiben will.

Die Feinde des Regenwurms

Zu den Feinden des Regenwurms gehören: Vögel, Maulwürfe, Wühlmäuse, Spitzmäuse, Igel, Schlangen, Kröten, Frösche, Raubameisen, Tausendfüßler und verschiedene Käferarten. Durch diese sind der

Regenwurm und seine Nachkommenschaft, besonders im Freiland, ernstlich gefährdet. Es wird angenommen, daß die Feinde des Regenwurms jedes Jahr etwa die Hälfte seiner Nachkommenschaft wegfressen. Trotzdem soll ein Regenwurm nach seiner Geschlechtsreife im Jahr eine überlebende Nachkommenschaft von etwa 100 bis 200 Regenwürmern im Freiland hervorbringen. Diese Annahme entspricht auch anderen vergleichbaren Beobachtungen, Untersuchungen und deren Ergebnissen.

Im nachfolgend beschriebenen Regenwurmzucht-Doppelkammersilo ist der Regenwurm gegen seine Feinde weitestgehend in geradezu idealer Weise geschützt. Im Freiland kann man die häufigsten und schwierigsten Feinde, die Vögel, durch Vogelschutznetze fernhalten. Das ist ganz besonders bei neubesäten Beeten und bei solchen, in die gerade Regenwurmzuchtkompost eingebracht wurde, sehr wichtig. Ein erfahrener Heimgärtner verwendet als Vogelschutz Drahtgitter mit 1 m Breite, das man in Rollen vom Eisenhandel beziehen kann. Von einer solchen Drahtgitterrolle werden entsprechend lange Stücke abgeschnitten und auf beiden Seiten so zum Umbiegen gekantet, daß die 1 m langen Stücke auf die Beete und Einfassungen bequem windfest aufgesetzt werden können.

Vermehrung der Regenwürmer durch Regenwurmzucht

Nach den Erfahrungen des bekannten Regenwurmforschers Professor Dr. Otto Graff kann ein Regenwurm nach Beginn der Geschlechtsreife je Tag etwa einen Nachkommen, also im Jahr rund 360 Regenwürmer, hervorbringen. Bei diesen Beobachtungen handelt es sich um den Regenwurm „Eisenia Foedita“. Da der „Tennessee-Wiggler“ noch vermehrungsfreudiger ist, kann man im Regenwurmzuchtkompostverfahren nach den bisherigen Erfahrungen mit einer Nachkommenschaft von 400 bis 500 Regenwürmern jährlich rechnen. Bei zu niedrigen Temperaturen und nicht genügend feuchtem Futter können die Eikokons vorübergehend in ein Ruhestadium übergehen. Werden Temperatur und Feuchte des Futters wieder günstiger, so schlüpfen aus den Eikokons nach wenigen Tagen kleine Würmchen. Solche „Ruhestandseier“ überleben innerhalb der Kompostmasse bis zu 6 Monaten.

Temperaturen über 30 °C und weniger als 5 °C sind für das Regenwurmleben und für die Regenwurmvermehrung ungünstig. Je nach Lebensbedingungen – Wärme/Kälte, Feuchtigkeit/Trockenheit, Frühling/Sommer/Herbst/Winter, Zusammensetzung des Futters und der gleichmäßigen Versorgung – können die vorstehenden Angaben zur Vermehrung nicht nur erreicht, sondern sogar noch überschritten werden. Bei richtigem Vorgehen nach den geschilderten Richtlinien können sich in einem Kubikmeter größtenteils durchgearbeiteten Regenwurmzuchtkompostes etwa 40 000 Regenwürmer und ebenso viele Eikokons befinden.

Ein Gartenboden ohne reiches Regenwurm- und sonstiges Bodenleben leidet zwangsläufig unter schädlichen Gleichgewichtsstörungen

Reges Regenwurmleben und sonstiges reiches Bodenleben ist für das Wachstum und die Qualität des Biogemüses wichtig. Schlechte biologische, also aktivitätsarme Böden haben nur geringes Bodenleben und bringen ungenügende Ernteerträge minderer Qualität. Treten nur wenige oder keine Regenwürmer auf, so ist das immer ein ernstzunehmendes Warnzeichen. In einem aktiven und gesunden Boden sollen in der Humusschicht (oberste 15 cm) je qm immerhin etwa 200 Regenwürmer vorhanden sein. 400 Regenwürmer je qm sind jedoch erstrebenswert und durch den Regenwurmzuchtkompost auch erreichbar.

Der Regenwurm sorgt im Gartenboden auch für einen besseren Wärmeausgleich

Durch das große Netz von Luftkanälen, die Krümelstruktur des Bodens und die dadurch kräftigere Sauerstoffzufuhr – alles sichtbare Beweise guter Regenwurmtätigkeit – und durch den Organismus der Regenwürmer selbst, ist der Wärmehaushalt gegenüber wurmarmen oder wurmfreien Gartenböden weit günstiger. Diesen Unterschied kann man während der kalten Jahreszeit vielfach beobachten. Sind wurmarme Beete von Reif befallen, so ist bei wurmbelebten Beeten im gleichen Gelände kein Reif festzustellen. Schon bei geringem Schneefall weisen wurmarme Beete eine mehr oder weniger starke Schneedecke auf, während wurmbelebte Beete im gleichen Gelände schneefrei bleiben. Der so nachgewiesene bessere Wärmeausgleich und Wärmehaushalt hilft zur Ausdehnung der Früh- und Sphousternten.

Stickstoff, Phosphate, Kalium, Kalk und Magnesium in den Regenwurmkrümeln

Die Regenwurmausscheidungen enthalten alles, was die Gemüsepflanzen zu ihrem gesunden Wachstum benötigen: Etwa 5mal mehr löslichen Stickstoff, 7mal mehr lösliche Phosphate, 11mal mehr lösliches Kalium und 2mal mehr lösliches Magnesium als sonst in der oberen, etwa 15 cm tiefen Schicht guten Gartenbodens enthalten sind.

pH-Wert und Wurmarbeit

Die pH-Werte geben vor allem Aufschluß über Kalkgehalt und Säurereaktion des Bodens. Bei Werten von 6,5 bis 7,5 pH gedeihen die Gemüsepflanzen am besten. Ist der pH-Wert jedoch höher, so funktioniert die Aufnahme von Nährstoffen nicht ausreichend. Es ist bekannt, welche Erscheinungen bei Mangel oder Überschuß von Stickstoff, Phosphor, Kalium, Kalzium und Magnesium gerade bei Gemüsepflanzen auftreten. Bei ausreichend mit Regenwurmkompost versehenen Pflanzbeeten treten solche Mängel nicht auf.

Der Regenwurm verhindert die Erdabtragung (Erosion) bei starken Regengüssen

Ein reichlich regenwurmbelebter Gartenboden widersteht der sonst vorhandenen Gefahr der Erdabtragung durch Wasser (Erosion). Selbst bei stärkeren Regengüssen kann ein solcher Gartenboden die Regenmenge innerhalb von 15 Sekunden voll aufnehmen, während ein Boden mit nur sehr wenigen Regenwürmern dazu bis zu 2 Stunden benötigt, wenn nicht schon vorher ein Teil des so kostbaren Gartenbodens weggeschwemmt worden ist. Wo Regenwürmer reichlich vorhanden sind und wo die abgeernteten Beete während der kalten Jahreszeit mit halbreifem Kompost, Stallmist, angerottetem Laub oder Rasenschnitt gemulcht werden, dringt das Regenwasser und die Winterfeuchte durch das verbesserte Versickerungsverhältnis leicht in den Boden ein.
Der Regenwurm kann auch während der kalten Monate seine Arbeit in erfreulichem Umfang fortführen, weil er noch genügend Futter vorfindet, der Boden weniger durchfriert und selbst in der oberen Schicht eisfrei bleibt. Außerdem bringt die Regenwurmarbeit eine beachtliche Bodenauflockerung, die

das Volumen des Gartenbodens jährlich um etwa 2 cm erhöht. Das sonst eintretende Absinken des Bodenniveaus wird vermieden – ja im Gegenteil, der Boden wird aufgebaut. Kohlensäure- und Stickstoffgehalt des Bodens wird erhöht, Schädlings- und Krankheitsbefall werden stark gemindert.

Was ist vor dem Selbstbau eines Regenwurmzucht-Doppelkammersilos zu berücksichtigen?

Eine aus den USA übernommene Verfahrensweise, Kisten für die Regenwurmzucht im Keller aufzustellen, kann aus vielen Gründen nicht gutgeheißen werden. Der Regenwurmzuchtkompost soll ja dazu dienen, den Regenwurm auch im Freiland, Frühbeet und Gewächshaus wirksam und vermehrungsfreudig tätig werden zu lassen. Um das möglichst vollkommen zu erreichen, ist es erforderlich, die Regenwurmzucht so naturnah als irgend denkbar zu gestalten. Dies gilt für die Wirkungen von Tag und Nacht, Wärme und Kälte, für den Wechsel der Natur – also Jahreszeiten, Witterung, Luft, Sauerstoff – sowie für die Verhältnisse des Gartenbodens. Der Regenwurm muß deshalb auch während seines Heranwachsens im Regenwurmzuchtsilo in Verhältnissen leben, die möglichst nahe an die in der freien Natur herankommen – die ihm aber bessere Ernährungs- und Vermehrungsmöglichkeiten bieten und vor den Gefahren schützen, denen er im Freiland durch seine Feinde ausgesetzt wäre.

Dem gegenüber muß ein im Keller gezüchteter Kistenwurm ein „Kunstwurm" bleiben, der niemals lebenstüchtig genug sein kann, um später unter den härteren Bedingungen des Freilands, Frühbeets oder Gewächshauses zu bestehen und sich zu vermehren. Aus diesen Gründen wird für die Regenwurmzuchtkompostierung ein Doppelkammersilo zum Selbstbau vorgeschlagen. Die Regenwurmbetreuung (Futteraufbau, Silokammerwechsel) kann mit diesem leicht und zeitsparend bewältigt werden. Der Standort des Silos soll möglichst im Halbschatten und gegen Wind geschützt sein. Zum Selbstbau eignen sich Holzdielen oder Wabenziegelsteine. Um auf natürliche Weise den höchstmöglichen Kälte- und Wärmeschutz zu erreichen, ist es günstig, das Silo in eine Böschung einzubauen. Vor allem sollte das Silo aus Holzdielen möglichst in den Gartenboden eingebaut werden.

Regenwurmzucht-Doppelkammersilo aus Wabenziegelsteinen

Der Standort des Silos soll am besten im Halbschatten und gegen Wind geschützt sein. Die Bedienseite nicht nach Süden richten. Um auf natürliche Weise den höchstmöglichen Kälte- und Wärmeschutz zu erreichen, ist es günstig, den Einbau in eine schon bestehende oder noch künstlich zu errichtende Böschung vorzunehmen.

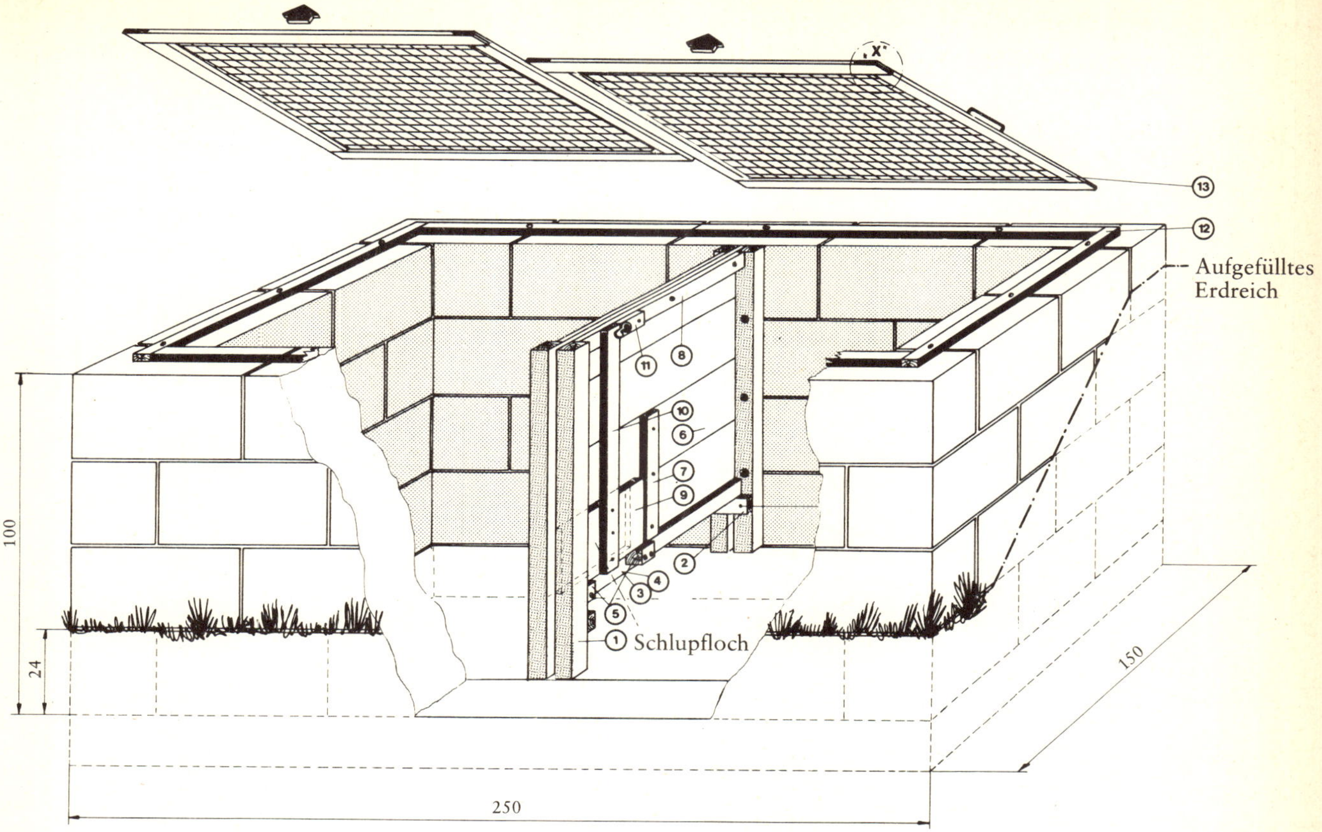

13
12
Aufgefülltes Erdreich
11
8
10
6
7
9
2
4
3
5
1
Schlupfloch
100
24
250
150

Abb. 21

Regenwurmzucht-Doppelkammersilo aus Wabenziegelsteinen – Detailzeichnungen

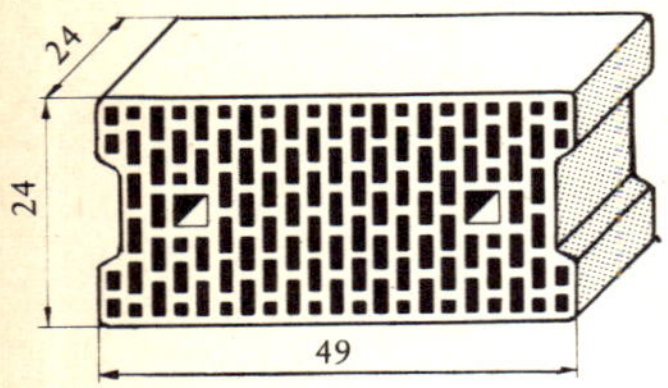

Abb. 22 HLZ 24 × 24 × 49 Wabenstein

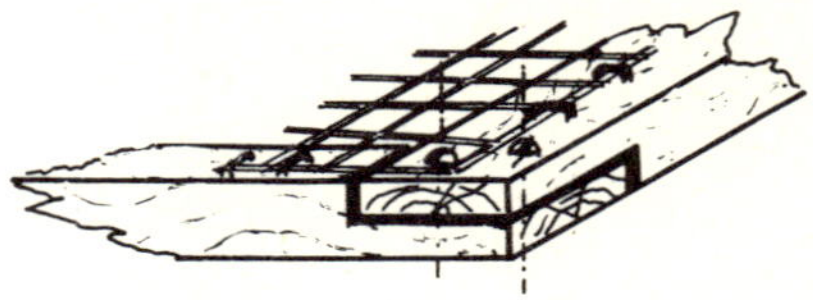

Abb. 23 „X"-Teilansicht zu Abb. 21
Abdeckungsgitter – Rahmen geplattet

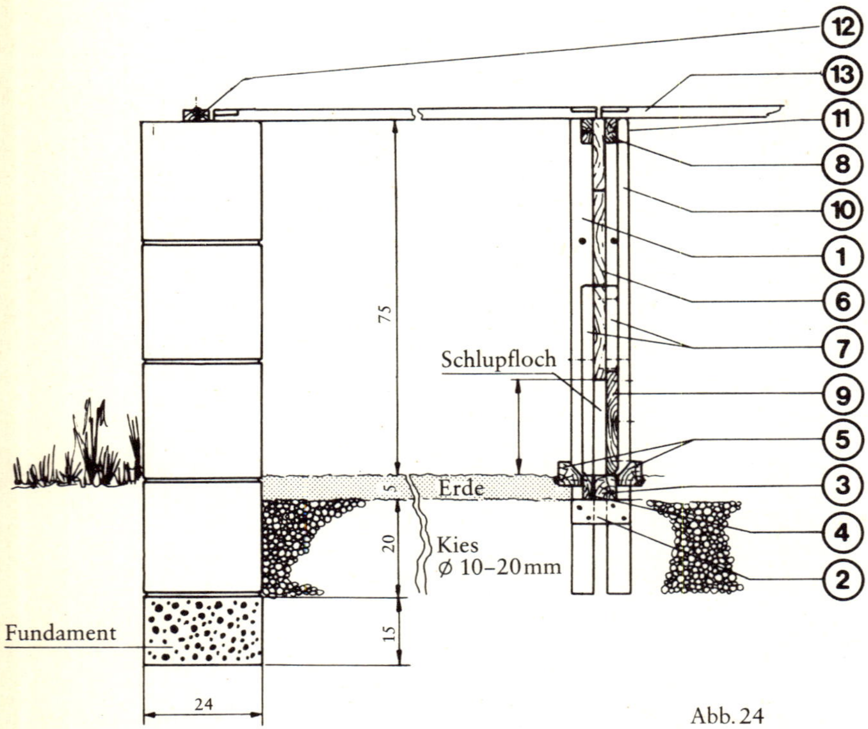

Abb. 24

Holzteile und Schrauben zum Selbstbau des Regenwurmzucht-Doppelkammersilos aus Wabenziegelsteinen

Aus der letzten Spalte der Tabelle ist ersichtlich, wieviel Schrauben und in welcher Größe diese zur Montage der einzelnen Teile erforderlich sind.

Teil-Nr.	Stück	Benennung	Abmessung in cm	Schrauben	
				Stück	Größe in mm
1	4	Rahmenschenkel	5,0 × 5,0 × 100,0	12	8 × 80
2	2	Dachlatten	2,5 × 5,0 × 12,5	4	6 × 60
3	1	Rahmenschenkel	5,0 × 5,0 × 90,0		
4	1	Dachlatte	2,5 × 5,0 × 90,0	3	6 × 50
5	4	Rahmenklötze	5,0 × 5,0 × 10,0	8	8 × 70
6	2	Einschubbretter	2,5 × 20,0 × 99,0		
	1	Einschubbrett	2,5 × 15,0 × 99,0		
	1	Einschubbrett	2,5 × 20,0 × 55,0		
7	2	Dachlatten	2,5 × 5,0 × 40,0	3	6 × 70
8	2	Dachlatten	2,5 × 5,0 × 90,0	3	6 × 70
9	1	Schlupflochabdeckplatte	2,5 × 23,0 × 43,0		
10	1	Dachlatte	2,5 × 5,0 × 75,0	3	6 × 45
11	2	Dachlatten	2,5 × 5,0 × 10,0	4	6 × 50
12	2 2	Dachlatten (Anschlagrahmen) Dachlatten (Anschlagrahmen)	2,5 × 5,0 × 130,0 2,5 × 5,0 × 220,0	14	6 × 50
13	4 4	Dachlatten (Abdeckgitter) Dachlatten (Abdeckgitter)	2,5 × 5,0 × 118,0 2,5 × 5,0 × 108,0	16	4 × 20

Außerdem werden benötigt:

56 HLZ Wabensteine aus Ziegel, 49 × 24 × 24 cm
20 Sack Maurerzementfertigmörtel zu je 40 kg
¼ Kubikmeter Kies mit einer Körnung von etwa 10 bis 20 mm
2 verzinkte Gitter, 118 × 100 cm, Drahtgitterabstand 10 × 10 mm
2 Lichtschutzabdeckungen, 118 × 100 cm, wie auf Seite 184 beschrieben
4 Alu-Handgriffe für die Bedienung der beiden Abdeckgitterrahmen
2 komplette Reiber zum Festhalten der Bedienungsleiste des Schlupflochabdeckschiebers
12 Dübel, 10 × 50 mm, für die Schrauben, die für Teil ① benötigt werden
14 Dübel, 8 × 45 mm, für die Schrauben, die für Teil ② benötigt werden
26 Unterlegscheiben für die vorstehend genannten Schrauben
1 Päckchen Krampen, 20 mm, zum Befestigen der Gitter auf den Abdeckrahmen und der zusätzlichen Lichtschutzabdeckung

Beschaffung der Baumaterialien

Bevor man die Baugrube aushebt, ist es zweckmäßig, zuerst das erforderliche Baumaterial zu besorgen. Dazu gehören die 56 HLZ Wabenziegelsteine gemäß Abb. 22 auf Seite 180. Für das etwa 15 cm hohe Fundament, für das Aufmauern der Wabenziegelsteine und für den etwa 2 cm hohen Glattstrich, der eine leichte Außenneigung zum Abfließen des Regenwassers haben sollte, nimmt man am besten den fachmännisch richtig zusammengestellten und gemischten „Maurerzementfertigmörtel". Dieser ist in 40-kg-Säcken abgepackt und in allen Baustoffgroßhandlungen erhältlich. Zum Anrühren des Mörtels für einen 40-kg-Sack sind 6,5 l Wasser erforderlich. Ein 40-kg-Sack ergibt etwa 25 l Naßmörtel, der nach gründlichem Durchmischen innerhalb von 2 Stunden verarbeitet werden soll. Den Zementmörtel kann man für das Fundament, das Aufmauern der Ziegelsteine und für den Glattstrich verwenden. Für alle Arbeiten benötigt man etwa 20 Sack „Maurerzementfertigmörtel". Zum Anrühren des Mörtels eignet sich eine größere, ältere Wanne. Wie schon mit Abb. 24 auf Seite 180 gezeigt, wird für eine etwa 20 cm hohe Kieslage ungefähr ¼ Kubikmeter Kies, Körnung 10 bis 20 mm, benötigt.

Montageanleitung für die Doppelkammersilo-Holztrennwand

Bei der Montage unbedingt die nummernmäßige Reihenfolge einhalten.

1. Die beidseitigen Rahmenschenkel mit den in den Mauerfugen eingebrachten Dübelhülsen so verschrauben, daß sich jeweils in der Mitte der beiden Rahmenschenkel eine Fuge von etwa 35 mm zum Einschieben der 25 mm starken Trennbretter ergibt.
2. Dachlatte und Auflage für den unterbrochenen Querrahmenschenkel.
3. Auf voller Breite laufender Rahmenschenkel zur Auflage der Trennwandbretter.
4. Auf der Gegenseite des Rahmenschenkels aufgefutterte Dachlatte zur Auflage des Schlupflochabdeckschiebers. ③ und ④ werden auf Rahmenschenkel ① aufgenagelt.
5. Abgeschrägte Führungsklötze, die auf den Rahmenschenkel aufgeschraubt werden. Diese sind für jede der beiden Kammern zweimal vorhanden, zum leichteren Aufsetzen des Schlupflochabdeckschiebers.

6. Einschübe der 25 mm starken vier Trennbretter für die Trennwand.
7. Dachlatten über zwei Bretterhöhen zum Halt des unteren kürzeren Zwischenbrettes.
8. Auf dem obersten Trennbrett beidseitig aufgeschraubte Dachlatten zur Auflage der beiden Abdeckgitter.
9. Schlupflochabdeckschieber, dessen Platte das Schlupfloch seitlich und nach oben um jeweils 3 cm überlappt. Der Abdeckschieber wird also 23 × 43 cm.
10. Auf dem Schlupflochabdeckschieber aufgeschraubte Bedienungsleiste, 5 bis 10 cm breit, die oben mit einem Reiber festgehalten wird.
11. Die Reiber sitzen auf einem jeweils aufgefutterten, 10 cm langen Dachlattenstück, das beidseitig auf die Dachlatte ⑧ aufgeschraubt ist.
12. Auf dem Zementglattstrich aufgedübelter und verschraubter Dachlattenanschlagrahmen für das Einlegen der verzinkten Abdeckgitter.
13. Die verplatteten Abdeckgitterrahmen werden miteinander verschraubt und das Abdeckgitter mit Krampen darauf befestigt. Siehe Teilansicht „X“, Abb. 23. Zwischen dem Anschlagrahmen und den Abdeckgitterrahmen muß auf allen vier Seiten ein Abstand von etwa 1 cm vorgesehen werden, damit das Einlegen und Abnehmen der Abdeckgitter leicht bewältigt werden kann.

Aushub der Baugrube

Wird das Doppelkammersilo auf ebener Erde gebaut, so ist es zunächst nur nötig, die Erde mit einer Fläche von 250 × 150 cm und 24 cm Tiefe auszuheben. Bündig mit allen vier Außenflächen wird dann ein Graben für das Fundament von 24 cm Breite und 15 cm Tiefe ausgegraben. Nach Abb. 21 wird das Silo so gebaut, daß der Erdanschluß auf allen vier Seiten auf der Höhe der angedeuteten Grasbüschel ist. Um den Wärme-/Kälteschutz zu verstärken, füllt man die beiden Siloseiten am besten mit Erde auf – durch gestrichelte Linien an der Schmalseite angedeutet. Die Rückseite kann bis etwa 10 cm unter der Oberkante des Mauerwerks angefüllt werden. Die Vorderseite bleibt frei.
Kann man das Doppelkammersilo jedoch in eine bereits vorhandene Böschung einbauen, so ist das für den Kälte-/Wärmeschutz die beste Lösung. In diesem Fall sind für die Baugrube weitere 10 cm nach hinten und zu den Seiten hin auszuheben. Auch hier sollte die Rückwand etwa 10 cm erdfrei herausschauen. Ist das Mauerwerk fertig und genügend angetrocknet, wird dieser Freiraum von 10 cm zwischen Mauerwerk und Erdreich wieder gut mit Erde aufgefüllt und nach dem späteren Setzen der Erde nochmals nachgefüllt.

Maurerarbeit

Angerührt und vermischt ist der Zementfertigmörtel bis zu 2 Stunden verarbeitungsfähig. Die Wabensteine für das Fundament werden in den weichen Zementbrei verlegt. Die Steine lassen sich dann leichter ins Lot bringen. Die Wabensteine nicht unnötig mit Mörtel füllen, weil gerade diese Hohlräume die höchste Wärme- und Kältedämmung besitzen.
Die waagrechten und senkrechten Mörtelfugen sollen etwa 1 cm stark sein. Wie schon in der Montageanleitung für die Anbringung der Silozwischenwand unter ① gesagt und auf der Abb. 21, Seite 179, gezeigt, müssen zum Befestigen der beidseitigen Rahmenschenkel in den drei Mauerquerfugen jeweils drei Dübel mit einer Länge von 50 mm und einer Stärke von 10 mm so eingemauert werden, daß sich

nach dem späteren Anschrauben der Rahmenschenkel zwischen den beiden Rahmenschenkeln jeweils eine Fuge von etwa 30 mm zum Einschieben der 25 mm starken Trennbretter ergibt. Die Dübel baut man wandeben ein und verstopft sie vor dem Einbau mit herausnehmbarem Papier, damit sie beim Einmauern nicht mit Mörtel gefüllt werden.
Als Abschluß des Mauerwerks wird ein Zementglattstrich von 2 cm Stärke aufgetragen. Die Aussparungen in den Wabensteinen werden nicht mit Mörtel gefüllt. Die für die Verschraubung nötigen Dübel für die Anschlagrahmen ⑫ drückt man ebenfalls in die noch weiche Mörtelmasse ein, und zwar am besten in die Fugen zwischen den Steinen.

Erforderliche Kieslage
Sobald die erste Lage der Wabensteine auf dem Zementfundament aufgebaut ist, sollte man den schon erwähnten Kies 20 cm hoch einbringen und darauf noch etwa 5 cm gute Gartenerde geben. Für diesen Zweck sollte man vom Aushub genügend Muttererde bereithalten, denn brächte man Kieslage und Gartenerde erst nach dem völligen Ausbau der Silos ein, wäre das viel umständlicher. Die Kieslage dient als Schutz vor Regenwurmfeinden, vermittelt Feuchtigkeitsausgleich und läßt den Regenwurm nicht so leicht abwandern.

Holzteile dürfen nicht imprägniert werden
Die für Trennwand und Abdeckgitterrahmen erforderlichen Holzteile dürfen nicht imprägniert sein. Die Imprägnierung ist durch die verwendete Chemie regenwurmschädlich.

Drahtgitterabdeckung
Die beiden Drahtgitterabdeckrahmen sind als lose Einlegegitterrahmen vorgesehen. Die Holzrahmen dazu werden aus Dachlatten gemacht. Diese werden zur Eckverbindung geplattet und verschraubt. Siehe dazu Abb. 23, Seite 180. Der Anschlagrahmen zum Einlegen der beiden Drahtgitterabdeckungen ⑫, Abb. 21 und 24, wird ebenfalls aus Dachlatten hergestellt und mit 14 Dübeln, 8 × 45 mm, im Zementglattstrich durch Verschraubung festgehalten. Die beiden Drahtgitterabdeckrahmen müssen auf der Silokammertrennwand möglichst dicht geschlossen aufliegen. Der Spielraum zwischen beiden Rahmen sollte nicht mehr als 1 cm betragen. Zum leichten Abheben sind je Rahmen zwei Alu-Handgriffe günstig.

Lichtschutzabdeckung
Es wurde schon gesagt, wie schädlich und oft auch tödlich Sonnenlicht und auch längere Lichteinwirkung für den Regenwurm sind. Darum ist es dringend erforderlich, die Drahtgitterabdeckung zusätzlich mit einer Lichtschutzabdeckung zu versehen. Dazu kann man luftdurchlässigen Sackrupfen verwenden oder auch Schattengewebe, das in Fachgeschäften für Gartenbedarf erhältlich ist. Zu bevorzugen ist grünes, engmaschiges Gewebe. Gelbe Farbe und weitmaschiges Gewebe sind ungeeignet.
Das Flächenmaß der Schattengewebe- oder Sackrupfenabdeckung soll 118 × 100 cm, also genauso groß wie das verzinkte Drahtgitter sein. Die Lichtschutzabdeckung wird erst nach dem Befestigen des Drahtgitters über dieses gesondert mit den schon erwähnten Krampen auf dem Holzrahmen befestigt. Gesondert deshalb, weil die Lichtschutzabdeckung früher verschleißen wird und dann einfacher erneuert werden kann.

Regenwurmzuchtkompost-Doppelkammersilo in Holzbauweise

Auf den Seiten 179 bis 184 wurde ein Doppelkammersilo aus Wabenziegelsteinen beschrieben. Nachstehend wird nun ein weiteres Doppelkammersilo dargestellt, das aus Holz gebaut werden kann. Was sind nun die Vor- und Nachteile beider Ausführungen?

Wabenziegelsteinbauweise. Diese Ausführung ist von beinahe unbeschränkter Lebensdauer. Das dafür benötigte Material ist jedoch weit kostspieliger als das für die nachstehend beschriebene Holzbauweise. Auch hat nicht jeder Heimgärtner das erforderliche bauhandwerkliche Geschick, das für den Selbstbau eines Wabenziegelsteinsilos, in guter Verarbeitung, unbedingt vorausgesetzt werden muß.

Holzbauweise. Die Holzbauweise ist nicht nur in bezug auf das Material kostengünstiger, sie verlangt auch weniger Arbeitsaufwand und handwerkliches Können. Dafür kann jedoch bei dieser Lösung nur mit einer Lebensdauer von 10 bis 15 Jahren gerechnet werden. Diesem Nachteil stehen aber eine Reihe von Vorteilen gegenüber, die diesen bei weitem überwiegen. Um das alles noch besser erklären zu können, sollten die nachstehenden Abbildungen 25 bis 28 vorausgeschickt werden, die vieles verständlicher machen.

Aufstellung im Hang eingebaut nach Abbildung 25

Wo immer nur möglich, sollte man diese Aufstellung wählen, weil sie die beste Isolation gegen Hitze und Kälte gewährleistet. Das ist für den Regenwurm und das sonstige Bodenleben von großer Bedeutung.

Das auf der Zeichnung noch sichtbare waagrechte untere Brett über die ganze Länge des Doppelkammersilos ist nach dem Aufstellen in der Baugrube nicht mehr zu sehen. Dies gilt auch für die Abbildungen 26 und 27 auf Seite 186.

Bedienseite nicht nach Süden richten.

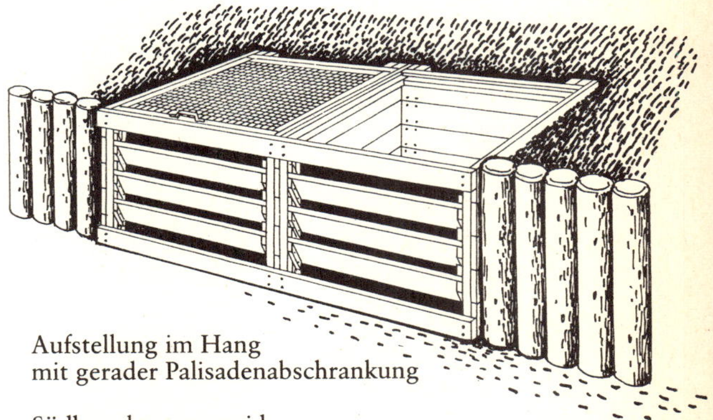

Aufstellung im Hang
mit gerader Palisadenabschrankung

Südhanglage vermeiden

Abb. 25

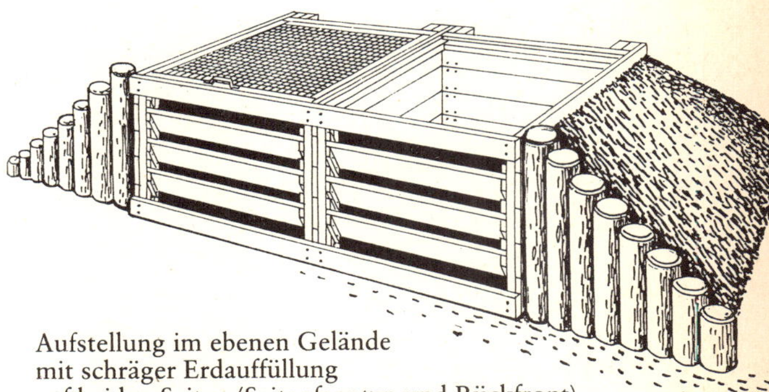

Aufstellung im ebenen Gelände
mit schräger Erdauffüllung
auf beiden Seiten (Seitenfronten und Rückfront)
und schräger Palisadenabschrankung

Abb. 26

Aufstellung im ebenen Gelände mit angeschrägter Erdauffüllung nach Abbildung 26
Um auch in diesem Fall noch einen möglichst hohen Isolationsschutz zu erreichen, ist bei den beiden Seitenfronten und bei der Rückfront die hier gezeigte schräge Erdanfüllung erforderlich, die an ihrer höchsten Stelle 5 cm unterhalb der Silooberkante bleibt.
Bedienseite nicht nach Süden richten.

Aufstellung im ebenen Gelände, Erdauffüllung nach Abbildung 27
Zwischen den Palisaden und dem Silo sollte für die Erdauffüllung auf allen drei Seiten mindestens ein Zwischenraum von 40 bis 50 cm sein. Es ist sehr wichtig, dies zu berücksichtigen.
Bedienseite nicht nach Süden richten.

Die richtige Plazierung für das Aufstellen des Doppelkammersilos. Sowohl bei der Aufstellmöglichkeit Abb. 25, 26 oder auch 27 ist es sehr wichtig, daß die Vorderwand des Silos mit den schräggestellten Lüftungsöffnungen immer nach Norden gerichtet ist. Dadurch wird die Sonneneinstrahlung verhindert. Aus dem gleichen Grund ist es auch günstig, die Plazierung unter schattenspendenden Bäumen oder Sträuchern vorzunehmen.

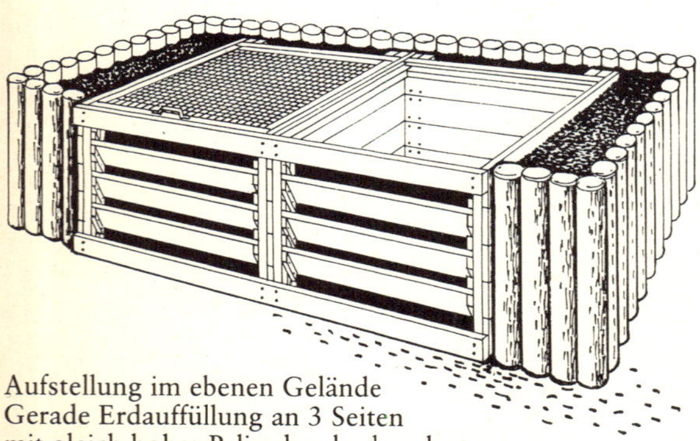

Aufstellung im ebenen Gelände
Gerade Erdauffüllung an 3 Seiten
mit gleich hoher Palisadenabschrankung

Abb. 27

Palisadenabschrankung. Ob man sich nun zur Aufstellung des Doppelkammersilos nach den vorstehenden Zeichnungen für die Möglichkeit Abb. 25, 26 oder 27 entscheidet, in jedem Fall wird die jeweils aufgezeigte Palisadenabschrankung erforderlich sein. Natürlich kann man zur Erdabstützung auch Dielen oder anderes Stützmaterial verwenden, das aber in der Regel kaum preisgünstiger oder mühesparender sein dürfte. Palisaden sind für die Gartenanlage nicht nur schöner, sie sind auch anpassungsfähiger.
Hinter den Palisaden muß man immer auf der ganzen Höhe der Palisaden entweder Dachpappe oder starke Folie mit Dachpappennägeln anbringen. Die Dachpappe oder Folie muß im unteren Teil etwa 30 cm länger gehalten werden als die sichtbare Höhe der eingeschlagenen Palisaden. Dieser verlängerte Teil wird rechtwinklig zum gewachsenen Boden hin umgebogen und dann mit der folgenden Erdanfüllung abgedeckt. Durch diese Lösung kann die Erdanfüllung hinter den Palisaden nicht so schnell austrocknen, und es kann vor allem auch kein Regenwasser entweichen.
Es ist ratsam, am oberen Ende der Palisaden, also über der angebrachten Dachpappe oder Folie, eine entsprechend lange Dachlatte oder ein schmales Brett anzubringen, durch welche mit genügend langen Nägeln jede Palisade in Reih und Glied festgehalten wird. Bei einigem Geschick braucht man bei

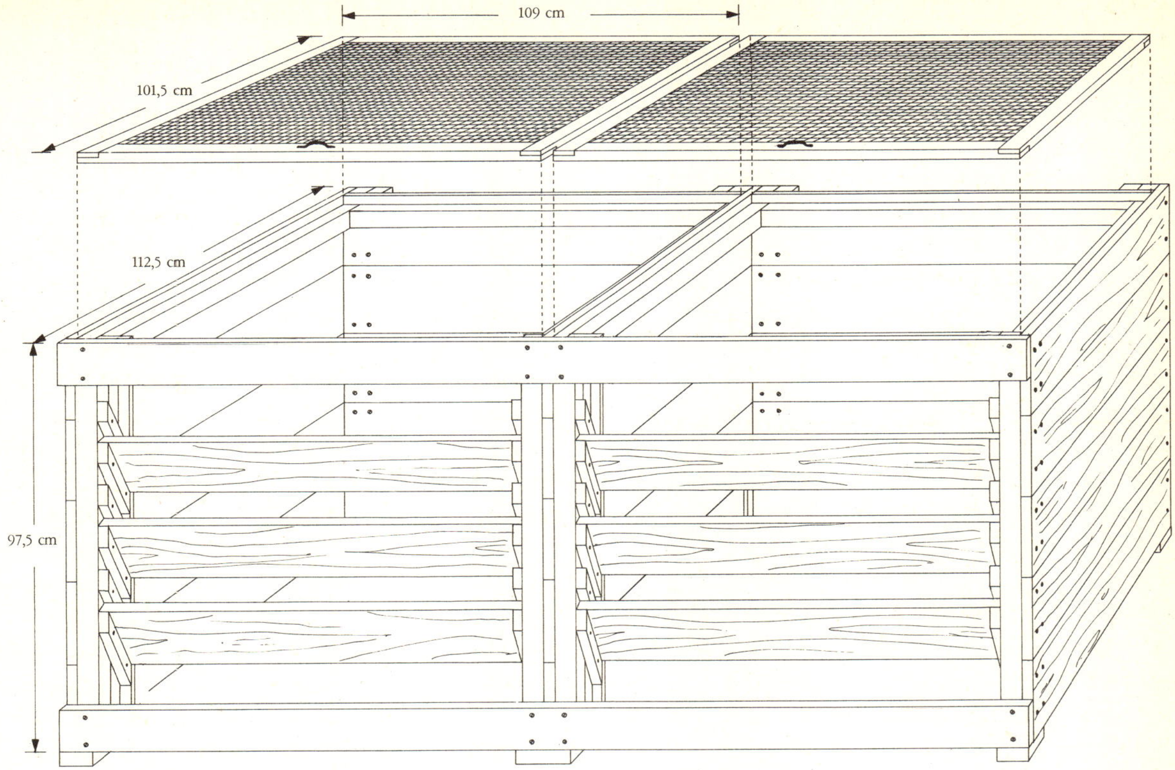

Abb. 28 Gesamtansicht

dieser Lösung weder Dachpappe noch Folie vorher mit Dachpappennägeln anzunageln.
Um die richtige Länge der jeweils erforderlichen Palisaden zu bestimmen, muß beachtet werden, daß die Palisaden auf der Einschlagseite angespitzt sein und mindestens 30 bis 40 cm in den Boden eingeschlagen werden müssen. Die Palisaden sollen so hoch sein, daß sie etwa 5 cm unter der Silooberkante zu stehen kommen. Der Durchmesser der Palisaden soll in der Regel etwa 12 bis 14 cm betragen. Sie können meist von Holzhandlungen und Sägewerken bezogen werden.

Silobaugrube. Auf jeden Fall ist für den Einbau des Doppelkammersilos eine Baugrube mit 15 cm Tiefe erforderlich. Damit man in dieser das Silo waagrecht aufbauen kann, muß die Baugrube in ihrer Größe etwas Spielraum haben, um auch an den vier Ecken je einen 5 cm hohen Backstein zum waagrechten Höhenausgleich unterlegen zu können. Man wird darum die Baugrube nach jeder Seite ungefähr 10 cm größer als die Ausmaße des Doppelkammersilos vorsehen, um eine Baugrube von etwa 246 × 120 cm zu haben. Es war auf den Zeichnungen Abb. 25, 26, 27 und 28 nicht sichtbar zu machen, daß das untere, über die ganze Silolänge von 227 cm gehende und 9,5 cm hohe Querbrett in seiner vollen Höhe ins Erdreich zu stehen kommt, also im Erdreich völlig verschwindet. Die 15 cm tiefe Baugrube wird nach dem Siloeinbau mit mittelgrobem Kies aufgefüllt.

Neue Erkenntnisse wurden für das Doppelkammersilo in Holzbauweise berücksichtigt. Nach Ansicht der Abbildungen 25 bis 28 auf den Seiten 185 bis 187 sowie der Abbildungen 33 und 34 (Trennwand) auf Seite 192 ist leicht zu erkennen, worauf die Vorteile beruhen, die das neue Doppelkammersilo in Holzbauweise gegenüber den bisher bekannten Siloausführungen zu bieten hat. Die wichtigsten Punkte sind die neue Vorderfront (Bedienseite) mit den schräggestellten Einschubbrettern und das breite, stets offene Durchschlupfloch, das keinerlei Bedienung mehr erfordert.

Vorteile des neuen Doppelkammersilos in Holzbauweise

Durch das neue Doppelkammersilo in Holzbauweise ergeben sich folgende Vorteile:

1. Das Regenwurmleben, die Regenwurmvermehrung und die Kompostreifung werden durch die intensivere Sauerstoffeinwirkung, zuverlässigere Feuchtigkeitshaltung und leichtere Feuchtigkeitsüberwachung wesentlich begünstigt.
2. Der Reifekompost bekommt eine viel lockerere Struktur als bisher.
3. Der Futteraufbau kann weit müheloser erfolgen, weil die Schrägbretter nach Belieben erst mit dem wachsenden Futteraufbau eingeschoben werden können.
4. Die Entnahme des Reifekompostes ist zeitsparender und einfacher geworden, weil man jetzt Schrägbrett für Schrägbrett herausnehmen kann – so wie der Fertigkompost durch die Herausnahme aus dem Silo in der Höhe abgebaut wird.

Sicher hätte mancher Regenwurmzüchter auch schon an die Anwendung einer solchen oder ähnlichen Bauart gedacht, wenn er nicht irgendwelche Nachteile befürchtet hätte. Ein Versuch hätte schon deshalb nahegelegen, weil für die normale Kompostbereitung schon seit längerer Zeit Silos mit schrägliegenden Einschiebebrettern verwendet werden.

Es wurden jedoch da und dort bisher folgende Nachteile für die Regenwurmzucht vermutet:

1. Der Regenwurm könnte durch die Lüftungsöffnungen der schräggestellten Bretter abwandern. In 3jähriger genauester Überwachung wurde jedoch ein solches Entweichen des Regenwurms niemals festgestellt.
2. Die Feinde des Regenwurms würden über die schon erwähnten Lüftungsöffnungen Zugang für ihren schädlichen Raub finden. Auch dafür gab es während der vorstehend genannten Testzeit keinerlei Anhaltspunkte.
3. Im Silo könnten durch die vorhandenen Lüftungsöffnungen die Feuchtigkeitsverhältnisse ungünstig beeinflußt werden. Genau das Gegenteil ist nachweislich der Fall. Über die Lüftungsöffnun-

gen kann der Feuchtigkeitsgrad des ganzen Siloinhaltes viel besser überwacht werden.

4. Durch die Lüftungsöffnungen könnte für den Regenwurm während der kalten Jahreszeit eine größere Erfrierungsgefahr bestehen. Auch das konnte nicht festgestellt werden. Der Regenwurm kann sich ja bei entsprechender Kälte in wärmere Gebiete innerhalb des Silos zurückziehen.
   Durch die dreiseitige Erdummantelung des Silos ist diese Möglichkeit gegenüber bisher noch günstiger. Sollte man jedoch in sehr rauhen Gegenden eine Erfrierungsgefahr befürchten, so sollte man die Vorderfront mit Strohmatten, Sackrupfen oder sonstigem geeigneten Isoliermaterial abdekken.

Die erforderlichen Bauteile für das Doppelkammersilo. Wie aus den Abbildungen 28 bis 37 ersichtlich ist, besteht das Doppelkammersilo aus fünf Bauteilen (zwei Seitenwände, zwei Rückwände, eine Silokammertrennwand mit Durchschlupf) und der Vorderfront, für die man sechs Einschubbretter und zwei Bretter über die ganze Silolänge benötigt. Dazu kommen noch die beiden Abdeckrahmen mit Drahtgeflecht und Schattierungsgewebe. Rückwände und Seitenwände haben die gleichen Ausmaße, Breite 110 cm, Höhe 97,5 cm. Alle Bretter für Rück- und Seitenwände haben die Größe 2,4 × 19,5 × 110,0 cm.

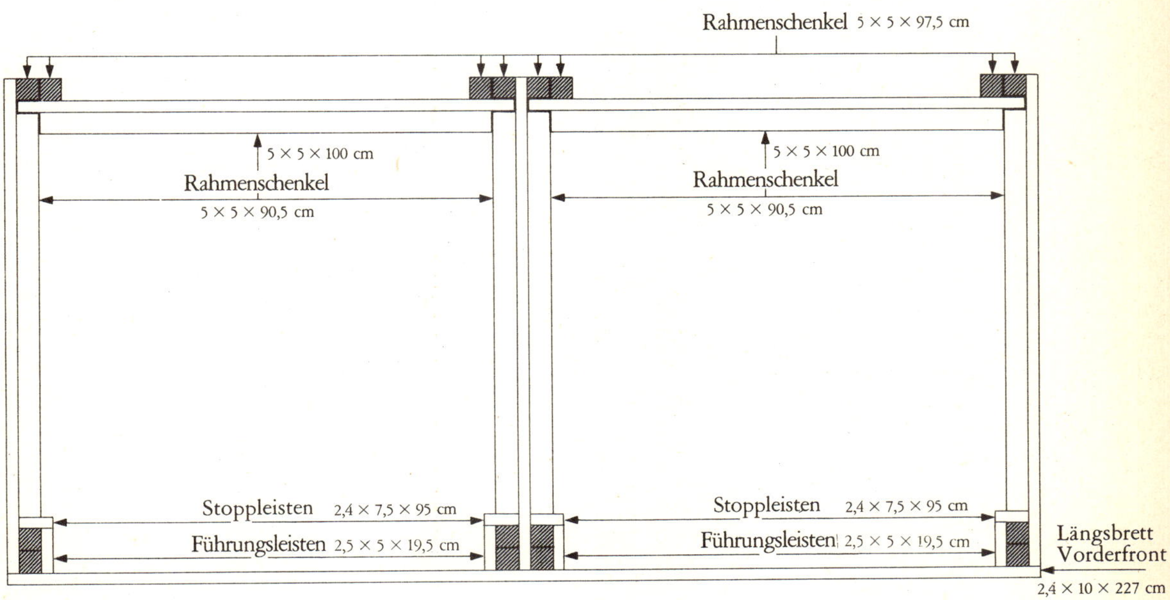

Abb. 29 Aufsicht

Herstellung und Montage der einzelnen Bauteile
Wie die einzelnen Bauteile herzustellen sind, kann man aus den Abbildungen 30 bis 37 leicht entnehmen. Die Aufsicht der Abbildung 28 zeigt auch, wie der Drahtgeflechtrahmen auf die etwas tiefer angenagelten Rahmenschenkel aufzusetzen ist. Aus Abbildung 29 sowie aus den Einzelzeichnungen für Seitenwand, Rückwand und Trennwand ist klar zu erkennen, welche Rahmenschenkel beim Anfertigen der verschiedenen Bauteile nach der Siloaußenseite und welche nach der Innenseite kommen müssen.

Seitenwände. Die beiden Seitenwände des Doppelkammersilos, Abbildung 30, 31 und 36 auf Seite 194 bekommen jeweils an der hinteren Kante nach innen einen Rahmenschenkel, der bei der Montage mit der Rückwand von innen her verbunden wird. An der vorderen Kante werden jeweils zwei Rahmenschenkel nach innen zur Befestigung der Führungsleisten angenagelt. Eine auf den hinteren Rahmenschenkel aufgenagelte Stoppleiste verhindert das Rutschen der Einschubbretter. Des weiteren wird auf der Innenseite am obersten Brett der Seitenwände, jeweils um 2,5 cm vertieft, von der Brettoberkante ein Querrahmenschenkel aufgesetzt, der als Auflage für den Drahtgitterrahmen gedacht ist.

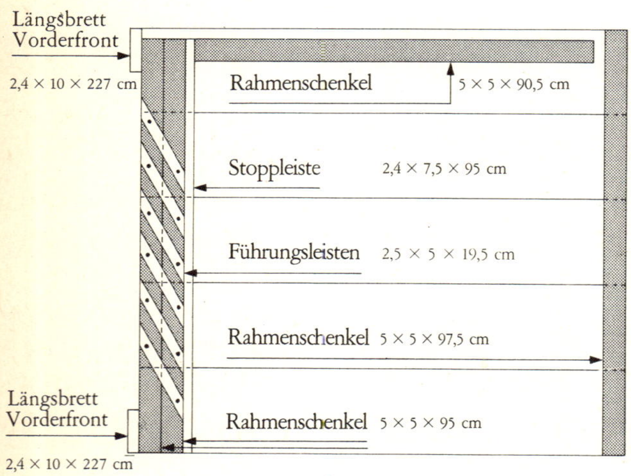

Abb. 30 Innenansicht linke Seitenfront

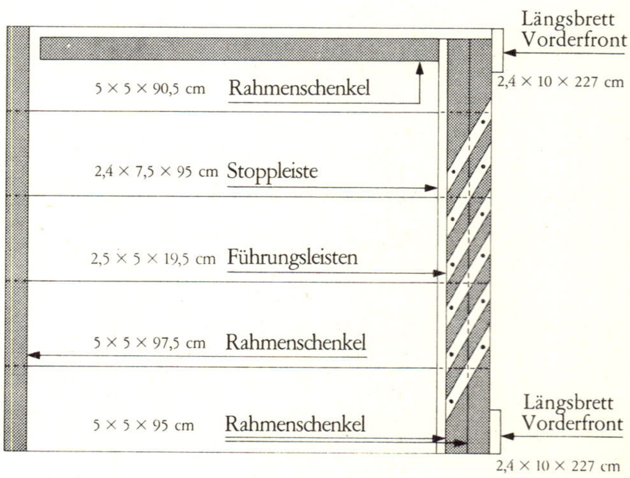

Abb. 31 Innenansicht rechte Seitenfront

Rückwände. Die beiden Rückwandteile des Silos, Abbildung 32 und Abbildung 37 auf Seite 194, bekommen nach außen je zwei senkrechte Rahmenschenkel, die jeweils um 5 cm nach links bzw. nach rechts versetzt sind. Dadurch lassen sich die Rückwände mit den Seitenwänden und der Trennwand in der Mitte paßgenau zusammenfügen. Siehe auch die „Aufsicht"-Abbildung 29. Die Teile werden vom Innenraum des Silos her miteinander verschraubt oder genagelt. Auch auf den Innenseiten der Rückwände ist auf das oberste Brett, um 2,5 cm vertieft, je ein Rahmenschenkel zur Auflage des Drahtgitterrahmens aufgesetzt. Dieser von außen nicht sichtbare Rahmenschenkel wurde auf der unteren Zeichnung zum besseren Verständnis mittels Strichlinie angedeutet.

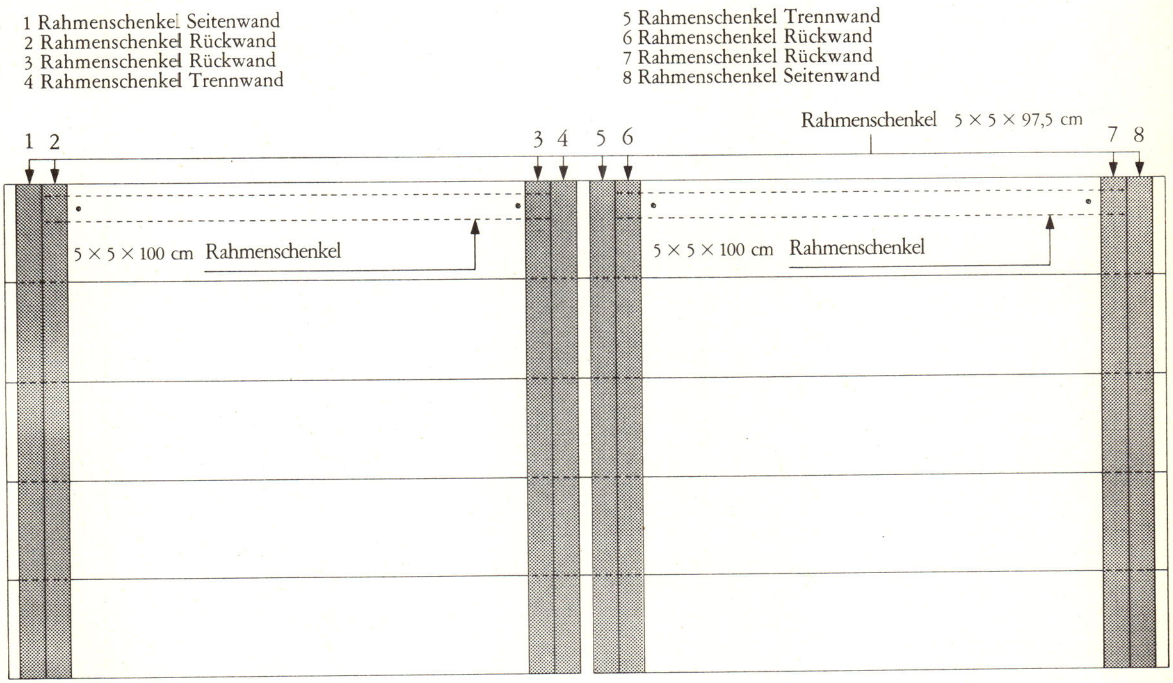

Abb. 32 Außenansicht Rückfront

Trennwand mit Durchschlupf. Die Trennwand besteht im Gegensatz zu den Seitenwänden und den Rückwänden nur aus vier Brettern mit je 19,5 cm Höhe, das heißt, das unterste Brett fehlt bei der Trennwand und bildet so den Durchschlupf für den Regenwurm. Nachdem das Silo etwa 10 cm vertieft in der Erde steht und bündig mit der Erdoberfläche mit Kies angefüllt wird, verbleibt von der Kiesoberfläche bis zum vierten Brett der Trennwand ein Zwischenraum von etwa 10 cm. Bei diesen Maßangaben ist noch zu beachten, daß die Siloecken eine Backsteinunterlage haben.

Auf der Trennwand wird zur Rückseite hin auf beiden Seiten jeweils ein Rahmenschenkel senkrecht angebracht, der beim Zusammenbau mit den Rückseiten von innen mit Nägeln oder Schrauben mit der jeweiligen Rückseite verbunden wird.
Die auf der Trennwand zur Vorderseite hin auf beiden Seiten aufgenagelten beiden Rahmenschenkel sind zur Befestigung der Führungsleisten vorgesehen. Auch hier verhindert eine auf den hinteren Rahmenschenkel genagelte Stoppleiste das Durchrutschen der Einschubbretter in das Silo.

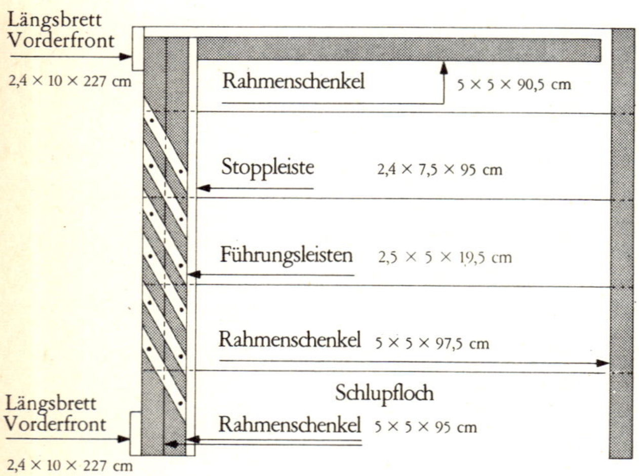

Abb. 33 Innenansicht Trennwand rechter Silo

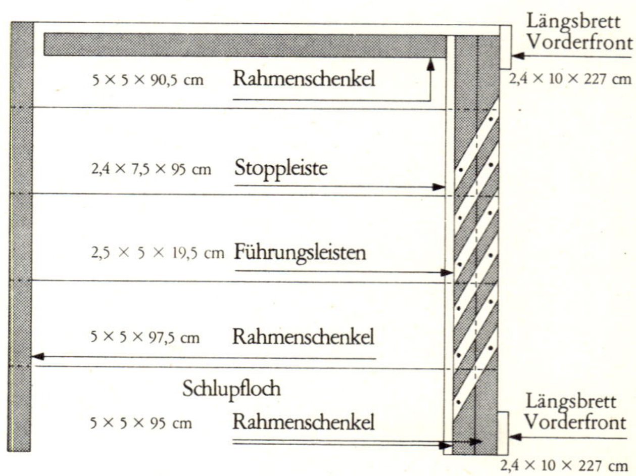

Abb. 34 Innenansicht Trennwand linker Silo

Vorderfront. Um dem Doppelkammersilo Halt und Stabilität zu geben, wird auf der Vorderseite, siehe auch Abbildungen 25 bis 28, oben und unten über die ganze Silolänge je ein Brett jeweils auf die senkrechten Rahmenschenkel aufgeschraubt oder genagelt.
Nach Montage des Silos und waagrechtem Aufstellen mit Hilfe von unterlegten Backsteinen in der 15 cm tiefen Baugrube schließt die Oberkante des unteren Längsbrettes ebenerdig bündig ab. Nun sind nur noch die sechs Einschubbretter einzustecken, die man von Zeit zu Zeit so wenden sollte, daß einer eventuell entstehenden Wölbung der Bretter nach außen entgegengewirkt wird und dadurch Spannungen und Verkeilungen weitestgehend vermieden werden.

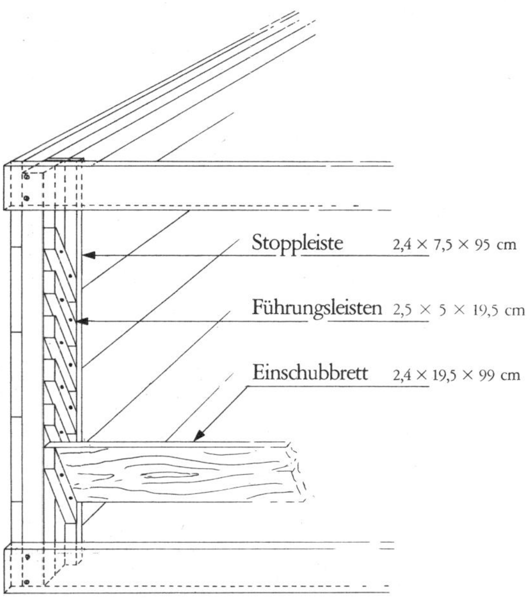

Abb. 35 Detailzeichnung/Einschubbretter

Abdeckgitterrahmen. Die verplatteten Abdeckgitterrahmen (siehe auch Abb. 23, Seite 180) werden miteinander verbunden und das Abdeckgitter mit Krampen darauf befestigt. Unabhängig von der Drahtgitterabdeckung ist auch die beim Wabenziegelsteinsilo auf Seite 184 erwähnte Lichtschutzabdeckung auf dem Rahmen zu befestigen.

Die günstige Schritt-für-Schritt-Vorgehensweise. Man spart sich viel Zeit und Verdruß, wenn einzelne Arbeitsabschnitte wie folgt vorgenommen werden:

1. Beschaffung der Bretter, Rahmenschenkel, Dachlatten und sonstigen Materialien.
2. Herstellen der einzelnen fünf Bauteile.
3. Ausheben der Baugrube bzw. Hangaushub.
4. Zusammenbau der fünf Bauteile in der Baugrube. Man sollte nicht versuchen, den Zusammenbau außerhalb des vorgesehenen Aufstellplatzes vorzunehmen und dann erst das Silo an die richtige Stelle bringen und ins Lot stellen zu wollen. Dies wäre schon vom Gewicht her viel zu schwer. Die waagrechte Aufstellung mit einer Wasserwaage an Ort und Stelle ist bei der Montage der Einzelbauteile dagegen viel einfacher. Am besten geht dies mit entsprechendem Unterlegen von einfachen Backsteinen an den Ecken und an den Überschneidungen. Was damit gemeint ist, zeigt am besten Abbildung 28.
5. Einbringen der erforderlichen Kieslage.
6. Auffüllen oder Anböschen mit Erde nach Abbildung 25 bis 27. Dabei das Einstampfen der Erde nicht vergessen, sonst gibt es immer wiederkehrende Bodensenkungen, die Mehrarbeit verursachen. Das umliegende Gelände wird mit Aushuberde ausgeglichen.

Weitere Angaben für die Holzbeschaffung. Welche Bretter und sonstigen Hölzer beschafft werden müssen, ist aus den nachstehenden Materialbedarfsübersichten zu ersehen.
In der Regel sind bei Sägewerken und Holzgroßhandel folgende Abmessungen vorrätig:
Gehobelte Bretter: 2,4 × 19,5 × 450 cm
Ungehobelte Rahmenschenkel: 5 × 5 × 450 cm
Ungehobelte Dachlatten: 2,5 × 5 × 400 cm
Ungehobelte Bretter würden zwar für den Selbstbau des Doppelkammersilos ausreichen, aber normalerweise sind keine ungehobelten Bretter bei Sägewerken und beim Holzhandel erhältlich, bei denen jedes Brett die gleiche Breite hat. Das ist für den befriedigenden Siloselbstbau jedoch unbedingt erforderlich. Die Hölzer dürfen keinerlei Anstrich erhalten, weil jede Imprägnierung durch die angewendete Chemie für die Regenwürmer und anderen Bodentiere schädlich ist. Bei der Beschaffung der Bretter und Rahmenschenkel ist zu beachten, daß gute Sägewerke und der leistungsfähige Holzhandel dafür eingerichtet sind, diese dem Käufer auf die gewünschten Maße winkelgenau zu sägen. Das erspart beim Siloaufbau Zeit und Mühe. Dachlatten sägt man dagegen am einfachsten selbst.

Zusätzliche Zeichnungen für Seitenfront und Rückfront. Mit den nachstehenden Abbildungen soll noch eine weitere Hilfe für die Erstellung der Seiten- und Rückfront gegeben werden. Die gestrichelten Linien deuten die auf der Rückseite befindlichen Rahmenschenkel an.

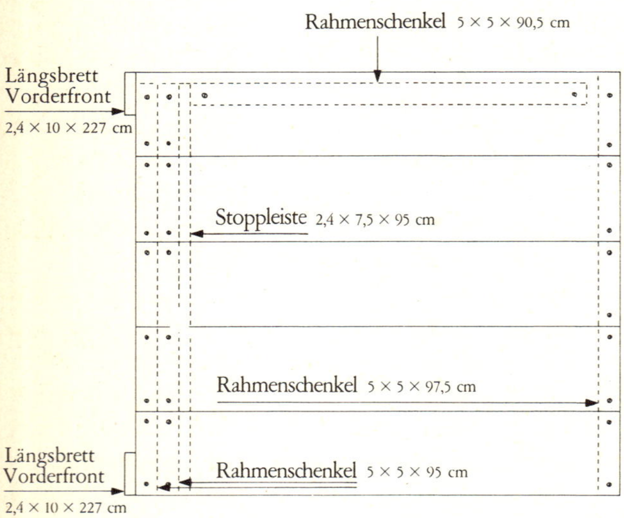

Abb. 36 Außenansicht Seitenfront

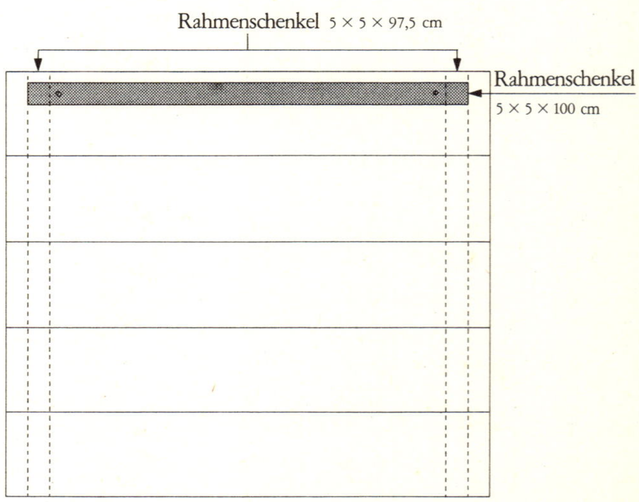

Abb. 37 Innenansicht Rückfront

Materialbedarf für das Regenwurmzucht-Doppelkammersilo in Holzbauweise

Bauteile	Stück	Holzteilbezeichnung	Abmessung in cm
2 Seitenwände	10	Bretter	2,4 × 19,5 × 110,0
(Abbildung 30, 31, 36)	2	Rahmenschenkel (senkrecht)	5,0 × 5,0 × 97,5
	4	Rahmenschenkel (senkrecht)	5,0 × 5,0 × 95,0
	2	Rahmenschenkel (waagrecht)	5,0 × 5,0 × 90,5
	2	Stoppleisten	2,4 × 7,5 × 95,0
	12	Führungsleisten	2,5 × 5,0 × 19,5
2 Rückwände	10	Bretter	2,4 × 19,5 × 110,0
(Abbildung 30, 34)	4	Rahmenschenkel (senkrecht)	5,0 × 5,0 × 97,5
	2	Rahmenschenkel (waagrecht)	5,0 × 5,0 × 100,0
1 Trennwand	4	Bretter	2,4 × 19,5 × 110,0
(Abbildung 35, 36)	2	Rahmenschenkel (senkrecht)	5,0 × 5,0 × 97,5
	4	Rahmenschenkel (senkrecht)	5,0 × 5,0 × 95,0
	2	Rahmenschenkel (waagrecht)	5,0 × 5,0 × 90,5
	2	Stoppleisten	2,4 × 7,5 × 95,0
	12	Führungsleisten	2,5 × 5,0 × 19,5
1 Vorderseite	2	Bretter	2,4 × 9,5 × 227,0
(Abbildung 28)	6	Einschubbretter	2,4 × 19,5 × 99,0
2 Abdeckrahmen	4	Dachlatten	2,5 × 5,0 × 109,0
(Abbildung 28)	4	Dachlatten	2,5 × 5,0 × 101,5

Material für das Regenwurmzucht-Doppelkammersilo in Holzbauweise – Zusammenfassung

Stück	Holzteilbezeichnung	Abmessung in cm
24	Bretter	2,4 × 19,5 × 110,0
2	Bretter	2,4 × 9,5 × 227,0
6	Bretter	2,4 × 19,5 × 99,0
4	Bretter	2,4 × 7,5 × 95,0
8	Rahmenschenkel	5,0 × 5,0 × 97,5
8	Rahmenschenkel	5,0 × 5,0 × 95,0
4	Rahmenschenkel	5,0 × 5,0 × 90,5
2	Rahmenschenkel	5,0 × 5,0 × 100,0
24	Dachlatten	2,5 × 5,0 × 19,5
4	Dachlatten	5,0 × 2,5 × 109,0
4	Dachlatten	5,0 × 2,5 × 101,5

Außerdem:
Kies für Kieslage, 10- bis 20-mm-Körnung.
Palisaden. Menge je nach Aufstellart und Gelände bestimmen, siehe auch Abbildung 25 bis 27.
Dachpappe oder starke Folie zum Hinterbauen der Palisaden, siehe Seite 186.
Zum Befestigen dazu die erforderlichen Dachpappennägel.
2 verzinkte Gitter, 100 × 109 cm, Drahtgitterabstand 5 × 5 mm oder 10 × 10 mm.
Schattierungsgewebe, 100 × 109 cm, dunkelgrün zur Helligkeitsabschirmung.
Krampen zum Befestigen der verzinkten Gitter und des Schattierungsgewebes.
2 Handgriffe für die Abdeckgitter.
Etwa 240 Nägel, 60 mm lang, 70 Nägel, 80 mm lang, und 16 Nägel, 40 mm lang (letztere für Abdeckgitter). Wahlweise können auch Schrauben verwendet werden.

Welches Futter eignet sich zur Regenwurmvermehrung und Regenwurmzuchtkompostierung?
Die Regenwurmnahrung besteht nur aus pflanzlichen und tierischen Verwesungsstoffen – also niemals aus gesunden und somit lebenden Pflanzen, Wurzeln und Tieren. Es kann einmal vorkommen, daß der Regenwurm ein lose liegendes Pflänzchen zum Abschluß seines Ganges in das Eingangsloch zieht. Diese Erscheinungen sind jedoch unbedeutend. Der Regenwurm muß zu seiner guten Vermehrung richtig gefüttert und genügend feucht, aber nicht naß, gehalten werden. Die richtige Regenwurmfütterung und zugleich das richtige Feuchthalten des Futters sind Grundlagen für den Regenwurmzuchtkompost.
Sonst ist der Regenwurm sehr anspruchslos. Er verzehrt in großen Mengen angerottete Pflanzenteilchen, mineralische Feinteilchen wie Erde, Sand und anderes mehr und verarbeitet alles zu einer feinen, höchst wertvollen Masse, dem Regenwurmkompost. Nach einer feuchten Nacht findet man auf dem Gartenboden überall kleine, krümelige Häufchen. Diese Regenwurmkrümel sind reich an Spurenelementen und enthalten viel mehr organischen Kohlenstoff und Gesamtstickstoff als bei bester Witterung, reichlichster Düngung und guter Bodenbearbeitung zu erreichen ist.
Da sich das Leben des Regenwurms im Wurzelbereich der Gemüsepflanzen vollzieht und er neben der Krümelablage auf der Oberschicht des Bodens auch die Wandungen der Regenwurmröhren mit seinen Ausscheidungen auskleidet, verhilft er den Pflanzen zu bestem Wachstum. Die Pflanzwurzeln werden nämlich stark angereizt, in diese Röhren einzudringen. Durch die dort vorhandenen Regenwurmausscheidungen können nun die Wurzeln ungeahnte Nährstoffe aufnehmen, die zu rascherem und kräftigerem Wuchs, größerer Widerstandsfähigkeit, reicherer Ernte und gesünderer Gemüsequalität beitragen.

Zur Regenwurmfütterung eignen sich insbesondere:
Alle organischen Abfälle der Küche und des Gartens, zerkleinert auf 5 bis 10 cm Länge. Außerdem alles samenfreie Unkraut. Angefaulte Äpfel und Zwiebeln, Zwiebelschalen, angerotteter Lauch und Schnittlauch, Teesatz und Kaffeesatz samt Filterpapier sind für den Regenwurm besondere Leckerbissen, die er bevorzugt und die auch die Wurmvermehrung anregen und beschleunigen.
Rasenschnitt ist sehr wertvoll. Er wird aber immer nur kurzgeschnitten, gut vermischt mit anderem Futtermaterial und leicht angerottet verwendet. Dies gilt auch für Herbstlaub. Der Anteil an Rasenschnitt und Laub sollte je Futterlage nicht mehr als 25% des Materialgemisches ausmachen. Günstig ist es, Herbstlaub in einem Drahtsilo oder sonstigem Silo bis zum Frühjahr zu lagern und erst dann zur Fütterung zu verwenden. Auch Nußbaumlaub kann als Regenwurmfutter unbedenklich verwendet werden, wenn es über Winter im Freien gelagert wird. Dann ist es für den Regenwurm sogar ein Leckerbissen. Man hat bisher geglaubt, man dürfe Nußbaumlaub wegen der in ihm vorhandenen Gerbsäure nicht zur Kompostierung und für den Gemüsebau verwenden. Der Regenwurm gibt uns hier, wie auf vielen anderen Gebieten, eine bessere und zuverlässigere Lehre.
Dung von Kühen, Pferden, Ziegen, Schafen, Federvieh, Kaninchen sowie gehäckseltes Stroh sind zur Regenwurmfütterung sehr wertvoll. Auch dies muß angerottet sein. Gut angerotteter Kuhmist kann ab

und zu auch als eine etwa 15 cm hohe Lage für sich allein in das Regenwurmzuchtsilo eingebracht werden. Alle anderen Tierdünger sind mit dem übrigen Futtermaterial zu vermischen. Für jedes Futtergemisch ist die Beigabe von etwas Gartenerde, Rasenboden und/oder, so man hat, halbreifem Kompost von Nutzen.

Trester von Äpfeln, Birnen, Johannisbeeren und Weintrauben sowie Trester von Pflanzen- und Kräutersaft-Werken sind für die Fütterung des Regenwurms ebenfalls sehr günstig. Die Tresterpressungen sind vor der Verfütterung gut aufzulockern und durchzufeuchten. Der Regenwurm frißt auch Sägemehl und selbst Papier und Karton, wenn es unbedruckt oder nur schwarz bedruckt ist. Buntbedrucktes ist zu vermeiden. Papier und Kartons müssen kleingeschnitzelt sein und sind entsprechend anzufeuchten. Das gilt auch für Sägemehl. Sägemehl, Papier und Karton müssen immer mit anderem Futtermaterial gut vermischt werden.

Fein eingestreut in die Futtermasse sind außerdem sehr günstig: Hornmehl, Hornspäne, Blutmehl, Baldrianblütenextrakt, Brennesseln, Farnkraut und Rainfarn. Als weitere Zusätze sind zu empfehlen: Basaltmehl, Kaolin, Tonmehl, Urgesteinsmehl, Algomin und Rohphosphat. Diese Zusätze streut man jedoch immer nur in Kleinstmengen auf die Futterschicht und auch nur zwei oder drei der genannten Zusätze gemeinsam.

Vor Beginn einer Regenwurmzucht genügend Futter bereithalten

Die günstigste Zeit für den Beginn einer Regenwurmzucht liegt zwischen April und September. Die kälteren Monate sind weniger geeignet. Man kann für die erforderliche Anrottung das Regenwurmfutter im voraus in der Nähe des zu erstellenden Regenwurmsilos längere Zeit lagern. Die durchmischte Futtermasse soll immer etwas feucht sein, damit sie gut anrotten kann. Es ist darauf zu achten, daß die Futterrohmasse nicht zu feucht und auch nicht zu gepreßt liegt. Sie beginnt sonst zu faulen und zu stinken. Im übrigen gibt es zum Zerkleinern von Futterstoffen verschiedene geeignete Häcksler. Bei der Entscheidung, ob man einen Häcksler anschafft oder nicht, ist zu bedenken, daß auch für Mulchzwecke das Mulchmaterial zerkleinert und möglichst angerottet sein muß.

Wie werden die ersten Kammerfüllungen des Wurmzucht-Doppelkammersilos vorgenommen?

Für die Kammerfüllungen der Wurmzucht-Doppelkammersilos muß zwischen den beiden wählbaren Ausführungsmöglichkeiten unterschieden werden, nämlich zwischen der Wabenziegelsteinbauweise, die auf den Seiten 179 bis 184 beschrieben ist, und der Holzbauweise, deren Beschreibung sich auf den Seiten 185 bis 196 befindet. Der unterschiedliche Kammerfüllungsaufbau der beiden Silobauweisen wird durch die Verschiedenheit der Schlupflöcher in der Silotrennwand bestimmt. Zunächst wird jetzt die erste Kammerfüllung für das Doppelkammersilo in Wabenziegelsteinbauweise beschrieben.

Kammerfüllungen für das Wabenziegelstein-Doppelkammersilo

Bei dieser Silobauweise befindet sich zwischen den beiden Kammern des Silos eine Trennwand, die im unteren Teil eine Aussparung von 20 × 40 cm aufweist, welche dem Wurmwechsel von Kammer zu Kammer dient. Dieser Durchschlupf kann durch einen Abdeckschieber geschlossen werden, und zwar auf beiden Seiten der Trennwand, also von jeder Kammer aus. Bevor man die erste Futterlage mit 15 bis 20 cm Höhe und den Zuchtstamm der Regenwürmer in eine Kammer einbringt, muß man zuerst mit dem Abdeckschieber den Durchschlupf schließen, und zwar von der Seite der Gegenkammer aus, damit die Regenwürmer nicht in die vorläufig noch leere Kammer abwandern können.

Der ersten Futterlage sollte man immerhin etwa 1000 „Tennessee-Wigglers" beigeben. Der Grundbesatz der Regenwürmer wird einfach auf die erste Futterlage, die vorher gut angefeuchtet wurde, gleichmäßig verstreut. Die Silokammer deckt man unmittelbar danach gegen Lichteinwirkung ab. In wenigen Minuten sind dann die Regenwürmer im Futtergemisch verschwunden. Es ist gut, wenn man besonders der ersten Futterschicht etwas Kaffeesatz, Lauch, Schnittlauch, Zwiebelschalen (das Gemüse gut angerottet) beigibt. Dies ist natürlich auch für die weiteren Futterlagen günstig.

Nach etwa 5 bis 6 Wochen ist die erste Futterlage von den Regenwürmern zunächst grob durchgearbeitet. Nun wird die nächste Futterfüllung 15 bis 20 cm hoch aufgesetzt. Das wiederholt sich alle 5 bis 6 Wochen, bis die Silokammer bis 5 cm unterhalb der Siloabdeckung gefüllt ist. Da sich die Regenwürmer von Futterlage zu Futterlage jetzt bedeutend schneller vermehren, dürfte eine Silokammer in etwa 4 Monaten gefüllt und nach weiteren 3 Monaten der Inhalt der ersten Kammer vollständig durchgearbeitet sein, so daß die Umsetzung der Regenwürmer in die zweite Silokammer erfolgen kann. Wie das gemacht wird, wird nachfolgend noch beschrieben.

Die Regenwürmer leben und vermehren sich bevorzugt immer in der obersten Schicht. Sie ziehen sich nur dann in die unteren Schichten zurück, wenn ungenügendes Futter, zu wenig oder zu viel Feuchtigkeit, zu viel oder zu wenig Wärme sie dazu veranlassen. Es soll immer nur eine Futterschicht nach der anderen von den Regenwürmern grob durchgearbeitet werden. Es wäre falsch, höhere Futterlagen auf einmal aufzusetzen. Besonders während der wärmeren Jahreszeit ist bei Bedarf die oberste Kompostmasse jede Woche mit Regenwasser oder abgestandenem Wasser mit einer Gießkanne zu begießen. In der kälteren Jahreszeit ist das Anfeuchten nur alle 2 bis 4 Wochen erforderlich.

Was ist beim Futteraufbau der zweiten Silokammer zu tun?

Im Prinzip ist der Futteraufbau genau derselbe wie bei der ersten Silokammer. Wenn der Zeitablauf zur Vollreife des Regenwurmkompostes in der ersten Silokammer völlig abgeschlossen ist, kommt der Zeitpunkt für das Entfernen des Abdeckschiebers von der Trennwand für den Futteraufbau in der zweiten Silokammer. Dazu ist folgendes noch sehr wichtig: Vor dem Regenwurmwechsel von der ersten zur zweiten Silokammer muß man zunächst in der ersten Kammer etwa eine Woche vorher mit der weiteren Fütterung aufhören. Erst dann darf man den Abdeckschieber vor der Trennwand entfernen und mit dem Futteraufbau in der zweiten Kammer beginnen. Der Inhalt der ersten Silokammer muß nach wie vor feucht gehalten werden, damit sich die in der Reifekompostmasse befindlichen Eikokons noch voll entwickeln können.

Die schon erwähnten Leckerbissen für die erste Futterlage dürfen nicht vergessen werden! Kaffeesatz ist dabei besonders wertvoll. Die Regenwürmer, die in der ersten Silokammer jetzt nicht mehr genügend Futter vorfinden, spüren, wo eine bessere Futterquelle ist. Schon nach wenigen Tagen werden sie deshalb in die zweite Silokammer überwechseln. Daß nun zwischen der ersten und zweiten Silokammer der Trennwanddurchschlupf nicht verschlossen ist, hat keine Bedeutung. Die Regenwürmer, die einmal übergewechselt sind, gehen nicht in die frühere Kammer zurück, es sei denn, in der neuen Kammer wären die Lebensverhältnisse (Futter, Feuchtigkeit, Wärme, Kälte) für sie völlig untragbar.

Sollte die zweite Silokammer zwischenzeitlich als Lagerstätte zur Sammlung von Futter benutzt worden sein, so ist dieses nun herauszunehmen, um den Abdeckschieber vor der Trennwand entfernen zu können. Besser ist es auf jeden Fall, das Futter im Freien zu lagern, weil dort die für die Verrottung nötige Sauerstoffzufuhr günstiger ist, das Material einfacher gemischt und besser feucht gehalten werden kann. Für den Regenwurmwechsel von der zweiten zurück in die erste Kammer gilt das gleiche, wie obenstehend von der ersten in die zweite beschrieben.

Kammerfüllungen für das Doppelkammersilo in Holzbauweise

Während bei der vorstehend beschriebenen Siloausführung aus Wabenziegelsteinen die Trennwand als Schlupfloch einen Abdeckschieber aufweist, hat das Holzbausilo einen immer geöffneten Durchschlupf, der keiner besonderen Bedienung bedarf.

Die Kammern, ob erste oder zweite, werden grundsätzlich stets in gleicher Weise, wie vorstehend bei dem Wabenziegelstein-Doppelkammersilo beschrieben, gefüllt. Nur muß statt der Bedienung des dort erwähnten Abdeckschiebers die zweite, leere Kammer bis zur Durchschlupfhöhe ebenfalls mit Futter aufgefüllt werden, das jedoch sehr mager sein soll, wie zum Beispiel mit angerottetem Rasenschnitt, Strohhäcksel, Sägemehl usw. Alles muß aber etwas angefeuchtet sein.

Würde man den Durchschlupf zur gegenüberliegenden Kammer nicht so abschirmen, so könnten sich die Würmer vorübergehend in die noch leere Kammer verirren, was möglichst zu vermeiden ist, weil sie dort möglichen Schaden leiden könnten. Sollten sich jedoch die Regenwürmer von der mit gutem Futter aufgefüllten Kammer einmal in das magere Futter der zweiten Kammer verirren, so werden sie sehr rasch wieder in das fettere Futter der Auffüllkammer zurückkehren.

Wird der Wurmwechsel von der ersten in die zweite Silokammer vorgenommen, so wird man natürlich zuerst das magere Durchschlupfabdeckfutter entfernen, um es später als Schlupflochabdeckung für die erste Kammer zu verwenden.

Es ist natürlich ohne weiteres möglich, die vereinfachte Ausführung des Durchschlupfs des Silos in Holzbauweise auch für das Doppelkammersilo aus Wabenziegelsteinen zu übernehmen. Man kann damit sehr viel Zeit bei der Herstellung der Trennwand sparen und sich darüber hinaus auch den Futteraufbau in den Silokammern vereinfachen.

Die Winterversorgung der Regenwürmer im Doppelkammersilo

Gegen Frost und Austrocknung ist der Regenwurm sehr empfindlich. Bei Temperaturen von minus 1 bis 2 °C geht er zugrunde. Die Eikokons sind dagegen viel widerstandsfähiger. Die Siloabdeckung zur Dämmung des Lichteinflusses ist zwar für Sommer und Winter in milderen Gegenden dieselbe – es empfiehlt sich aber in rauheren Gebieten, während der kälteren Jahreszeit der allgemeinen Abdeckung noch eine Strohmatte beizugeben. Auch die Andeckung der Siloaußenwände mit Torfballen, Strohballen, Laub oder Erde ist günstig, sofern das Silo nicht schon in eine Böschung eingebaut wurde.

Die Belegung der beiden Regenwurmzucht-Silokammern während der Winterzeit

Da im Herbst in der Regel der größte Anfall und die beste Beschaffungsmöglichkeit für das Regenwurmfuttermaterial vorliegen, sollte man über den Winter immer beide Kammern zur Regenwurmzuchtkompostierung nutzen. Die Gründe dafür: Im Frühjahr ist der Regenwurmzuchtkompost für die Düngung und die Regenwurmvermehrung im Freiland am wertvollsten. Werden beide Kammern gleichzeitig zur Regenwurmzuchtkompostierung genutzt, so ist der Wärmehaushalt während der kalten Jahreszeit weit günstiger, als wenn nur eine Kammer belegt wäre.

Wenn irgend möglich sollte man vor dem Winter- und Kälteeinbruch auf beide Kammern als letzte Lage gut angerotteten Stallmist oder halbreifen Kompost oder Obsttrester, etwa 20 cm hoch, aufbringen. Damit erreicht man in den beiden Silokammern einen guten Wärmehaushalt und hat darüber hinaus für längere Zeit eine wertvolle Vorratsfütterung, auf der dann weitere Futtermassen nach Bedarf folgen können.

Sofern aus irgendeinem Grund eine Silokammer für die Regenwurmzucht über Winter nicht zu belegen ist, muß man sie mit trockenem Herbstlaub, Strohhäcksel, Heuhäcksel, Torf, Sägemehl oder anderen wärmehaltenden Stoffen füllen. Dieses Füllmaterial kann nach der kalten Jahreszeit – Torf ausgenommen – als Wurmfutter verwendet werden.

Was ist zu tun, wenn der Anfall an Regenwurmfuttermaterial so groß ist, daß ein Regenwurmzucht-Doppelkammersilo nicht ausreicht?

In einem solchen Fall sollte man nicht nur einfach dem Doppelkammersilo eine weitere Kammer anfügen. Damit würde sich der störungsfreie Kreislauf der Regenwurmzuchtkompostierung nicht gut vollziehen lassen. Wenn ein so großer Futtermaterialanfall vorliegt, so ist es absolut zweckmäßig, ein zweites Doppelkammersilo anzulegen.

Kann man bei kleinerem Anfall von Regenwurmzuchtfuttermaterial das Regenwurmzucht-Doppelkammersilo auch mit kleineren Ausmaßen bauen?

Die in den Zeichnungen jeweils angegebenen Maße sind aus vielen Gründen zweckmäßig. Der Regenwurm kann infolge der größeren Inhaltsmasse bei vorangeschrittener Füllung, zu großer Wärme oder Kälte, zu viel oder zu wenig Feuchtigkeit auf andere Stellen ausweichen. Der Wärmehaushalt ist während der kalten Jahreszeit, wegen des größeren Bewegungsraumes innerhalb größerer Inhaltsmassen, besser im Gleichgewicht zu halten. Außerdem ist bei kleineren Silokammern die Herausnahme des Reifekompostes beschwerlich.

Wie kann man das Abwandern des Regenwurms aus dem ausgereiften Regenwurmzuchtkompost vermeiden?

Mit einem Abwandern des Regenwurms aus dem Kompostsilo ist zu rechnen, sobald die Futtermasse nach völligem Durcharbeiten ihre volle Kompostreife erreicht hat und der Regenwurm in der Kompostmasse nicht mehr genügend Futter vorfindet. Solan-

ge man im Kompostsilo noch Raum für weitere Futterauflagen zur Verfügung hat und für gute Fütterung sorgt, wird kein Regenwurm aus seiner Behausung abwandern.
Sofern Reifekompost in den Kompostsilos selbst oder auch in gesonderten Vorratssilos bis zum Verbrauch noch längere Zeit gelagert wird, ist es empfehlenswert, den Reifekompost mit geeigneter Regenwurmfuttermasse etwa 20 cm hoch abzudecken und ausreichend feucht zu halten. Der Regenwurm wird dann auch dort seine wertvolle Arbeit vollbringen und sich auch weiter vermehren. Für eine solche Futterlage eignet sich ganz besonders Kuhmist, sofern dieser zu beschaffen ist.

Entnahme des vollreifen Regenwurmzuchtkompostes für die Gemüsepflanzbeete

Vollreifer Regenwurmzuchtkompost enthält kaum noch ausgewachsene Regenwürmer, sondern nur Eikokons und Kleinstwürmchen, die noch nicht die Kraft haben, die Kammer zu wechseln. Um vollreifen Regenwurmzuchtkompost auf die Pflanzbeete des Freilandes, der Frühbeete und des Gewächs- und Folienhauses zu bringen, muß man wie folgt vorgehen: Man wähle für diese Arbeit einen bewölkten Tag. Die Temperatur sollte nicht unter 15 °C Wärme liegen. Die Pflanzbeete sind zunächst mit der Harke 5 cm tief zu lockern und mit der Gießkanne anzufeuchten. Das Anfeuchten ist wichtig, damit die im Kompost enthaltenen Kleinstwürmchen gleich guten Bodenkontakt bekommen.
Für die Entnahme aus der Silokammer benötigt man eine Spatengabel sowie einen Muldenschubkarren oder Eimer. Bevor man den vollreifen Regenwurmzuchtkompost entnimmt, ist die obere, lockere Schicht abzunehmen und in die andere Silokammer zu geben. In dieser oberen Schicht können sich immer noch eine bestimmte Anzahl größerer Regenwürmer aufhalten. Nach der Kompostentnahme ist die Silokammer wegen der Lichteinwirkung gleich wieder abzudecken. Der Regenwurmzuchtkompost wird etwa 1 bis 3 cm hoch gleichmäßig auf die Beete gestreut, mit der Harke leicht in den Boden eingeharkt und mit der Gießkanne besprengt.
Man kann gleich anschließend Setzlinge pflanzen, sofern die Zeit dafür gerade günstig ist. Mit dem Besäen der Beete sollte man warten, bis diese an der Oberfläche abgetrocknet sind. Erst dann läßt sich der Boden fein rechen – so wie es für die Aussaat erforderlich ist.
Wenn die Beete dann zur Wurmfütterung von Zeit zu Zeit noch gemulcht und feucht gehalten werden, schlüpfen aus den Eikokons schon bald kleine Regenwürmchen aus, die zur laufenden Regenwurmvermehrung in den Pflanzbeeten beitragen. Im Freiland entwickeln sich die Regenwürmer aus den Eikokons schon bei 16 bis 20 °C. Wird der Boden genügend feucht gehalten, so beträgt die Schlüpfzeit nach dem Einbringen des Regenwurmzuchtkompostes etwa 3 bis 4 Wochen. Dies gilt für das Freiland. In den Frühbeeten und Beeten im Gewächs- und Folienhaus sind obige Zeiten noch kürzer. Kompostbedeckte Beete müssen in der ersten Zeit vor Vögeln geschützt werden. Es gibt dafür Vogelschutznetze und andere Möglichkeiten, die auf Seite 176 beschrieben sind.
Günstig ist es, immer nur ein Pflanzbeet nach dem anderen für die Beschickung mit Regenwurmzuchtkompost vorzusehen. Ratsam ist es auch, hierfür zunächst die Beete zu wählen, auf denen zum Beispiel Kohl, Tomaten oder Bohnen gepflanzt werden, weil

man hier in den Zwischenräumen mit kurzem Rasenschnitt, nicht blühendem Unkraut, gut angerottetem Laub, halbreifem Normalkompost und ähnlichem leicht mulchen kann. Wurmfütterung durch Mulchen und Feuchthalten der Pflanzbeete ist für die Arbeit des Regenwurms und seine Vermehrung wichtig. Auf Spaten und Hacke kann und muß man verzichten, wenn der Gartenboden genügend mit Regenwürmern durchsetzt ist.

Zu viel Feuchtigkeit schadet dem Regenwurm

Man sollte nicht zu viel Wasser auf einmal in größeren Zeitabständen auf die Pflanzbeete gießen. Lieber etwas weniger und in kürzeren Abständen, so daß nur die obere Bodenschicht von 10 bis 20 cm gut befeuchtet, aber niemals eingeschlämmt ist. Ein zu üppiges Gießen würde einem starken, anhaltenden Regenguß gleichkommen, der den Gartenboden so durchtränkt, daß die Luftzufuhr abgeschnitten wird. In diesem Fall würde der Regenwurm zum Überleben an die Oberfläche fliehen und durch das grelle Tageslicht zugrunde gehen. Dies läßt sich oft nach starken Regengüssen feststellen. Besonders auf befestigten Wegen findet man dann eine große Anzahl toter Regenwürmer.

In den Pflanzbeeten des Freilandes, Frühbeetes sowie Gewächs- und Folienhauses ist ein Regenwurmaufkommen von 200 bis 400 Würmern je qm erreichbar

Die mögliche Regenwurmzahl je qm Gartenboden darf man ruhig noch höher beziffern. Es sind schon weit mehr Regenwürmer in den Pflanzbeeten gefunden worden. Natürlich braucht man zu solchem Regenwurmbesatz mehrere Jahre und auch jährlich entsprechende Regenwurmzuchtkompostgaben. Bei einem Regenwurmbesatz von 200 bis 400 Würmern je qm Gartenboden wird man pH-Werte von 6 bis 7 vorfinden, die für den Heimgärtnerbiogemüsebau gute und gesunde Ernten gewährleisten.

Um den Regenwurmbesatz je qm Gartenerde ungefähr zu ermitteln, hebt man mit einer Spatengabel einen Spatenstich von knapp 20 cm Gartenerde aus. Wenn sich in dieser Bodenmenge zum Beispiel 12 Regenwürmer befinden, so vervielfacht man diese Menge um das 35fache, um so den Regenwurmbesatz je qm Gartenboden zu ermitteln (12 × 35 = 420 Regenwürmer je qm Gartenboden). Beim Multiplikator „35" wird von der erfahrungsgemäßen Tatsache ausgegangen, daß zum groben Umlegen von 1 qm Gartenboden etwa 35 größere Spatengabelstiche erforderlich sind.

Umspaten oder Nicht-Umspaten?

Darüber entscheidet allein der vorhandene oder nicht vorhandene reiche Besatz an Regenwürmern im Gartenboden. Befinden sich in der oberen Schicht des Bodens etwa 100 bis 200 Regenwürmer je qm, so können und müssen Sie auf das Umgraben mit dem Spaten verzichten. Das unnötig gewordene Umspaten würde den Regenwürmern und dem gesamten anderen Bodenleben nur schaden. Bodentiere und Bodenbakterien finden nur dort ihre besten Lebens- und Vermehrungsgrundlagen, wo Spaten, Spatengabel und Hacke für die Bodenbearbeitung ihre frühere Bedeutung ganz verloren haben. Die Bodentiere besorgen die Zerkleinerung organischer Massen bis zur Mineralisierung. Spaten und Spatengabel können niemals die wertvolle Arbeit des Regenwurms ersetzen.

Die Bodenbearbeitung und das Einarbeiten aufgelegter Mulch- und Naturdungstoffe besorgen die Regenwürmer und das übrige Bodenleben zuverlässig. Zum 5 cm tiefen Beharken des Bodens sind jetzt nur noch Harke oder Bodenlüfter erforderlich. Nie tiefer als 5 cm harken, um das Leben der Bodentiere und Bakterien nicht zu stören. Der Regenwurm und die sonstigen Bodentiere bearbeiten den Boden in der Regel von der Bodenoberfläche aus gerechnet bis 15 bis 20 cm Tiefe. Darum darf diese obere Schicht normalerweise nie umgegraben werden. Es würde sonst die teilweise unbelebte, untere Bodenschicht nach oben kommen und die am meisten belebte Bodenschicht nach unten. Die lebenden Bodenorganismen würden in einem solchen Fall in der unteren Bodenschicht unter Sauerstoffmangel leiden, und die vorhandenen organischen Stoffe würden vermodern oder verfaulen – je nach zu großer Trockenheit oder zu großer Feuchte.

Befinden sich im Gartenboden nur ganz wenige oder gar keine Regenwürmer, so ist das ein untrügliches Zeichen für das Vorhandensein eines kranken oder gar toten Bodens. Zur Durchlüftung und Sauerstoffzufuhr wird man solchen Boden, besonders im Herbst, für die Winterzeit noch ein- oder zweimal unter Beigabe von Naturdünger und Flußsand (ja nicht Maurersand!) umspaten müssen. Sand ist besonders bei schweren Böden weit günstiger als Torf, weil dieser feinste Mineralien enthält, die mit der Zeit verwittern.

Soll man zur Gartenbodendüngung reinen Stallmist oder regenwurmzuchtverkompostierten Stallmist verwenden?

Bringt man selbst gut angerotteten Stallmist in den Gartenboden, so ist im Hinblick auf die Humusbildung schon nach einem halben Jahr nur noch ein Fünftel und nach 2 Jahren so gut wie nichts mehr davon im Boden zu finden. Echter Humus, sogenannter Dauerhumus, entsteht im Boden nur dann, wenn sich im Gartenboden zuvor ein reicher Besatz an Regenwürmern und anderen Bodentieren angesiedelt hat, die für den Abbau der organischen Massen zu Dauerhumus ausreichend und zuverlässig sorgen. Wenn man darum das Glück hat, den immer rarer werdenden Stallmist zu beschaffen, so sollte man diesen unbedingt über die Regenwurmzuchtkompostierung zu wertvollem Dauerhumus werden lassen und ihm damit den höchstmöglichen Düngewert geben.

Der Unterschied zwischen Fäulnis und Verwesung

Zwischen Fäulnis- und Verwesungsvorgängen muß streng unterschieden werden. Um diesen Unterschied anschaulich zu schildern, ist es sinnvoll, noch ganz kurz beim Stallmist zu verweilen. Die üblichen Misthaufen und selbst der einwandfrei gestapelte Stallmist unterliegen meist einem mehr oder weniger großen Fäulnisprozeß. Das gilt auch für alle anderen gestapelten organischen Abfallstoffe.

Fäulnis wird durch Sauerstoffmangel hervorgerufen. Sie ist ansteckend, giftig und mit üblen Gerüchen verbunden. Fäulnis ist lebensfeindlich für Menschen, Tiere, Pflanzen und Boden. Außerdem ziehen faulende Stoffe Ratten und Ungeziefer an, die leicht Krankheitserreger auf den Gartenboden, auf Pflanzen, Tiere und Menschen übertragen. Ausreichende Sauerstoffzufuhr dagegen sorgt für Verwesung und Verrottung. Im Regenwurmzuchtkompostverfahren wird bei richtiger Anwendung jede Fäulnis vermieden und statt dessen beste Verwesung und Verrottung erreicht. Bei natürlicher Verwesung stellen sich Regenwurm und reiches Bodenleben dann von selbst ein.

Die Gemüsefruchtfolge verliert durch die Regenwurmarbeit ihre bisherige Bedeutung

Wenn in einem Gartenland je qm mindestens 200 Regenwürmer angesiedelt sind, hat die oft nur schwierig auszuführende Fruchtfolge in weitestem Umfang an Bedeutung verloren. In einem regenwurmarmen Gartenboden erreicht man dies nicht von heute auf morgen. Man muß schon 2 bis 3 Jahre warten können, bis man durch richtiges Vorgehen einen Besatz von 200 Regenwürmern und mehr je qm erreicht. Dann jedoch kann man ohne Rücksicht auf die bisher erforderliche Fruchtfolge auf dem Gartenboden beinahe alles säen und pflanzen, was man will. Und es wird auch alles gut gedeihen. Ausgenommen davon sind Gurke, Meerrettich und Petersilie, die immer einen Fruchtwechsel erfordern – es sei denn, man wechselt den Gartenboden jeweils spatentief aus. Diese Methode wird von den Berufsgärtnern teilweise schon lange Zeit angewendet.

Der sonstige Wegfall der Fruchtfolgebeschränkung durch die Regenwurmtätigkeit läßt sich einfach erklären: Da der Regenwurm von verwesenden, organischen Stoffen lebt, frißt er im Boden in erster Linie die verwesenden Wurzeln abgeernteter und abgestorbener Pflanzen und verarbeitet sie zu dem überaus nützlichen Regenwurmhumus. Der Gartenboden wird dadurch in einem Umfang und mit einer Gründlichkeit erneuert, wie das durch den üblichen Fruchtwechsel keinesfalls besser geschehen kann.

Wenn hier Gurke und Petersilie noch eine Ausnahme bilden, so wird angenommen, daß dies mit der längeren Verwesungsdauer des verhältnismäßig starken und zähen Wurzelwerkes zusammenhängt. Sicherlich kann man aber auch hier, besonders im Freiland, Abhilfe schaffen. Läßt man abgeerntete Gurken- und Petersilienbeete über Winter unbepflanzt und mulcht sie nach der Ernte sofort mit Kuhmist, so müßte bis zum Frühjahr der Boden dieser Beete durch die rege Arbeit des Regenwurms ebenfalls so erneuert sein, daß man auf einen Wechsel in der Fruchtfolge verzichten kann.

Regenwurmzuchtkompost und regenwurmbelebter Normalkompost

Der Regenwurm und das sonstige Bodenleben sind für das Normalkompostverfahren genauso wichtig. Überall dort, wo man auf den Normalkompost infolge sehr großer Kompostierungsmassen nicht verzichten kann, sollte man in jedem Fall die Regenwurmzuchtkompostierung hinzunehmen. Man erhält dadurch die unschätzbare Möglichkeit, den Normalkompost mit Regenwurmzuchtkompost zu impfen und so in diesem das Regenwurm- und sonstige Bodenleben zu vervielfachen. In diesem Fall ist beim Normalkompost auf chemische Zusätze, auch Komposttarter, unbedingt zu verzichten.

Das Impfen mit Regenwurmzuchtkompost geschieht wie folgt: In jedem Kompostsilo oder bei Mieten mit einer Länge von 1 m wird jeweils in der Mitte der oberen Schicht ein Loch mit 40 cm ∅ und etwa 30 cm Tiefe ausgehoben. In dieses Loch bringt man bei bewölktem Himmel etwa 5 Liter halbreifen Regenwurmzuchtkompost, der neben Eikokons auch noch kleinere bis mittelgroße Regenwürmer enthält. Dann wird das Loch etwa 20 bis 25 cm hoch abgedeckt und künftig die Oberfläche gut feucht, aber niemals zu naß gehalten. In der wärmeren Jahreszeit entwickeln sich dann auch im Normalkompost reiches Wurm- und Bodenleben. Das Impfen mit Regenwurmzuchtkompost darf nur erfolgen, wenn die Wärme in der Miete oder im Silo nicht höher als 30 °C ist.

Die Regenwurmzuchtkompostierung – die absolute Spitze im Biogemüseheimgarten

Es gibt für den Biogemüseheimgärtner wirklich keinen billigeren, zuverlässigeren und wertvolleren Helfer und Mitarbeiter als den Regenwurm und die Heerscharen von Bodentieren, die sich überall dort von selbst einfinden, wo sich der Regenwurm wohl fühlt. Untersuchungen haben ergeben, daß sich in der obersten, etwa 30 cm tiefen Schicht eines durchschnittlichen, mitteleuropäischen Ackerbodens neben den gewaltigen Mengen an Bakterien, Pilzen und Algen folgende Bodentiere je qm befinden:

100 000–400 000	Milben
25 000–600 000	Rädertiere
50 000–400 000	Springschwänze
10 000–100 000	Enchytraeiden
100– 2 000	Vielfüßler
100– 1 000	Zweiflüglerlarven
150– 500	Doppelfüßler
50– 300	Hundertfüßler
100– 600	Käfer mit Larven
150– 15 000	übrige Kerbtiere
50– 200	Asseln
80– 800	Regenwürmer

Mit diesen Angaben ist nochmals unterstrichen, was der Regenwurm in 1 qm Gartenboden an geradezu millionenfachem Bodenleben und lebendiger Erde hervorbringen kann.

Sollte nun noch die Frage auftauchen:
Macht das alles nicht zu viel Arbeit?
Ist das nicht zu umständlich und zu kostspielig?
Darauf kann leicht eine in jeder Hinsicht positive Antwort gegeben werden. Die Arbeit ist viel einfacher, müheloser und zeitsparender, als man es sich vorstellt. Bei der Beurteilung ist allein an die Zeit zu denken, die durch die Regenwurmarbeit an Bodenbearbeitung eingespart wird, an den Nutzen durch die Abwehr von Schädlingen und Pilzkrankheiten, an die besseren Ernteerfolge und höheren Gemüsequalitäten.

Erst wenn man den Regenwurm durch den Umgang mit ihm richtig kennen und schätzen gelernt hat, weiß man, in welch großem Umfang der Regenwurm, im Zusammenhang mit dem gesamten anderen Bodenleben, für den Biogemüseheimgärtner der zuverlässigste Helfer und Wächter ist.

Mulchen, ein Grundpfeiler des biologischen Heimgärtnergemüsebaues
Es gibt zwei Grundpfeiler für den biologischen Heimgärtnergemüsebau – das Mulchen und das Kompostieren. Beides ist Grundlage für die Bodenfruchtbarkeit.
Wer sich Sorgen um die Gesundheit des Bodens macht, sich für die Mehrung des Humusgehaltes und die Förderung des Bodenlebens einsetzen will, muß sich früher oder später mit dem Mulchen des Gartenbodens beschäftigen. Je früher das geschieht, desto eher werden die Vorteile des Mulchens für den Biogemüseheimgärtner nutzbar.
Im Biogemüsegarten, in dem gemulcht wird, werden die Gemüsepflanzen über das Bodenkleintierleben gedüngt und ernährt. Das Bodenkleintierleben – und da insbesondere der Regenwurm – macht die Bodennährstoffe für die Pflanzen leicht zugänglich und aufnahmebereit. Düngekraft und Nährstoffwert werden gegenüber der allgemein noch üblichen Düngeweise um ein Vielfaches gesteigert. Das geschieht aber nur dann, wenn das Bodenleben durch sinnvolles und richtiges Mulchen genügend ernährt wird.
Durch das Mulchen entsteht natürliche Schattengare und ebenbürtige Kohlensäure-Atmosphäre, welche die Pflanzen tagsüber zum Atmen benötigen. Dadurch entfällt bei den meisten Pflanzenarten das aufwendige Flachhacken.

Mulchen, Bodenbedeckung, Gründüngung
Unter diesen Begriffen wird noch vielfach dasselbe verstanden. Es handelt sich hierbei aber um unterschiedliche Tätigkeiten und Wirkungen.
Mulchen und Bodenbedeckung sind zwar im Grundsatz das gleiche, und doch sollte man dem Begriff Mulchen eine bessere Qualifikation geben. Beim Mulchen wird in erster Linie an die Ernährung des Bodenlebens gedacht und erst in zweiter Linie an die Bodenbedeckung und Bodendüngung.
Im Begriff Bodenbedeckung ist außer der Mulcharbeit auch die Bodenbedeckung mit Materialien enthalten, die dem Bodenleben keine Nährstoffe zuführen, sondern lediglich die Wirkung von Bodenschattierung oder Unkrautabwehr erzielen.
Unter Gründüngung versteht man das Einsäen von Pflanzen, die nach gewisser Zeit in den Boden eingefräst oder eingeharkt werden und dadurch ebenfalls eine günstige Wirkung auf Bodenzusammensetzung und Bodenleben haben.

Vorteile des Mulchens
Von den vielen Vorteilen des Mulchens sind hier nur die wichtigsten aufgeführt:

Bodenleben. Um das Bodenleben unter der Mulchdecke richtig zu bewerten, lohnt es sich, auch die Ausführungen über „Regenwurmzuchtkompost“, vor allem die Seiten 173 bis 178, zu lesen. Das Wirken des Regenwurms steht beim Mulchen an der Spitze. Auch die Milliarden Bodenbakterien, Bodenpilze, Bodenalgen und die riesengroße Zahl der sonstigen Bodenkleintiere sind von größter Bedeutung. Sie alle können sich unter der Mulchdecke ungestört entwickeln und vermehren und aus der Mulchnahrung den besten Dünger der Welt bereiten. Sie tragen damit zur Lockerung, Bodenatmung, Bodengesundheit und Bodenfruchtbarkeit bei.

Bodenbeschattung und Feinkrümelung. Bodenbeschattung hält den Boden immer offen, fördert die Bodengare und die Feinkrümelung, die sich selbst bei schweren Böden bis zu 10 cm Tiefe auswirkt. Beschattung hält die unmittelbaren Sonnenstrahlen vom Boden ab, was für Bodenleben, Bodenfeuchtigkeit und ausgeglichenes Bodenklima sehr günstig ist. Der oberen Bodenschicht wird durch Beschattung auch eine Bodenruhe vermittelt, in der sich Pflanzenwurzeln und Bodenkleintiere ungestört entwickeln können.

Bodennährstoffe. Mulchen bereichert und versorgt im Zusammenhang mit den Bodenorganismen und dem Regenwurm den Gartenboden mit Nährstoffen. Dies geschieht in einer für die Gemüsepflanzen stets leicht aufnehmbaren Form und bringt automatisch eine Vermehrung des Humusgehaltes mit sich.

Tiefhacken und Umspaten während der Wachstumsperiode können niemals eine lockere, krümelige und atmende Bodenstruktur bewirken. Im Gegenteil, der tiefgehackte Boden wird nach jedem Regen oder Gießen von neuem wieder verschwemmt, so daß er erneut gelockert werden muß. Dadurch wird das Bodenleben und das Pflanzenwachstum, hauptsächlich auch das der Wurzeln, stark gehemmt. Ein gesundes, kräftiges Wachstum der Pflanzen kann nur bei entsprechender Bodenruhe entstehen.

Bodendurchlüftung. Durch Mulchen wird eine gute Durchlüftung des Bodens erreicht und damit eine reiche Versorgung mit Sauerstoff, den die Bodenkleintiere zum Atmen benötigen. Im durchlüfteten Boden werden die rottenden Mulchstoffe dem Bodenleben rasch zugänglich gemacht. Luftmangel stört das Bodenkleintierleben in bedrohlicher Weise und verursacht im Boden verderbliche Fäulnis und Vergiftung. Mulchen fördert die Bindung des Luftstickstoffes, des Sauerstoffes und der Kohlensäure.

Bodenfeuchtigkeit. Für das Bodenkleintierleben und die Gemüsepflanzen ist die richtige Bodenfeuchtigkeit von großer Bedeutung. Bodentrockenheit hemmt das Wachstum, die Lebensfähigkeit der Pflanzen und kann zu Mißbildungen führen. Mulchen läßt den Regen sanft, gleichmäßig und reichlich in den Boden eindringen, ohne schädliche Verschlemmungen zu verursachen. Infolge milderer Sonneneinwirkung, verminderter Verdunstung und geringerer Verdunstungskälte wird durch das Mulchen ein günstiger Wasserhaushalt erreicht. Da sich der Wasserhaushalt des Bodens beinahe automatisch regelt, ist nur bei länger anhaltender Trockenheit eine künstliche Bewässerung erforderlich. Man darf allerdings nicht glauben, daß, wenn unter der Mulchschicht der Boden noch feucht ist, dies auch wirklich stimmt. Es hat sich in der Praxis herausgestellt, daß schon nach 2 bis 5 cm Erdtiefe trockene Erde zum Vorschein kommt. Darum muß man während einer Trockenperiode zur Kontrolle mit der Handschaufel etwas tiefer in die Erde graben. Unter günstigen Wasserverhältnissen entwickeln sich die Gemüsepflanzen gesund, ertragreich, gehaltvoll und wohlschmeckend.

Bodenabtrag, Bodenauswaschung, Bodenverschlemmung. Diese Erscheinungen werden durch starke Regengüsse, Hagelschläge und kräftige Bodenwindverwehungen verursacht. Es gibt dagegen keine bessere Abwehr als eine vorhandene Mulchdecke. Diese schützt vor Bodenoberflächenverkrustung, Verschlemmung, hemmt das starke Eindringen von Regen- und Gießwasser, federt Hageleinwirkung ab, gibt starkem Wind keinen Zugriff und hält den Boden locker, durchlässig und offen.

Bodenwärme. Gemüsepflanzen und Bodenkleintierleben verlangen für ein gesundes Wachstum ausgeglichene Bodenwärme. Zu hohe und zu niedrige Temperaturen sind gleich ungünstig. Sie verursachen Wachstumsstörungen, Verkümmern der Pflanzen, Schädlingsbefall und Pflanzenkrankheiten. Fehlt eine ausgeglichene Bodenwärme, so leidet darunter das Bodenkleintierleben. Der Regenwurm bringt seine höchste Arbeitsleistung und Vermehrung bei etwa 20 bis 25 °C Bodenwärme. 10 bis 15 °C sind für ihn auch noch erträglich. Bei Frost weicht er in tiefere und wärmere Bodenschichten aus. Durch Mulchen wird die Bodenwärme ausgeglichen. Sie wird bei Hitze gemildert und bei Kälte gespeichert.

Bodenfrostschutz. Vom Spätherbst bis zum Frühjahr gewährt die Mulchdecke den besten Frostschutz. Die nützliche Arbeit des Bodenlebens kann dadurch auch in der oberen Bodenschicht erhalten bleiben. Gemüsepflanzen, die in gemulchtem Boden wachsen, sind frostwiderstandsfähiger. Das gilt besonders für die Spätherbst- und Wintergemüse. Sinngemäß sind während der warmen Jahreszeit Gemüsepflanzen in gemulchtem Boden viel hitzeverträglicher. Sie haben geringere Neigung zum Welken, fallen beim Verarbeiten weniger zusammen und besitzen eine längere Lagerfähigkeit.

Sauberes Gemüse, begehbare Tretwege. Gemulchter Boden ist fast jederzeit viel leichter und zeitsparender saat- und pflanzbereit zu machen, weil er nach Regen rasch trocknet und kaum schmutzt oder klumpt. Unbefestigte Tretwege sind schnell wieder begehbar. Das Gemüse bleibt sauber, ist leicht zu ernten und hat weniger Abfall.

Gemüsekrankheiten, Gemüseschädlinge. Die rasche Verrottung des Mulchmaterials, durch die Mitarbeit des Bodenlebens, verleiht dem Boden gute Desinfektionskraft (Vernichtung von Krankheitserregern), die das gesunde Wachstum der Pflanzen fördert. Gemüsepflanzen sind gegen Krankheiten und Schädlinge widerstandsfähiger. Ein hohes Maß an biologischem Boden- und Pflanzenschutz wird erreicht.

pH-Wert des Bodens. Durch das Mulchen werden die hohen pH-Werte kalkhaltiger Böden (Mergelböden) gesenkt. Eisen-Chlorose und Bormangel-Krankheiten werden aufgehoben.

Unkrautminderung. Der Unkrautwuchs wird durch das Mulchen stark gemindert. Dadurch entfällt zum größten Teil die mühevolle und meist nicht sehr beliebte Jätarbeit.

Wachstumsstockung. Aufgrund des besseren Wasserhaushaltes, der ausgeglicheneren Wärme in der oberen Bodendecke, des vermehrten Bodenlebens und der reicheren Humusbildung werden die sonst oft auftretenden Wachstumsstockungen vermieden.

Stützen der Gemüsepflanzen. Besonders frisch gesetzte Gemüsepflanzen werden durch die Mulchdekke gestützt und in ihrem Wachstum wesentlich gefördert. Das Unterlegen der Erdbeeren und Stützen von Gurken kann durch sachgerechtes Mulchen ganz entfallen.

Erhebliche Einsparung an Düngerkosten. Ein mit Mulchdecke und Kompostgaben versehener Gartenboden erfordert in der Regel keine anderweitige, zusätzliche Düngung.

Bodenerneuerung. Durch das Mulchen werden kranke, verdorbene Böden wieder gesund. Das geht natürlich nicht von heute auf morgen. Aber schon in wenigen Jahren wird der Gehalt des Bodens an Stickstoff, Kalium, Phosphor, Magnesium und Spurenelementen erheblich anwachsen. Gegenüber ungemulchtem Boden steht für die Gemüsepflanzen, in gut aufnehmbarer Form, das Vielfache an wertvollen Nährstoffen zur Verfügung.

Ertragssteigerung, Gemüsequalität. Die Mehrernte an Biogemüse kann 50 bis 100% betragen, besonders bei Kohl, Bohnen, Gurken, Tomaten und Paprika erzielt man durch Mulchen die höchsten Mehrerträge. Das Gemüse weist eine weit höhere Qualität auf. Es ist schmackhafter, schöner und bekömmlicher und vermittelt echte Gärtnerfreude.

Die Nachteile des Mulchens
Als nachteilig könnte man folgende Punkte bezeichnen:

Die Materialbeschaffung und dessen Vorratshaltung
Die Arbeit des Mulchens
Das Wegschieben des Mulchs beim Säen und Setzen

Die Schneckengefahr. Zu Anfang kann es vorkommen, daß vermehrt Schnecken auftreten. Da diese jedoch den Mulch bevorzugen, werden die Gemüsepflanzen verschont, was vor allem den Jungpflanzen zugute kommt. Schnecken können auch durch Stallmist und ungeeignetes Mulchmaterial auf die Gemüsebeete kommen. Darum Vorsicht! Am besten vorher auslesen. Durch das Mulchen findet sich aber auch der Laufkäfer ein, der ein großer Schneckenvertilger ist. Ein erfahrener Heimgärtner hat schon seit vielen Jahren die beste Erfahrung mit dem Mulchen gemacht und noch nie eine Schneckenplage in den gemulchten Beeten gehabt. Seine Pflanzbeete haben allerdings alle Beton- oder Holzdieleneinfassungen, die eine gute Schneckenabwehr bringen dürften.

Die Amselgefahr. In gemulchten Gartenböden sind Amseln als Räuber der Regenwürmer rasch zu Gast. Hier ist das Auslegen von Netzen und Drahtgittern sehr wirksam.

Die Wühlmausgefahr. Es wird vielfach darauf hingewiesen, daß gemulchte Böden verstärkt Wühlmäuse anziehen würden. Nach vieljähriger Beobachtung kann diese Erfahrung jedoch nicht bestätigt werden.

Ausgesprochene Tonböden oder nasse, schwere Lehmböden sollen in den ersten Jahren nicht gemulcht werden. Diese Böden werden durch das Mulchen noch nässer und schwerer.

Nicht gemulcht werden sollten folgende Gemüsearten: Ackersalat, Endivie, Kopfsalat, Knollenfenchel, Möhre, Radieschen, Rettich, Rote Bete, Zichoriensalat und Zwiebel. Zu üppiges Wachstum kann die Qualität dieser Pflanzen ungünstig beeinflussen.
Wenn man die vielen Vorteile des Mulchens berücksichtigt, verlieren die Nachteile fast völlig an Gewicht. Je lebendiger und gesünder der Boden durch die Mulcharbeit wird, desto mehr treten die Nachteile im Laufe der Jahre in den Hintergrund.

Mulchmaterial
Ob das Mulchmaterial frisch oder angerottet sein soll, darüber gibt es in Fachkreisen verschiedene Anschauungen. Sowohl mit frischem als auch mit ange-

rottetem Material kann man gute Mulcherfolge erzielen. Wichtig ist nur, daß die Mulchdecke locker und luftdurchlässig aufgebracht wird. Das Mulchgut darf keinesfalls faulen. Es muß verrotten!
Der Regenwurm bevorzugt angerottete Mulchstoffe. Werden frische Materialien aufgelegt, so wartet er ab, bis diese etwas angerottet sind, um sie dann als seine Nahrung in die Erde zu ziehen. In frischem Kuhmist ist der Regenwurm nicht zu finden. Erst wenn die Verrottung des Kuhmistes einen gewissen Grad erreicht hat, hält er hier Einzug. Es ist auch hinreichend bekannt, daß der Regenwurm keine gesunden Pflanzen und Wurzeln verzehrt. Nur angerottete und kranke Pflanzen gehören zu seiner Nahrung.
Nicht immer steht dem Biogemüseheimgärtner zu dem Zeitpunkt, an dem er es benötigt, ausreichendes Grünmaterial für die Mulcharbeit zur Verfügung. Durch Sammeln, Anrotten und Mischen des laufend anfallenden Materials kann er das jedoch meistens ermöglichen.
Am besten und schnellsten geschieht das einwandfreie Anrotten der verschiedensten Mulchstoffe auf freiem Gartenboden – sei es offener Boden oder Wiese. Das Material soll mit dem Gartenboden organischen und lebendigen Kontakt erhalten. Zur guten Sauerstoffzufuhr muß das Mulchmaterial immer locker liegen. Es darf ruhig etwa 60 bis 70 cm hoch aufgehäuft werden. Dabei ist nur wichtig, daß der Haufen von Zeit zu Zeit mit einer Gabel aufgelokkert und dabei gleichzeitig umgeschichtet und gemischt wird.
Es kann immer wieder frisches Mulchmaterial zur Sammlung dazukommen und untergemischt werden. Es spielt beim Aufbringen einer Mulchdecke auf die Beete keine Rolle, wenn neben angerotteten Mulchstoffen auch frisches Material eingestreut ist. Der Regenwurm wird sich zuerst an das angerottete Material machen, und schon nach kurzer Zeit wird das frische Material auch angerottet sein.

Als Mulchmaterial sind günstig: Kurzer Rasenschnitt, Heu, Stroh, samenfreies Unkraut, Laub, Gemüseabfälle aus Haushalt und Garten, Ernterückstände wie das Kraut von Bohnen, Erbsen, Kartoffeln und Gurken, Tomaten-, Mais- und Sonnenblumenstengel, Brennesseln, Farnkraut, Abfälle von Gewürzkräutern, Kamille, Ringelblumen, Dahlien usw. Alles längere Material muß auf etwa 5 cm Länge verhäckselt oder geschnitten werden.

Stalldung, insbesondere Kuhmist, ist für die Mulcharbeit sehr wertvoll.

Halbverrotteter Kompost. Dieses Mulchmaterial ist reich an Nährstoffen, Spurenelementen und Regenwürmern. Damit werden starkzehrende Gemüsepflanzen gemulcht wie Gurken, Kürbis, Zucchini, alle Kohlarten, Lauch, Sellerie und Bohnen. Halbverrotteter Kompost ist als Mulch äußerst wertvoll und wird etwa 3 bis 5 cm stark auf das Beet aufgebracht.

Halbverrottetes Laub und zerkleinertes Kartoffelkraut sind innerhalb des gemischten Mulchmaterials ausgezeichnete Mulchstoffe für alles Gemüse, besonders aber für Bohnen und alle Kohlarten. Als milder Mulch regen sie die Tätigkeit der Regenwürmer an.

Grasschnitt bringt genau wie samenfreies Unkraut etwas Stickstoff in den Gartenboden und ist für alles Blattgemüse förderlich. Er wird auch vom Regenwurm bevorzugt. Beim Grasschnitt ist darauf zu achten, daß dieser locker und nicht mehr als 3 cm stark auf den Gartenboden aufgebracht wird, um so Fäulnis zu verhindern.

Häckselstroh ist als neutrales und unkrautfreies Mulchgut zur Lockerung günstig und für alle Gemüsearten besonders wertvoll. Es kann als Mulchschicht bis zu 10 cm hoch aufgebracht werden. Dieser Mulch entzieht dem Boden etwas Stickstoff. Das kann am besten durch Überstreuen von 20 g Hornspänen je qm ausgeglichen werden.

Brennessel ist als Mulchmaterial höchst wertvoll. Sie fördert die Verrottung, begünstigt die Bodengare und versorgt den Boden mit vielen Mineralstoffen. Gut für Tomaten.

Farnkraut ist wegen seines hohen Kaligehaltes als Mulchgabe ebenfalls wertvoll. Es hält außerdem Ameisen und Schnecken fern. Wo immer nur möglich, sollte man sich zur Beimischung des Mulchmaterials Farnkraut und Brennesseln besorgen.

Sägemehl und kurze Baumschälrinde sind zum Mulchen nur in kleinen Mengen brauchbar. Diese Materialien müssen gut angefeuchtet werden und stark angerottet sein, damit sie dem Gartenboden nicht zu viel Stickstoff entziehen.

Mulchmaterialanbau. Wicken, Senf, Beinwell, Klee und Dauerlupinen eignen sich, wenn sie etwas angerottet sind, gut zur Herstellung von Mulchgut. Solcher Mulch bereichert den Boden ungemein mit Stickstoff. Wenn nur irgend möglich, sollte man diese Pflanzen als späteres Mulchmaterial im Garten anpflanzen.

Mulchzutaten. Wenn man dem Mulchmaterial noch kleine Mengen an Urgesteinsmehl, Tonmineralien und Meeresalgenmehl (Algomin) zugibt, so ist das eine gute Bereicherung. Zur Erhöhung des Stickstoffgehaltes ist die Beigabe von Hornmehl sehr günstig.

Torf wird oft als das geeignete Mulchmaterial des Heimgärtners angepriesen. Er scheidet jedoch als solches aus, denn es handelt sich bei Torf um rein organisches Material ohne Düngewert und ohne Bodenleben. Die Reaktion, der pH-Wert, ist sauer. Torf ist auch zum Lockern schwerer Böden ungeeignet. Flußsand (kein Maurersand) eignet sich dafür am besten.

Voraussetzung für den Erfolg des Mulchens
Die Mulcharbeit kann nur dann ihre Aufgabe voll erfüllen, wenn der Boden schon ein reges Bodenleben aufweist. Trifft das noch nicht zu, ist es besser, den Gartenboden zunächst durch Anwendung von Reifekompost, welcher Kleinwürmer und Wurmeier und eine Vielzahl anderer Kleintiere enthält, lebendig zu machen. Von ganz besonderem Vorteil wäre hierzu Regenwurmzuchtkompost, sofern solcher zur Verfügung steht. Erst dann kann die Mulcharbeit mit günstigem Erfolg eingesetzt werden.

Was ist für das Auftragen der Mulchdecke wichtig?

Zeitlicher Beginn des Mulchens. Man kann damit zu jeder Jahreszeit beginnen. Das nötige Material muß natürlich vorhanden sein. Günstig ist daher das Frühjahr, der Frühsommer oder der Spätherbst. Für diese Zeiten läßt sich das Material am leichtesten ansammeln.

Zuerst den Boden lockern. Vor Auftrag der Mulchdecke muß der Boden erst etwa 3 cm tief gelockert werden. Um gleich guten Kontakt zwischen Boden und Mulch zu erhalten, ist das Befeuchten des Bodens und Begießen des Materials vorteilhaft.

Kompostbeigabe ist nützlich. Es ist günstig, den Boden vor dem Mulchen noch zusätzlich mit etwas Kompost zu versehen. Regenwurmzuchtkompost eignet sich natürlich am besten. Der Kompost wird nur bei bedecktem Himmel in die Beete eingebracht.

Die Mulchdecke muß locker und luftig sein. In der Regel kann die Mulchdecke zu Anfang je nach Art und Bodenbeschaffenheit 3 bis höchstens 10 cm stark sein, damit der Sauerstoff zum Boden freien Zutritt bekommt. Der Boden muß unter der Mulchdecke noch frei atmen können. Ist dies der Fall, besteht keine Fäulnisgefahr. Sobald man mehr Mulcherfahrung hat, wird man die Mulchdecke auch etwas stärker bestimmen können. Leichtes und lokkeres Material läßt eine dickere Mulchdecke von etwa 10 bis 12 cm zu. Bei schweren und festen Böden darf die Mulchdecke nur 3 bis 5 cm stark sein, weil sonst Verklumpung, Verspeckung und Fäulnis entstehen. Dies würde für längere Zeit bei Boden und Pflanzen Krankheiten hervorrufen.

Mulchdecke im Frühjahr möglichst lange liegen lassen. Die Herbstmulchdecke wird immer erst dann entfernt oder zur Seite geschoben, wenn man im Frühjahr wieder mit dem Säen und Pflanzen beginnt. Ist die Mulchdecke zu diesem Zeitpunkt schon dünn und das Mulchmaterial reichlich zersetzt, wird sie natürlich nicht weggenommen, sondern etwa 5 cm tief in den Boden eingeharkt.

Aussäen – Setzen von Jungpflanzen. Vor dem Aussäen schiebt man die Mulchmasse zur Seite und sät in die Saatrillen. Bei breitwürfiger Saat nimmt man die Mulchdecke weg und verwendet sie auf einem anderen Beet oder nimmt sie zum Kompostieren. Zum Einpflanzen schiebt man den Mulch zur Seite und nimmt ihn nach dem Setzen zum etwa 2 cm hohen Eindecken der Pflanzen. Ist bisher noch nicht gemulcht worden, so ist jetzt damit zu beginnen. Die jungen Pflanzen brauchen ja einige Zeit, bis sie den Boden durch ihr Wachstum selbst beschatten. Die Mulchdecke ist deshalb bis zur Vollbeschattung des Bodens durch die Pflanzen am dringlichsten. Außerdem erhalten die Jungpflanzen durch das Mulchgut einen besseren Halt. Sie wachsen schneller und besser.

Auch die unbepflanzten Beete müssen gemulcht werden. Mit Rücksicht auf das Bodenleben müssen abgeerntete oder vorübergehend unbepflanzte Beete stets gemulcht werden. Wenn unbepflanzte Beete für die Dauer eines Jahres oder länger gemulcht wurden, so ist der Boden mit Hilfe des Bodenlebens und des Regenwurms so regeneriert, daß bei den meisten Gemüsesorten ein Fruchtwechsel nicht mehr berücksichtigt werden muß. Ausgenommen davon sind Gurken, Meerrettich, Sellerie und Petersilie. Hier ist nach wie vor Fruchtwechsel notwendig.

Frühjahrs- und Sommermulch. Wenn die Beete im Spätherbst eine Wintermulchdecke erhalten haben, so wird diese erst vor dem Säen und Pflanzen zur Seite geschoben. Der Sommermulch wird erst aufgelegt, wenn die Gemüsepflanzen eine Höhe von 10 bis 15 cm erreicht haben. Man kann die vorgezogenen Pflanzen auch direkt in den Dauermulch setzen. Die

so gesetzten Jungpflanzen müssen aber mit ihren Wurzeln so tief in den Boden kommen, als wäre keine Mulchdecke vorhanden.
Beim Säen in die Saatrillen ist es vorteilhaft, wenn die Saat mit etwas reifem Kompost zusätzlich abgedeckt werden kann, um erst etwas später die Mulchschicht etwa 2 cm hoch an die ungefähr 10 bis 15 cm hohen Jungpflanzen heranzuziehen.
Mulchen während der warmen Jahreszeit fördert die Lockerung, Durchlüftung und Krümelung des Bodens und die Arbeit des Bodenlebens in besonderem Maße. Der Boden wird bei großer Hitze kühler gehalten und trocknet weniger aus.

Spätherbst- und Wintermulch. Dieser hilft Schäden abwehren, die dem Boden durch ständiges Gefrieren und Auftauen zugefügt werden. Wintergemüse wie Winterkopfsalat, Lauch, Rosenkohl, Krauskohl usw. werden durch die Mulchdecke wirksam geschützt. Für das Bodenleben, besonders für den Regenwurm, ist die Mulchdecke während der kalten Jahreszeit von großer Bedeutung. Bei einer Außentemperatur von mehreren Grad Celsius unter Null bleibt der Wärmehaushalt unter der Mulchdecke für die fleißige Arbeit des Regenwurms noch ausreichend. Der Wärmehaushalt ist auch ausgeglichener. Bei stärksten Frösten wird die Temperatur in den obersten Bodenschichten gegenüber der Lufttemperatur jeweils um einige Grade wärmer sein. Kommt zum Wintermulch dann noch die günstige Wirkung der Schneedecke als zusätzliche Bodenbedeckung hinzu, so wird dadurch die unschätzbare Wirkung des Mulchens noch ganz wesentlich erhöht.
Kann man für den Wintermulch frischen Stallmist, vorzugsweise Kuhmist, beschaffen, ist es günstig, diesen mit Urgesteinsmehl einzustäuben. Damit werden nicht nur die Ammoniakdämpfe und Mistgerüche gebunden, der Mist wird auch gehaltvoller. Die da und dort noch vorhandene Sorge, der frische Stallmist könne als Mulchdecke an Stickstoffgehalt verlieren, ist völlig unbegründet. Im frischen Kuhmist sind zum Beispiel nur etwa 0,50% und in frischem Hühnermist etwa 1,70% Stickstoff enthalten. Der Stickstoffgehalt der Luft beträgt dagegen etwa 70 bis 80% und stellt damit eine gewaltige Überlagerung von frischem Stallmist dar. Für den Spätherbst- und den Wintermulch wird auch frischer Stallmist als 5 bis 10 cm starke Mulchdecke aufgetragen.

Mulchen auch im Gewächshaus, Folienhaus und Frühbeet? Nicht selten wird die Meinung vertreten, Mulchen würde nur im Freiland seine volle Wirksamkeit entfalten. Ist nun das lebendige und reiche Bodenleben im Gewächshaus, Folienhaus und Frühbeet nicht ebenso wichtig wie im Freiland? Diese Frage kann nur bejaht werden. Auch hier sollte keinesfalls auf die Mitarbeit des Regenwurms und des Bodenlebens verzichtet werden.

Jeder Biogemüseheimgärtner wird rasch erkennen, daß die Mulcharbeit neben dem Kompostieren die segensreichste Tätigkeit für den Heimgärtnergemüsebau ist. Durch das Mulchmaterial wird ja so vielerlei bewirkt: Das Bodenleben wird wesentlich gefördert, die Arbeit des Regenwurms macht die Gartenarbeit müheloser, die Feuchthaltung des Bodens wird begünstigt und ausgeglichener, der Boden benötigt kaum weitere Düngung, die Bodenfruchtbarkeit wird bereichert, das Unkraut bekämpft, die Schädlinge abgewehrt, Pflanzengesundheit und Gemüseertrag gesteigert. Und nicht zu vergessen, kränkelnde Gartenböden werden wieder gesund.

Das warm angelegte Frühbeet – sprich „Warmbeet“

Nur wenige Heimgärtner dürften – besonders zu Beginn ihrer gärtnerischen Tätigkeit – für die Anzucht von Jungpflanzen und für frühes Frühgemüse über ein beheizbares Kleingewächshaus verfügen. Ersatz dafür kann ein warm angelegtes Frühbeet sein. Es handelt sich hier um eine verhältnismäßig billige und gute Teillösung.

Mögliche Frühbeetkästen und Frühbeetfenster sind auf den Seiten 10 bis 15 behandelt. Seite 14 zeigt die Anwendung von „Richters selbstlüftenden Frühbeetfenstern“, und auf Seite 15 wird dargestellt, wie man sich einen Frühbeetkasten aus Holzdielen selbst anfertigen kann. Darum wird hier für die Wahl eines zweckmäßigen Frühbeetkastens für das Warmbeet nur auf die wichtigsten Punkte hingewiesen.

Standort des Frühbeetkastens für das Warmbeet

Dieser soll möglichst nahe beim Haus und leicht zugänglich sein. Sonniger Standort ist wichtig. Die abfallende Seite zeigt nach Süden. Günstig sind offene Seiten nach Südost und Südwest und eine durch Gebäude, Hecken usw. geschützte Seite in Richtung Ost und Nordwest. Kalte Winde werden dadurch weitgehend abgehalten.

Größe des Frühbeetkastens

Die Normbreite beträgt 1,50 m, die Normlänge muß teilbar sein durch die erhältlichen Normfenster von 0,80 oder 1,00 m Breite. Alle Normfenster sind 1,50 m lang. Man wird darum bei 0,80 m Fensterbreite zwischen einem Frühbeetkasten mit 0,80 m, 1,60, 2,40 oder 3,20 m Länge zu wählen haben. Das gleiche gilt für die Fensterbreite von 1,00 m. Längere Kästen als 3 bis 4 m werden kaum in Frage kommen.

Welches Material ist für den Frühbeetkasten am geeignetsten?

Holz bietet für die Pflanzen optimales Wachstum. Die Holzdielen sollen mindestens 4 cm stark und nicht imprägniert sein. Dielen aus Kiefernholz halten am längsten (etwa 10 bis 12 Jahre). Die Wärmeleitzahl ist bei Holz am günstigsten. Ein Frühbeetkasten aus Holz hat darum auch den geringsten Wärmeverlust.

Eternit hat einen etwas höheren Wärmeverlust, der jedoch noch tragbar ist. Eternitkästen werden auch in Verbindung mit Richters Frühbeetfenstern verwendet.

Beton, wie er bei Bankwegen Verwendung findet, weist gegenüber Holz mehr als den doppelten Wärmeverlust auf und ist deshalb weniger empfehlenswert.

Frühbeetfenster

Es bieten sich für den Warmfrühbeetkasten drei Fensterausführungen an:

Das Normalfenster ist 1,00 m breit und 1,50 m lang und hat eine Mittelsprosse. Obwohl es diese Größe neben Holz auch noch in Eisen verzinkt und in Aluminium gibt, wird man meistens die Ausführung in Holz vorziehen. Diese ist auch preisgünstiger.

Das Holländerfenster ist bis jetzt nur in Holz erhältlich. Es ist 0,80 m breit und 1,50 m lang und hat keine Mittelsprosse. Durch die geringere Breite ist dieses Frühbeetfenster leichter zu handhaben und deshalb zu empfehlen.

„Richters selbstlüftende Frühbeetfenster“ wird durch Thermostat selbständig gesteuert und erfordert darum keinerlei Lüftungswartung.

Glasscheiben für Frühbeetfenster
Diese haben Normmaße. Für die Fenster 0,80 × 1,50 m ist das Scheibennormmaß 0,73 × 1,43 m. In Frage kommen Scheiben mittlerer Stärke mit etwa 3 mm. Es gibt Gartenklarglas und Blankglas. Das Blankglas ist auf beiden Seiten glatt und daher leicht zu säubern. Es hat aber den Nachteil, daß bei ihm die Sonnenstrahlen gradlinig durchscheinen. Dadurch ergeben sich Schattenseiten im Kasten, und bei länger anhaltendem Sonnenschein kommt es zu Verbrennungen, wenn das rechtzeitige Lüften ausbleibt. Das Gartenklarglas ist dagegen auf einer Seite genörpelt und auf der anderen Seite glatt. Die glatte Seite kommt nach oben. Die Sonnenstrahlen werden dadurch gebrochen und fließen in alle Richtungen. Das Frühbeet wird dadurch gleichmäßig besonnt. Es gibt bei diesem Glas keine Schlagschatten und keine Verbrennungen.

Kunststoffolien für Frühbeetfenster
Frühbeetfenster aus Kunststoffolien sind für den Warmfrühbeetkasten ungeeignet, denn sie haben einige Nachteile. Man könnte zwar diese Frühbeetfenster mit Kunststoffolie leicht aus Dachlatten selbst herstellen. Es gibt dafür im Handel PVC-Gitterfolie, Delta-Folie genannt, in den Maßen 1,50 × 2,00 m. Die Länge muß mit einem Holzstab unterteilt werden, damit sich keine Regenwassersäcke bilden. Der Anschaffungspreis ist gering. Die Folienfenster sind leicht. Dies ist auf der einen Seite vorteilhaft, hat aber auch den Nachteil, daß sie vom Wind leicht erfaßt und fortgetragen werden. Sehr nachteilig ist außerdem die 15 bis 25% geringere Lichtdurchlässigkeit gegenüber Glas und das dadurch geringere Wachstum der Pflanzen.

Ausheben der Grube für das Warmbeet
Nach dem Innenmaß der Frühbeetgröße wird eine Grube von 80 cm Tiefe ausgegraben. Die Grube soll auf allen vier Seiten noch etwa 4 cm schmaler sein, so daß sich der Frühbeetkasten später auf gewachsener Erde aufstellen läßt.

Materialaufbau für das Warmbeet
Es werden zwei Aufbaumöglichkeiten vorgeschlagen: Pferdemist oder Stroh.

Aufbau mit Pferdemist

Etwa 7 cm Holzäste, Reisig oder sonstiges organisches Sperrmaterial,

etwa 8 cm dürre Laubschicht, die im Spätjahr trocken gesammelt wird,

etwa 25 cm frischer Pferdemist. Zunächst locker auf die Laubschicht bringen und mit angewärmtem Wasser überbrausen. Diese erste Lage wird mit einer Schaufel festgeklopft. Darauf folgt die zweite Lage mit wiederum

etwa 25 cm frischem Pferdemist, der locker aufgebracht wird. Mit angewärmtem Wasser überbrausen und mit der Schaufel festklopfen. Das Ganze nun mit

etwa 5 cm Gartenmischerde (siehe Seite 219) abdecken.
Der Kasten wird jetzt mit Fenstern versehen und bei trübkalter Witterung tagsüber und auch nachts gut mit Strohmatten oder sonstigen Deckmatten abgedeckt. An sonnigen Tagen nimmt man die Deckmatten ab und lüftet die Frühbeetfenster etwas, damit die Ammoniakgase entweichen können.
Nach 5 bis 8 Tagen ist die Temperatur im Inneren der Pferdemistpackung auf etwa 40 bis 60° gestiegen. Jetzt kann man die letzte Schicht von

etwa 15 cm Gartenmischerde aufbringen.

Diese Schichten ergeben nun rein rechnerisch:

Etwa 85 cm mehr oder weniger locker aufgefüllte Masse, die sich inzwischen auf

etwa 75 cm abgesetzt hat oder noch absetzen wird. Nach weiteren 2 bis 3 Tagen hat sich die Erde soweit erwärmt, daß gesät und gepflanzt werden kann.

Sollte kein Pferdemist, dafür aber Schaf-, Ziegen- oder Geflügelmist verfügbar sein, so können auch diese für die Warmpackung verwendet werden.

Aufbau mit Stroh

Falls man keinerlei Mist zur Verfügung hat, kann man statt dessen auch Stroh nehmen. Das Stroh sollte ab Herbst im Garten frei gelagert werden, damit es im Januar/Februar schon etwas angerottet ist. Mit dem Stroh wird beim Aufbau so verfahren, wie schon beim Pferdemist beschrieben. Der Aufbau setzt sich wie folgt zusammen:

Etwa 7 cm Holzäste, Reisig oder sonstiges organisches Sperrmaterial,

etwa 8 cm dürre Laubschicht, die im Spätjahr trocken gesammelt wurde,

etwa 25 cm Stroh, zunächst locker auf die Kompostschicht bringen. Je qm wird 100 g Rizinusschrot darübergegeben und mit angewärmtem Wasser überbraust. Die erste Lage wird mit einer Schaufel festgeklopft. Darauf folgt die zweite Lage mit wiederum

etwa 25 cm Stroh, locker aufgebracht.
Je qm wird 100 g Rizinusschrot darübergestreut, mit angewärmtem Wasser überbraust und mit einer Schaufel festgeklopft. Danach wird das Ganze mit einer lauwarmen Zuckerwasserlösung (½ Pfund Zucker auf 10 l Wasser) gut überbraust, das heißt, auf die Fläche einer Fensterbreite etwa 10 bis 15 Liter. Darauf bringt man

etwa 5 cm Gartenmischerde (siehe Seite 219) auf.
Nach dem 10. bis 12. Tag wird die innere Wärme etwa 30 °C betragen. Jetzt kann nochmals

etwa 15 cm Gartenmischerde aufgebracht werden.

Diese Schichten ergeben nun rein rechnerisch

etwa 85 cm mehr oder weniger locker aufgefüllte Gesamtmasse, die sich schon auf

etwa 75 cm abgesetzt hat oder noch absetzen wird.

Gartenmischerde. Diese kann wie folgt hergestellt werden:
⅓ Torf-Sand-Gemisch (im Verhältnis zwei Teile Torf, ein Teil Sand) wird mit ⅔ Erde aus vorjährigem Frühbeetkasten oder 3jährigem Kompost oder mangels beidem auch mit sonstiger guter Gartenerde vermischt. Bei diesen Erdmischungen ist zusätzliche Düngung nicht erforderlich. Die Aussaaten und Jungpflanzen erhalten bei eher magerem Boden ein kräftigeres Wurzelwerk und entwickeln sich dadurch entsprechend stärker.

Nutzungsdauer als Warmbeet

Ob Mistwarmpackung oder Strohwarmpackung – in beiden Fällen kann man mit einer Nutzungsdauer des Warmbeetes von etwa 6 bis 8 Wochen rechnen, aber mit dem Unterschied, daß die innere Wärme bei Mist je nach Packungsstärke 40 bis 60 °C betragen kann, während sie bei Stroh nur bei 20 bis 30 °C liegen wird. Das ist für Aussaat und Pflanzung zu berücksichtigen. Natürlich kann nach der Warmdauer das Frühbeet als Normalfrühbeet im Frühjahr, Sommer, Herbst und teilweise auch während des Winters weiter genutzt werden.

Zwischen Warmbeeterde und Frühbeetfenster soll immer ein Freiraum von 30 bis 35 cm sein

Der Frühbeetkasten ist an der höchsten Stelle 38 cm und an der niedrigsten 28 cm hoch. Das ergibt eine mittlere Kastenhöhe von 33 cm. Nachdem sich das in der 80 cm tiefen Grube aufgesetzte Material auf etwa 75 cm gesetzt hat, beträgt der Abstand von Warmbeeterde bis zur mittleren Kastenhöhe etwa 38 cm. Da der Frühbeetkasten etwa 5 cm tief in das Erdreich gesetzt wird, verringert sich der Höhenfreiraum zwischen Warmbeeterde und Frühbeetfenster auf etwa 33 cm. Dieser Abstand ist für Aussaat und Pflanzung ideal.

Ab wann kann man mit der Nutzung des Warmbeetes beginnen?

Mit den Aussaaten und der Anzucht von Frühgemüse kann man je nach Klima- und Wetterlage schon Ende Januar/Anfang Februar beginnen. Von Februar bis März werden hauptsächlich folgende Gemüse gesät: Frühe Kohlarten, Kohlrabi, Kopfsalat, Lauch, Möhren, Radieschen, Rettiche, Sellerie und Tomaten.

Lüften des Warmbeetkastens

Mitte bis Ende Februar wird in der Regel mit dem Lüften begonnen. In wärmeren Lagen kann dies aber auch schon an milden, sonnigen Tagen im Januar erforderlich sein. Grundsätzlich lüftet man bei einer Frühbeetkasten-Innentemperatur von 15 °C. Die Außentemperatur sollte nicht unter 0 °C liegen.
Man beginnt mit dem Lüften, wenn die Sonne 1 bis 2 Stunden auf das Frühbeet geschienen hat, und schließt das Fenster etwa 1 bis 2 Stunden vor Sonnenuntergang. Im Februar wird dies etwa in der Zeit von 10.00 bis 15.00 Uhr sein. Diese Zeitangaben stellen jedoch nur allgemeine Werte dar. Man muß sich nach der Stärke der Sonnenbestrahlung richten. Bei leichter bis mittlerer Bewölkung ist die Lüftungszeit entsprechend zu kürzen.

Man kann einen Frühbeetkasten von Anfang an in einen Warmbeetteil und einen Frühbeetteil aufgliedern

Dazu muß nur zwischen dem Warmbeetteil und dem Frühbeetteil eine einfache Holztrennwand errichtet werden, die aus Kistenbrettern oder sonstigen Brettern bestehen kann. Die obere Trennwandkante muß dabei dem schrägen Verlauf des aufliegenden Frühbeetfensters angeglichen werden, also entsprechend abgeschrägt werden, um den Warmbeetteil vom Frühbeetteil gut abzuschließen. Für das Frühbeetteil wird keine Grube gegraben. Es wird nur mit guter Gartenerde aufgefüllt. Der Freiraum zwischen Bodenoberfläche und Frühbeetfenster beträgt beim Frühbeet 20 bis 25 cm.

Das Warmbeet muß jedes Jahr erneuert werden

Da die Warmpackung des Warmbeetes nur eine Wärmewirkung von etwa 6 bis 8 Wochen hat, muß die Füllung des Warmbeetes jedes Jahr erneuert werden. Die verhältnismäßig lockere Erdfüllung ist mit nur geringem Aufwand gut aus der Grube zu entnehmen. Bei der entnommenen Erdmasse handelt es sich um eine besonders gute Gartenerde, die in vieler Hinsicht nützliche Verwendung finden kann – sei es als Anzuchterde für Jungpflanzen, als gesiebte Erde, die für Freilandaussaat auf die Erde gebracht wird, oder als wertvolle Erdbeigabe für die Kompostierung. Ist bei früher Entnahme die Mistpackung noch nicht ganz verrottet, so eignet sie sich sehr gut als Mulchmaterial.

Holzasche und Braunkohlenbrikettasche als wertvolles Dünge-, Kompostierungs-, Mulch- und Bodenverbesserungsmittel

Lange Zeit standen Holzasche und Brikettasche aus Braunkohle infolge der modernen Heiz- und Kochgewohnheiten nur noch in seltenen Fällen dem Heimgärtner für den Biogemüsebau zur Verfügung. Die Ölpreis- und Energiekostenexplosion der letzten Jahre hat hier manches geändert. Besonders in waldreichen Gegenden, in denen Brennholz relativ preiswert ist, wurden selbst Ölwarmwasserheizungen von Öl- auf Holzfeuerung umgestellt. Der holzbeheizte Kachelofen zur Mehrraumbeheizung und Holzöfen sind wieder im Kommen. Man kocht und backt wieder zunehmend mit Holz. Offene Kamine werden ohnehin mit Holz beheizt. Dazu gesellt sich noch als Langzeitbrenner in geringerer Menge das Braunkohlenbrikett.

Aufgrund dieser Entwicklung erscheint es als lohnend, sich mit dem Wert der Holzasche und Braunkohlenbrikettasche für den Biogemüsebau zu beschäftigen. Wenn nachstehend von Brikettasche gesprochen wird, so ist damit nur die Asche aus Braunkohlenbriketts gemeint. Auf die Asche aus Eierbriketts wird am Ende dieser Ausführungen noch hingewiesen.

Holzasche von Laubgehölzen enthält: 2 bis 4% Phosphorsäure, 6 bis 10% Kali, 30 bis 35% Kalk und außerdem eine ganze Reihe reichlicher Spurenelemente.

Brikettasche enthält: Ähnliche Wirkstoffe in etwas geringerem Ausmaß und das sehr nützliche Bor, das auch im Korallenalgenkalk enthalten ist.

Holz- und Brikettasche als Düngemittel. Aus den vorstehend genannten Werten ist eindeutig der Düngewert beider Aschen zu erkennen. Da Brikettasche aus Braunkohle am Anfang etwas sauer reagiert, kann sie gut auf kalkhaltigen Böden verwendet werden. Die Asche wird je nach pH-Wert des Bodens etwa 3 mm hoch oder zu 80 bis 100 g je qm auf die Beete gestreut und eingeharkt.

Zur Kompostierung ist Holz- und Brikettasche aus vielfachen Gründen geradezu erwünscht. Jeweils nach einer Kompostmaterialschichtlage von 20 bis 30 cm Stärke ist die Asche etwa 3 mm hoch aufzustreuen. Es ist ratsam, schon beim Ansammeln und Mischen des Kompostmaterials immer wieder etwas Asche in das Gemisch zu streuen.

Da durch das Mulchen der pH-Wert des Bodens immer etwas gesenkt wird, ist es sehr vorteilhaft, in das Mulchgut stets etwas Holzasche einzustreuen, um den geringen Kalk- und Kaliverlust auf einfachste und billigste Weise auszugleichen.

Kalk, Kali und Bor nützen dem Wurzelwachstum. Das in Laubholzasche und Brikettasche enthaltene Bor und kohlensaure Kali ist neben den Kompostgaben und dem Mulchen für die Pflanzenernährung und das gesunde Pflanzenwachstum sehr wertvoll. Auch für die Verrottung und Aktivität des Bodenlebens ist beides von Bedeutung. Gemüse, die Bor und Kali zum gesunden Wachstum benötigen, sind: Sellerie, Möhren, Spinat, Tomaten, Rüben und alle Kohlarten. Auch Zwiebeln, Rettiche, Radieschen und Mais benötigen geringe Mengen von Bor.

Borempfindlich sind dagegen die Pflanzen: Stangenbohnen, Buschbohnen, Erbsen, Gurken und Zucchini. Hier kann die Asche von Nadelhölzern verwendet werden.

Ergänzung zu den meisten kaliarmen tierischen Naturdüngern. Es gibt für die tierischen Dünger kaum eine glücklichere Ergänzung als die Beigabe von Holz- und Brikettasche.

Abwehr von Erdflöhen, Blattläusen, Raupen und Schnecken. Dazu werden die Pflanzen immer rechtzeitig mit etwas Asche eingestreut. Vor allem zur Schneckenabwehr ist ein Aschenring, der um die Pflanze gestreut wird, sehr hilfreich.

Holz- und Brikettasche wirken pilz- und fäulnishemmend. Diese günstige Wirkung kann man im Biogemüsebau nicht hoch genug einschätzen. Es werden damit vielerlei Pflanzen- und Bodenkrankheiten vermieden.

Im März kann auf kalkärmere Böden (neue Gärten, Neuumbruch usw.) Holz- und Brikettasche gestreut werden. Diese Aschen sind in ihrer Dünge- und Bodenverbesserungswirkung Algenkalk, organischem Volldünger und anderen Düngemitteln durchaus gleichzustellen.

Im Spätsommer und Herbst ist die Oberflächenbestreuung der frei gewordenen Beete mit etwa 100 g Asche je qm von besonderem Nutzen, weil dadurch eine gute Vorratsdüngung und Bodenverbesserung erreicht wird.

Auch Eierbrikettasche kann für die Bodenbearbeitung und Kompostierung nützlich sein, wenn man sie in geringen Mengen verwendet. Bei schweren Böden wird die Asche etwa 1 mm hoch aufgebracht und eingeharkt. Zur Kompostierung streut man auf eine Kompostschicht von 20 cm die Asche jeweils 2 bis 3 mm hoch auf die Kompostfläche.

Kohlenasche. Die anfängliche Reaktion der Kohlenasche ist sauer. Sie wird jedoch durch Regeneinfluß alkalisch. Kohlenasche enthält viel Kalk, außerdem Magnesium, Kali und Phosphor. Auf sandige Böden darf man keine Kohlen- und Brikettasche einbringen!

Organischer Volldünger

Für die Düngung im Biogemüsebau sind Stallmist, Kompost, Gründünger und das Mulchen die absolute Grundlage. Je nach Gemüseart und Bodenbeschaffenheit werden jedoch noch Beigaben an Stickstoff, Phosphor, Kali und Magnesium erforderlich. Diese Nährstoffe sind in organischen Düngern, wie sie im Fachhandel erhältlich sind, bei bestimmten Erzeugnissen in der richtigen Zusammensetzung enthalten. Vollwertiger, organischer Volldünger muß etwa folgende Bestandteile beinhalten:

6–10% Stickstoff (N)	in Form von Hornmehl, Hornspänen oder Blutmehl
4– 8% Phosphor (P_2O_5)	in Form von Knochenmehl, entleimt oder gedämpft
8–10% Kalimagnesia (K_2O)	in Form von schwefelsaurem Kalimagnesia (Mineralsalz)
1– 2% Magnesium (Mg)	enthalten in Kalimagnesia

Auf den Verpackungen (Papier- oder Plastiksäcken) der im Fachhandel käuflichen organischen Volldünger ist immer beschrieben, welche Nährstoffe sie enthalten und in welchem prozentualen Anteil sie vorhanden sind. Es ist darum beim Einkauf darauf zu achten, daß die Nährstoffanteile sich in den vorstehenden Angaben bewegen.

Manche Hersteller verwenden für ihren organischen Volldünger statt Horn- und Blutmehl synthetisch hergestellten Harnstoff, der wesentlich billiger in der Herstellung ist. Solche Produkte können dem Biogemüseheimgärtner nicht empfohlen werden. Die synthetische Herkunft der Harnstoffe ist auf den Packungen ersichtlich.

Die folgende alphabetisch geordnete Übersicht soll keine Rangfolge für irgendeine Empfehlung darstellen und erhebt auch keinen Anspruch auf Vollständigkeit aller im Fachhandel erhältlichen organischen Volldünger. Es sind nur einige der wichtigsten Erzeugnisse genannt, damit man sich beim Einkauf leichter verständlich machen kann.

Cederan	6% Stickstoff, 8% Phosphor, 10% Kalimagnesia, 1–2% Magnesia
Engelhards	7% Stickstoff, 7% Phosphor, 9% Kalimagnesia, 1–2% Magnesia
Fellmann	9% Stickstoff, 5% Phosphor, 10% Kalimagnesia, 1–2% Magnesia
Hormann extra	7% Stickstoff, 7% Phosphor, 7% Kalimagnesia, 1–2% Magnesia
Hornamon	8% Stickstoff, 7% Phosphor, 10% Kalimagnesia, 1–2% Magnesia
Orgamin	7% Stickstoff, 6% Phosphor, 10% Kalimagnesia, 1–2% Magnesia

Die sechs Beispiele liegen alle noch in der vorstehend beschriebenen Norm. Auch andere Erzeugnisse, die im Fachhandel angeboten werden, können durchaus diesen Forderungen entsprechen. Nur in Kurzform soll noch darauf hingewiesen werden, was die Nährstoffe innerhalb des organischen Volldüngers für das Pflanzenwachstum im einzelnen bewirken.

Stickstoff ist der Motor der Pflanze. Je größer und umfangreicher das Blattwerk der Pflanze ist, desto größer ist der Bedarf an Stickstoff. Ohne ausreichende Stickstoffzufuhr können keine guten und gesunden Ernten erzielt werden. Stickstoff wird von den Pflanzen in Form von Salpeter aufgenommen. Dies geschieht durch Bakterien, die in einem gesunden, lockeren Boden in einer Vielzahl vorhanden sind. Die Bakterien selbst benötigen zum Leben Stickstoff. Außerdem können bestimmte Bakterienarten an Leguminosen (Hülsenfrüchte) den Luftstickstoff im Boden binden. Stickstoff kann auch durch Gewitterregen und Schnee in den Boden kommen. Wenn zu viel Stickstoff vorhanden ist, werden die Pflanzen anfällig gegen Pilzkrankheiten. Übertriebene Stickstoffdüngung führt außerdem zu grobzelligem, lockerem Gemüse, das beim Kochen zusammenfällt, unangenehm riecht und für den Wintereinschlag keine ausreichende Haltbarkeit aufweist.

Phosphor wird vor allem zur Blüten-, Frucht- und Samenbildung im Zusammenspiel mit Kali und Stickstoff benötigt. Phosphor wird im Boden unter Mithilfe von Pilzen und Bakterien der Pflanze zugänglich gemacht. Die Pflanze nimmt immer nur soviel Phosphor auf, wie sie gerade benötigt.

Kali in Form von schwefelsaurem Kalimagnesia wird mengenmäßig am meisten von der Pflanze benötigt. Es ist ein wichtiger Aufbaustoff für die Blüten-, Frucht- und Samenbildung. Kali macht die Pflanze widerstandsfähiger gegen Krankheiten und Witterungseinflüsse, steigert die Gemüsegüte und die Gemüsehaltbarkeit. Außerdem fördert Kali das Bodenleben und die Bodengesundheit. Zu viel Kali schadet jedoch dem Boden. Er wird versalzt.

Magnesium, enthalten in schwefelsaurem Kalimagnesia, kann als vierter Hauptnährstoff bezeichnet werden. Es hilft mit bei der Eiweißbildung und ist vor allem ein wichtiger Baustein für die Bildung des Blattgrüns. Magnesiummangel herrscht vor, wenn die Gemüseblattflächen gelbgrün werden, während die Blattrippen dunkelgrün bleiben. Hier bringt das im organischen Volldünger enthaltene Kalimagnesia beste Abhilfe.
In den Saat- und Pflanzplänen für die einzelnen Gemüsearten ist beschrieben, wann, wie und in welcher Dosierung organischer Volldünger angewandt werden soll. Bei Beachtung dieser Ratschläge wird man vor manchen Mißerfolgen bewahrt bleiben.

Mißernten – und wie man sie vermeiden kann
Die Hauptursachen für Mißernten sind auf folgende Einflüsse zurückzuführen:

ungünstige Bodenbeschaffenheit
extreme Witterungsverhältnisse
falsche Sortenwahl und
verfehlte Aussaattermine.

Ungünstige Bodenbeschaffenheit, das heißt zu fester und schwerer Boden wie Ton, Lehm und Mergel – oder zu leichte und zu trockene Böden wie Sandboden – oder zu feuchte, saure Böden wie Moorboden – oder zu alkalische Böden wie Mergel. Extreme Witterungsverhältnisse, wie starke Hitze und Trokkenheit oder Kälte und Nässe, können sich ebenfalls sehr ungünstig auf die Gemüsekulturen auswirken.

Die nachfolgende Tabelle zeigt in Kurzform mögliche Erscheinungen auf, die zu Mißernten im Freilandgemüsebau führen können, und erklärt vor allem deren Ursache, um künftig Mißernten zu vermeiden.

Mißernten im Freiland	Ursache
Ackersalat: Bildet keine Blattmasse, geht gleich in Samen, schlechtes Wachstum, verkrüppelte Blätter.	Zu späte Aussaat im Frühjahr oder zu frühe Aussaat im Sommer. Saatzeiten im Saat- und Pflanzplan beachten!
Blumenkohl: Die ausgepflanzten Jungpflanzen wachsen kümmerlich und bekommen frühzeitig Blumen von nur 1 bis 3 cm Durchmesser.	Während der Anzucht wurden die Pflänzchen zu trocken gehalten. Auch zu starke Temperatur- und Feuchtigkeitsschwankungen führen dazu.
Buschbohne: Blüten fallen ab, Bohnen sind krumm und kurz.	Boden ist zu trocken.
Chicoree: Bekommt beim Treiben nur dünne, lange Schoten.	Treibtemperatur ist zu hoch (über 18°).
Bekommt nur mehrere dünne Schoten.	Chicoreewurzel ist zu groß (mehr als 4 cm ∅).
Chinakohl: Bleibt locker und bildet keine festen Köpfe.	Boden ist zu durchlässig (Sandboden) oder zu trocken.
Wächst nicht richtig, wird gelb.	Boden ist zu dicht und zu schwer.
Endivie: Bildet keine Blattmasse, zeigt kein Wachstum, bekommt Schosser.	Zu frühe Aussaat! Erst ab Ende Mai säen! Der Boden ist zu sauer, pH-Wert unter 6, oder er ist zu naß und schwer.

Mißernten im Freiland	Ursache
Gurke: Bitterwerden der Frucht.	Zu trockener Boden, Kälteschocks während der Wachstumsperiode, auf bitterfreie Sorten achten!
Knoblauch: Pflanze wird gelb, Knolle fault.	Zu nasser und zu schattiger Standort.
Knollenfenchel: Bekommt keine Knolle, geht gleich in Samen.	Zu frühe Aussaat (nicht vor dem 15. 7. säen). Nur Sorte Zefa Fino kann schon ab Mai bis Juli gesät werden.
Kohlrabi: Werden holzig oder platzen.	Anhaltende Trockenheit, starke Feuchtigkeitsschwankungen.
Kopfsalat: Bekommt keine Köpfe.	Temperatur zu hoch, verbunden mit zu wenig Licht. Hitze und Trockenheit. Sorte beachten.
Lauch: Wächst nur langsam, bekommt nur dünne Schäfte.	Der Boden ist zu fest und schwer oder zu trocken (Sandboden).
Möhre: Viele Platzer, verzweigte und verkrüppelte Möhren.	Starke Regenfälle nach längerer Trockenheit, stark verdichteter, schwerer, nasser Boden.
Neuseeländer Spinat: Gelbliche Blätter, wächst nicht richtig.	Zu kühler Standort oder zu nasser und schwerer Boden.
Paprika: Kein richtiges Wachstum, hellgrüne bis gelbe Blätter.	Standort ist zu kühl und windig. Kalter Boden.
Radieschen: Platzen.	Starke Bodenfeuchtigkeitsschwankungen.
Werden pelzig.	Überständig, zu lang im Boden.
Schmale, lange Knollen und Schosser.	Zu enger Abstand (unter 5 × 5 cm), zu dunkler Standort.
Rettich: Werden pelzig und hohl.	Überständig, zu lange im Boden.
Zu scharf und fest.	Hitze und Trockenheit.
Schosserbildung.	Zu enger Abstand (unter 20 × 20 cm), Trockenheit.
Rosenkohl: Setzt im Herbst keine Röschen an.	Zu spät gepflanzt (siehe Saat- und Pflanzplan).
Bekommt keine festen Röschen.	Pflanze zu früh gestutzt (nicht vor Mitte September), zu enger Stand (unter 40 × 40 cm).

Mißernten im Freiland	Ursache
Rote Bete: Bekommen keine Rüben, gehen in Samen (schießen).	Längere Kälteperioden im Jugendstadium.
Zylindrische, unförmige, kleine Rüben.	Entweder zu durchlässige Böden (Sand) oder zu schwere Böden (Lehm).
Rotkohl: Bildet keine Köpfe.	Zu schwerer und fester Boden, Trockenheit.
Schnittlauch: Wächst schlecht, gilbt.	Boden ist zu trocken und durchlässig (Sandboden).
Schwarzwurzel: Dünne und stark verzweigte Wurzeln.	Flachgründiger, schwerer, fester Boden.
Sellerie: Bekommt keine Knolle und schießt.	Zu frühe Aussaat oder zu frühe Pflanzung (siehe Saat- und Pflanzplan), Kälteschock.
Knolle ist hohl oder schwammig.	Der Boden ist zu durchlässig und trocken.
Spinat: Bildet keine Blattmasse, sondern geht gleich in Blüte.	Trockenheit und zu späte Aussaat im Frühjahr oder zu frühe Aussaat im Sommer.
Keimt schlecht, die Blätter sind hellgrün bis gelb, wächst schlecht.	Zu nasser und zu schwerer Boden.
Stangenbohne: Blüten fallen ab, geringer Behang.	Während der Blütezeit zu trockener Boden.
Schlechte Keimung.	Zu kühle Witterung (unter 15 °C).
Spärlicher Wuchs.	Schwerer, nasser Boden.
Weißkohl: Köpfe platzen vorzeitig.	Starke Temperatur- und Feuchtigkeitsschwankungen.
Wirsing: Bildet keine Köpfe.	Länger anhaltende Trockenheit oder schwerer, fester Boden.
Zichoriensalat Zuckerhut: Bildet keine Köpfe.	Zu enger Abstand (unter 20 × 20 cm) oder zu späte Aussaat nach Mitte Juli.
Geht gleich in Samen.	Zu frühe Aussaat (schon vor Anfang Juli).
Zuckermais: Kolben nur spärlich mit Körnern besetzt.	Wurden nicht befruchtet, deshalb nur im Viereck anbauen. Windbestäuber!

Die richtige Gemüsekultur für die Dreijahresfruchtfolge

Wenn auch auf Seite 205 dargelegt wurde, daß man auf die Fruchtfolge fast ganz verzichten kann, sobald sich im Gartenboden mindestens 200 Regenwürmer je qm befinden, so ergibt sich daraus kein Widerspruch zu den folgenden Ausführungen, denn es wird immerhin 2, 3 oder mehr Jahre dauern, bis man durch ausreichende Regenwurmkompostgaben dieses Ziel erreicht hat. Schon aus diesem Grund wird auch für den erfolgreichen Heimgärtnerbiogemüsebau mindestens für die ersten Anbaujahre die richtige Fruchtfolge zur wichtigen Voraussetzung. Nachstehend und auf den nächsten Seiten wird mit acht „Dreijahresplänen zur Fruchtfolge“ in tabellarischer Form gezeigt, wie sich die bestmögliche Fruchtfolge am sichersten erfolgreich meistern läßt. Vor dem Studieren dieser acht Pläne ist es jedoch vorteilhaft, zuerst den obenstehenden Textteil der Seiten 229 bis 236 zu lesen, was hier grundsätzlich über den zweckmäßigen Aufbau der Fruchtfolge gesagt wird.

Erster Dreijahresplan zur Dreijahresfruchtfolge

Folgejahr	Fruchtwechsel	Zehrgrade	Düngung
1. Jahr	**HK Sellerie** VK Kopfsalat, Rettiche ZK Blumenkohl, Kohlrabi NK keine	starkzehrend chlorverträglich	Org. Volldünger 80 g/qm, 40–50%iges Kali 20 g/qm, Braunkohleasche 10 g/qm, Mulchen günstig
2. Jahr	**HK Lauch** VK Rettiche ZK Mangold NK keine	normalzehrend chlorverträglich	Org. Volldünger 40 g/qm, Kochsalz 10 g/qm im Juli, Algomin 10 g/qm, Komposterde 1–2jährig
3. Jahr	**HK Rote Bete** VK Rettiche ZK keine NK Ackersalat	schwachzehrend chlorverträglich	keine Düngung, kein Stickstoff

Kurzzeichenerklärung: HK = Hauptkultur, VK = Vorkultur, ZK = Zwischenkultur, NK = Nachkultur

Gründe für die Fruchtfolge. Fast jede Pflanzenart verändert den Boden durch Nährstoffentzug und durch das Hinterlassen von Wurzelresten. Beides ist für die Pflanzen in gleicher Weise wachstumshemmend und krankheitsfördernd. Um die Notwendigkeit der erforderlichen Fruchtfolge leichter verständlich zu machen, sollen zunächst einige der wichtigsten Grundsätze besprochen werden.

Jährlicher Fruchtwechsel ist bei nachstehenden Pflanzen erforderlich: Bohnen, Erbsen, Gurken, Knollenfenchel, Kürbis, Mangold, Melonen, Möhren, Rettich, Rote Bete, Sellerie, Spinat und Zucchini. Diese Pflanzen sind nicht selbstverträglich. Die Wurzelrückstände der jeweils gleichen Pflanzenart wirken sich deshalb, wenn sie im darauffolgenden Jahr nochmals gepflanzt werden, als wachstumshemmend aus. Anfälligkeiten gegen Krankheiten und Schädlinge erhöhen sich. Darum dürfen die vorstehend genannten gleichen Pflanzen niemals hintereinander auf das gleiche Beet kommen.

Zweiter Dreijahresplan zur Dreijahresfruchtfolge

Folgejahr	Fruchtwechsel	Zehrgrade	Düngung
1. Jahr	**HK alle Kohlarten** VK Ackersalat (Aussaat Okt) ZK keine NK Spinat	starkzehrend chlorverträglich	Org. Volldünger 80 g/qm, Hornspäne 20 g/qm, Holzasche 10 g/qm, Mulchen sehr günstig
2. Jahr	**HK Stangen-/Buschbohnen** VK Radieschen, Spinat ZK keine NK Ackersalat	normalzehrend chlorfeindlich	Org. Volldünger 20 g/qm, Komposterde 1–2jährig, Algomin 20 g/qm, Mulchen günstig
3. Jahr	**HK Knollenfenchel** VK Kopfsalat ZK Radieschen NK Ackersalat, Spinat	schwachzehrend chlorfeindlich	Keine Düngung, kein Stickstoff, Komposterde 2–3jährig

Kurzzeichenerklärung: HK = Hauptkultur, VK = Vorkultur, ZK = Zwischenkultur, NK = Nachkultur

Nach jeweils 2 Jahren können folgende Pflanzen auf das gleiche Beet gesät oder gepflanzt werden: Ackersalat, Endivien, alle Kohlarten, Kopfsalat, Lauch, Radieschen, Schwarzwurzeln und Zwiebeln.

Fruchtfolgewechsel nach erst 4 Jahren auf dem gleichen Beet ist bei folgenden Pflanzen ausreichend: Kartoffeln, Paprika, Tomaten.

Der Nährstoffbedarf der verschiedenen Pflanzenarten ist für die Bestimmung der Fruchtfolge ebenfalls wichtig. Es gibt starkzehrende, normalzehrende und schwachzehrende Pflanzen. Davon hat man die günstige Dreijahresfruchtfolge für den Fruchtwechsel des jeweils gleichen Beetes abgeleitet.

Dritter Dreijahresplan zur Dreijahresfruchtfolge

Folgejahr	Fruchtwechsel	Zehrgrade	Düngung
1. Jahr	**HK Gurken** VK Radieschen, Rettiche, Spinat ZK Buschbohnen, Kohlrabi NK Ackersalat, Spinat	starkzehrend chlorfeindlich	Org. Volldünger 80 g/qm, Hornspäne 20 g/qm, Komposterde 1jährig, Mulchen sehr günstig
2. Jahr	**HK Paprika, Tomaten** VK Kohlrabi, Rettiche ZK Radieschen NK keine	starkzehrend chlorfeindlich	Org. Volldünger 40 g/qm, Komposterde 1–2jährig, Mulchen sehr günstig
3. Jahr	**HK Schwarzwurzeln** VK keine ZK Radieschen, Spinat NK keine	normalzehrend chlorfeindlich	Keine Düngung

Kurzzeichenerklärung: HK = Hauptkultur, VK = Vorkultur, ZK = Zwischenkultur, NK = Nachkultur

Starkzehrende Pflanzen sind: Auberginen, Gurken, Kartoffeln, alle Kohlarten, Kürbis, Melonen, Paprika, Sellerie, Tomaten und Zucchini.
Die starkzehrenden Pflanzen nehmen deshalb innerhalb des Planes für die „Dreijahresfruchtfolge" immer den ersten Platz ein. Sie benötigen zum zügigen und gesunden Wachstum durchweg nährstoffreichen Boden. Solche Böden sollen zusätzlich mit organischem Volldünger, Blutmehl oder Hornspänen gedüngt werden. Auch Brennesselbrühe ist sehr günstig.
Für die Kultur der einzelnen Gemüsearten geben die Saat- und Pflanzpläne noch ausführliche Hinweise.

Vierter Dreijahresplan zur Dreijahresfruchtfolge

Folgejahr	Fruchtwechsel	Zehrgrade	Düngung
1. Jahr	**HK Kartoffeln** VK Spinat ZK keine NK Endivien (nach Frühkartoffeln)	starkzehrend chlorfeindlich	Org. Volldünger 80 g/qm, Braunkohleasche 10 g/qm, Mulchen günstig
2. Jahr	**HK Möhren** VK keine ZK Kopfsalat, Radieschen NK Spinat	normalzehrend chlorfeindlich	Org. Volldünger 20 g/qm, Komposterde 2jährig
3. Jahr	**HK Busch-/Stangenbohnen** VK Spinat ZK Kohlrabi NK Ackersalat	normalzehrend chlorfeindlich	Kein org. Volldünger, Algomin 10 g/qm, Komposterde 1–2jährig, Mulchen günstig

Kurzzeichenerklärung: HK = Hauptkultur, VK = Vorkultur, ZK = Zwischenkultur, NK = Nachkultur

Normalzehrende Pflanzen sind: Buschbohnen, Endivien, Erbsen, Kopfsalat, Lauch, Mangold, Möhren, Spinat, Schwarzwurzeln und Stangenbohnen.
Normalzehrende Pflanzen nehmen innerhalb des Planes für die „Dreijahresfruchtfolge" immer den zweiten Platz ein. Sie kommen mit dem noch vorhandenen Nährstoffgehalt aus, der für sie aus der ersten Jahresbepflanzung zurückgeblieben ist.

Schwachzehrende Pflanzen sind: Ackersalat, Chinakohl, Chicoree, Knollenfenchel, Kohlrabi, Petersilie, Radieschen, Rettiche, Rote Bete, Spinat und Zwiebeln.
Innerhalb des Planes für die „Dreijahresfruchtfolge" nehmen die schwachzehrenden Pflanzen stets den dritten Platz ein. Bei diesen Pflanzen ist keine zusätzliche Düngung erforderlich.

Fünfter Dreijahresplan zur Dreijahresfruchtfolge

Folgejahr	Fruchtwechsel	Zehrgrade	Düngung
1. Jahr	**HK Chicoree** VK keine ZK keine NK keine	schwachzehrend chlorverträglich	Org. Volldünger 20 g/qm, 40–50%iges Kali 20 g/qm, Komposterde 1–2jährig
2. Jahr	**HK Blumenkohl, Brokkoli** VK Spinat ZK Lauch, Spinat NK Ackersalat	starkzehrend chlorverträglich	Org. Volldünger 40 g/qm, Komposterde 1jährig, Mulchen sehr günstig
3. Jahr	**HK Kopfsalat** VK Spinat ZK Radieschen NK Endivien	normalzehrend chlorfeindlich	Keine Düngung, Komposterde 2–3jährig

Kurzzeichenerklärung: HK = Hauptkultur, VK = Vorkultur, ZK = Zwischenkultur, NK = Nachkultur

Es gibt noch einige weitere Punkte, die zur richtigen Bestellung der Pflanzbeete wichtig sind und darum nachstehend noch besprochen werden. Dazu gehören:

Pflanzen, die bestimmte Salze im Boden benötigen, um schnell und gesund zu wachsen. Dazu ist zum Beispiel 40- bis 50%iges Kali oder Kochsalz für die chlorverträglichen Pflanzen günstig. Zu diesen Pflanzen gehören: Chicoree, alle Kohlarten, Lauch, Mangold, Rettiche, Rote Bete, Sellerie, Zichoriensalat.

Pflanzen, die chlorfeindlich sind und darum kein 40- bis 50%iges Kali oder Kochsalz vertragen. Als solche sind anzusehen: Bohnen, Gurken, Knoblauch, Melonen, Möhren, Paprika, Schnittlauch, Spinat und Zwiebeln.

Sechster Dreijahresplan zur Dreijahresfruchtfolge

Folgejahr	Fruchtwechsel	Zehrgrade	Düngung
1. Jahr	**HK Steckzwiebeln** VK Ackersalat ZK Rettiche, Rote Bete NK Chinakohl	schwachzehrend chlorfeindlich	Keine Düngung, Komposterde 2–3jährig
2. Jahr	**HK Busch-/Stangenbohnen** VK Radieschen, Spinat ZK Kohlrabi NK Ackersalat	normalzehrend chlorfeindlich	Org. Volldünger 20 g/qm, Algomin 10 g/qm, Komposterde 1–2jährig, Mulchen günstig
3. Jahr	**HK Knollenfenchel** VK Kopfsalat ZK Radieschen NK Spinat, Ackersalat	schwachzehrend chlorfeindlich	Keine Düngung, Komposterde 2jährig

Kurzzeichenerklärung: HK = Hauptkultur, VK = Vorkultur, ZK = Zwischenkultur, NK = Nachkultur

Pflanzen, die keinen zusätzlichen Stickstoffdünger benötigen. Dazu gehören: Knoblauch, Knollenfenchel, Mangold, Möhren, Petersilie, Rote Bete, Sellerie, Spinat und Zwiebeln.

Pflanzen, die zum zügigen Wuchs zusätzlich Stickstoffdüngung benötigen. Zu dieser Pflanzengruppe gehören: Gurken, alle Kohlarten, Kopfsalat, Kürbis, Melonen, Paprika, Rettiche, Tomaten und Zucchini. Als Düngung eignen sich Hornspäne oder Blutmehl.

Alle Dreijahrespläne zur Dreijahresfruchtfolge entspringen erfolgreicher Praxis und haben sich in Jahrzehnten in jeder Hinsicht bewährt. Natürlich wurde während dieser Zeit an der Zuverlässigkeit der Pläne immer weiter gearbeitet. Viele gereifte Erkenntnisse und Erfahrungen sind dabei berücksichtigt worden.

Siebter Dreijahresplan zur Dreijahresfruchtfolge

Folgejahr	Fruchtwechsel	Zehrgrade	Düngung
1. Jahr	**HK Kürbis, Zucchini** VK Rettiche, Spinat ZK Blumenkohl, Kohlrabi NK keine	starkzehrend chlorfeindlich	Org. Volldünger 80 g/qm, Hornspäne 40 g/qm, Komposterde 1jährig, Mulchen sehr günstig
2. Jahr	**HK Chinakohl** VK Kopfsalat ZK Kohlrabi, Radieschen NK keine	schwachzehrend chlorverträglich	Keinen Volldünger, Komposterde 1–2jährig
3. Jahr	**HK Erbsen** VK keine ZK Rettiche NK Endivien	normalzehrend chlorfeindlich	Keinen Volldünger, Algomin 20 g/qm, Komposterde 2jährig

Kurzzeichenerklärung: HK = Hauptkultur, VK = Vorkultur, ZK = Zwischenkultur, NK = Nachkultur

Pflanzen, die sich gegenseitig im Wachstum behindern und darum nicht nebeneinander angebaut werden dürfen.
Dazu gehören:

Bohnen	nicht mit Erbsen, Knollenfenchel, Lauch, Schnittlauch und Zwiebeln
Kohlarten, alle	nicht mit Lauch, Tomaten und Zwiebeln
Kopfsalat	nicht mit Chicoree, Mangold, Petersilie, Rote Bete und Sellerie
Möhren	nicht mit Lauch, Mangold, Rote Bete und Spinat
Rettiche	nicht mit Gurken, Spinat und Zwiebeln
Sellerie	nicht mit Bohnen, Kartoffeln, Zuckermais und Zwiebeln
Tomaten	nicht mit Bohnen, Erbsen, Knollenfenchel und allen Kohlarten

Achter Dreijahresplan zur Dreijahresfruchtfolge

Folgejahr	Fruchtwechsel	Zehrgrade	Düngung
1. Jahr	**HK alle Kohlarten** VK Kopfsalat ZK Radieschen, Rettiche NK Ackersalat	starkzehrend chlorverträglich	Org. Volldünger 80 g/qm, Hornspäne 20 g/qm, Holzasche 10 g/qm, Mulchen sehr günstig
2. Jahr	**HK Sellerie** VK Kopfsalat, Rettiche ZK Blumenkohl, Kohlrabi NK keine	starkzehrend chlorverträglich	Org. Volldünger 40 g/qm, 40–50%iges Kali 20 g/qm, Holzasche 10 g/qm
3. Jahr	**HK Mangold, Rote Bete** VK Spinat ZK keine NK keine	schwachzehrend chlorverträglich	Keinen Volldünger, Komposterde 2jährig

Kurzzeichenerklärung: HK = Hauptkultur, VK = Vorkultur, ZK = Zwischenkultur, NK = Nachkultur

Pflanzen, die sich gegenseitig günstig beeinflussen und darum für den Mischanbau und als Nachbarpflanzung empfohlen werden können, sind folgende:

Bohnen	mit allen Kohlarten und Kopfsalat
Endivien	mit Chinakohl, Kohlrabi, Lauch und Wirsing
Erbsen	mit Blumenkohl, Kohlrabi, Kopfsalat und Rettichen
Gurken	mit Blumenkohl, Buschbohnen und Kohlrabi
Kohlarten, alle	mit Bohnen, Gurken und Rettichen
Kopfsalat	mit Buschbohnen, Knollenfenchel und Möhren
Möhren	mit Kopfsalat, Radieschen, Rettichen und Spinat
Rettiche	mit allen Kohlarten und Rote Bete
Sellerie	mit Blumenkohl, Kohlrabi und Lauch
Zwiebeln	mit Mangold, Petersilie, Radieschen, Rettichen, Rote Bete

Nach den vorstehenden acht Dreijahresplänen zur Dreijahresfruchtfolge könnte man mit dem gleichen Plan immer wieder das gleiche Beet bepflanzen, ohne dabei irgendwelche Wachstumsnachteile in Kauf nehmen zu müssen. Darin liegt der große Vorteil der Dreijahresfruchtfolge. Da jedoch nicht nur **ein** Dreijahresplan zur Fruchtfolge vorhanden ist, sondern vielmehr **acht** davon vorliegen, wird man zweckmäßig zur Bepflanzung eines Beetes in der Folge immer wieder einem anderen Dreijahresplan den Vorzug geben und so die Möglichkeit der acht Pläne nutzen.
Um die Einhaltung der erforderlichen Fruchtfolgen leicht überwachen zu können, ist es ratsam, einen Gartenplan maßstabsgerecht auf Millimeterpapier anzufertigen, auf dem nicht nur die einzelnen Beete numeriert sind, sondern aus dem auch die Größe der einzelnen Beete ersichtlich ist. Nach diesem Plan läßt sich dann leicht ein sogenanntes Gartenheft anlegen, in dem für jedes Beet ein gesondertes Blatt mit folgender Spalteneinteilung vorgesehen wird: Jahr – Gemüsearten – Saat-/Pflanzzeit – Ernteergebnis. In der letzten Spalte genügen Kurzeinträge wie: Schöne Radieschen, feste Köpfe, Blattläuse, guter Ertrag, schlechter Ertrag usw. So erhält man für jedes Beet nicht nur wichtige Aussagen für das Überprüfen der Fruchtfolge, sondern auch sonst noch sehr wertvolle Angaben zur Meisterung des Biogemüse-Gartenerfolgs.